国网北京市电力公司年鉴

2020年

《国网北京市电力公司年鉴》编委会

中国电力出版社
CHINA ELECTRIC POWER PRESS

图书在版编目（CIP）数据

国网北京市电力公司年鉴. 2020 年 /《国网北京市电力公司年鉴》编委会组编. —北京：中国电力出版社，2020.12

ISBN 978-7-5198-4857-6

Ⅰ. ①国…　Ⅱ. ①国…　Ⅲ. ①电力工业－工业企业－北京－2020－年鉴　Ⅳ. ①F426.61－54

中国版本图书馆 CIP 数据核字（2020）第 146749 号

出版发行：中国电力出版社
地　　址：北京市东城区北京站西街 19 号（邮政编码 100005）
网　　址：http://www.cepp.sgcc.com.cn
责任编辑：穆智勇（zhiyong-mu@sgcc.com.cn）
责任校对：黄　蓓　李　楠
装帧设计：张俊霞　赵姗姗
责任印制：石　雷

印　　刷：北京盛通印刷股份有限公司
版　　次：2020 年 12 月第一版
印　　次：2020 年 12 月北京第一次印刷
开　　本：889 毫米×1194 毫米　16 开本
印　　张：12.75
字　　数：430 千字
印　　数：0001—1000 册
定　　价：158.00 元

特约撰稿人

白雪莹　　国网北京市电力公司办公室（党委办公室）
张　晶　　国网北京市电力公司发展策划部
马晓燕　　国网北京市电力公司党委组织部（人事董事部）
刘　娜　　国网北京市电力公司人力资源部（社保中心）
李　刚　　国网北京市电力公司财务资产部
宗晓茜　　国网北京市电力公司安全监察部（保卫部）
李　戎　　国网北京市电力公司设备管理部（政治供电办公室）
周晓梅　　国网北京市电力公司建设部
耿　涛　　国网北京市电力公司营销部（农电工作部）
田　蕊　　国网北京市电力公司科技部
张　璇　　国网北京市电力公司物资部（招投标管理中心）
赵　悦　　国网北京市电力公司审计部
门吉光　　国网北京市电力公司纪委办公室（巡察办）
于宝来　　国网北京市电力公司党委党建部（思想政治工作部、机关党委、公司团委）
张文旭　　国网北京市电力公司离退休工作部
楚济祥　　国网北京市电力公司经济法律部（体改办）
刘丽娜　　国网北京市电力公司党委宣传部（对外联络部）
韩戈奇　　国网北京市电力公司后勤工作部
赵　飞　　国网北京市电力公司互联网部
韩帅斌　　国网北京市电力公司电力调度控制中心
范晓辉　　国网北京市电力公司工会
刘园园　　国网北京市电力公司企协分会
鲁秦圣　　国网北京市电力公司电力交易中心
李　根　　国网北京市电力公司城区供电公司
王宇曦　　国网北京市电力公司通州供电公司
朱锦标　　国网北京市电力公司朝阳供电公司

左若冲　　国网北京市电力公司海淀供电公司
李　放　　国网北京市电力公司丰台供电公司
赵　飞　　国网北京市电力公司石景山供电公司
孙立东　　国网北京市电力公司亦庄供电公司
党　剑　　国网北京市电力公司昌平供电公司
江冰倩　　国网北京市电力公司门头沟供电公司
张泽浩　　国网北京市电力公司房山供电公司
张　蕾　　国网北京市电力公司大兴供电公司
张　强　　国网北京市电力公司平谷供电公司
杨海霞　　国网北京市电力公司怀柔供电公司
孙佩佳　　国网北京市电力公司密云供电公司
蔡溪源　　国网北京市电力公司顺义供电公司
孙世权　　国网北京市电力公司延庆供电公司
耿　洋　　国网北京市电力公司经济技术研究院
张祎果　　国网北京市电力公司科学技术研究院
秀景琪　　北京电力工程有限公司
刘　丛　　国网北京市电力公司检修分公司
王　健　　国网北京市电力公司电缆分公司
王　辉　　国网北京市电力公司信息通信分公司
娄　强　　国网北京市电力公司培训中心
谢榕桢　　国网北京市电力公司物资供应分公司
居　然　　国网北京市电力公司综合服务中心
胡晨同　　国网北京市电力公司客户服务中心
张　鹏　　国网（北京）新能源汽车服务有限公司
程威诺　　国网（北京）综合能源服务有限公司
刘　星　　国网北京市电力公司建设咨询公司
金　建　　北京供用电建设承发包公司
房丽丽　　国网北京市电力公司物业管理公司
贾忱然　　北京市城市照明管理中心
姚　澜　　国网北京市电力公司产业指导委员会办公室（北京华商伟业资产管理有限公司）

编 辑 说 明

1 《国网北京市电力公司年鉴》是国网北京市电力公司（以下简称公司）的企业年鉴，是一部集史实性和资料性为一体的综合性工具书。本年鉴每年编纂出版一期，按年度记载公司的重大事项、专业工作和所属各单位的基本情况。本期是第 16 期，记载年度为 2019 年度。

2 本年鉴的编纂宗旨是：全面、系统、真实地反映公司在北京地区电网规划与建设中取得的成绩，总结公司生产经营工作的创新经验，弘扬公司干部职工的奉献精神，展示公司服务首都经济社会发展的企业风采。

3 本年鉴采用文章和条目两种载体，以条目体为主，用规范的记述文体，直陈其事，文字力求言简意赅。同时，文中选配具有一定史料价值的图片，力求图文并茂。

4 本年鉴的框架结构由篇目、栏目、条目 3 个层次组成。共设有 15 个篇目，即特载，公司概况，电网发展，企业管理，安全生产，电网运行与电力市场，科技信息，党的建设与精神文明建设，供电公司，业务支撑机构及其他单位，产业管理，公司荣誉，大事记，重要文件，统计资料。

5 本年鉴的编辑工作是在公司直接领导下进行的。稿件由公司各部门、各单位的专人负责撰写，经部门、单位领导审核后，由年鉴编辑部汇总编辑并经年鉴编辑专家组反复审核定稿。

6 本年鉴编辑工作得到了公司各部门、各单位的高度重视和大力支持，在此谨致谢意，并欢迎提出改进意见。

国家电网
STATE GRID
国网北京市电力公司
STATE GRID BEIJING ELECTRIC POWER COMPANY

篇　目 / Sections

目　录

安全生产

电网运行与电力市场

科技信息

党的建设与精神文明建设

供电公司

业务支撑机构及其他单位

产业管理

公司荣誉

大事记

重要文件

统计资料

Table of Contents

Safe Production

Power Grid Operation and Power Market

Science and Technology Information

Party Building and Cultural-Ethical Standards Improvement

Power Supply Companies

Business Support Institutions and Other Units

Industrial Management

Awards and Recognitions

Memorabilia

Important Documents

Statistics

特　　载

工 作 报 告

坚持守正创新　确保安全稳定 以优异成绩迎接新中国成立70周年

——国网北京市电力公司三届四次职工代表大会暨2019年工作会议报告（摘要）
（2019年1月24日）

一、2018年工作回顾

2018年，面对光荣使命、艰巨任务和严峻挑战，公司上下坚决贯彻国家电网有限公司和北京市委、市政府决策部署，顽强拼搏、攻坚克难，“三个争当”取得重大成果，高质量发展迈出重大步伐，在新时代实现了新作为、展现了新担当。公司业绩考核连续三年蝉联A段。全年完成售电量1037.04亿kWh，同比增长7.13%；营业收入682.23亿元，同比增长5.63%；完成固定资产投资206.54亿元；资产总额1133.59亿元；资产负债率64.92%。

首都供电始终安全可靠。政治供电万无一失。全年圆满完成中非合作论坛北京峰会、全国“两会”、庆祝改革开放40周年大会等重大政治保电任务182项、345天，保电天数再创历史新高。安全生产严抓严管。扎实开展安全生产问题清单专项梳理、“六查六防”专项行动，及时消除风险隐患1316项。加强安全力量配备，在公司和18家单位设立安全总监，在31家单位成立安全监督机构。狠抓责任落实和现场监控，安全事件、违章行为分别同比下降32.3%、25.8%。度夏度冬平稳有序。加强电网特性分析，科学安排运行方式，稳妥应对迎峰度夏度冬大负荷考验。创新研发气象灾害精准预报预警系统，实现精准预测，提前部署抢修人员和物资。装备水平国内领先。深化配电自动化应用，实现线路覆盖率、功能投入率两个100%，成为全国首家全覆盖的省级公司。大力实施设备升级改造，加大先进技术应用力度，输电、变电、配电故障分别同比降低29.5%、28.6%、34.3%，实现连续三年的大幅下降。

首都电网建设全线告捷。规划前期成效突出。主动对接北京城市新总规，编制完成北京电网中长期发展规划和空间布局规划，成功将城市副中心电网规划纳入控制性详规。推动各区“网格化”规划获得政府文件支持，超前落实273座变电站站址和1500km电力廊道资源。国家项目保障勇当先锋。主动对接京津冀协同发展等国家战略，发挥电力先行官作用，“东南西北中”“天上、地下”等国家项目取得一系列标志性成果。完成首都核心区137条129.33km电力架空线和375条225km路灯架空线入地任务，实现了核心区主次干路架空线入地目标。电网建设再创新高。500kV蔚县—门头沟等57项工程顺利投产，500kV新航城等66项工程开工建设。全年投产35kV及以上线路661.56km、变电容量1793万kVA，完成35kV及以上迁改工程53项、213.48km，开工35kV及以上线路724.99km、变电容量1232.2万kVA，投产、开工规模均创历史新高。

首都电力服务水平跨越提升。首都电力营商环境达到世界前沿水平。创新推出小微企业“三零”服务，推动我国“获得电力”由第98名大幅跃升至第14名，为中国整体排名由第78名提升至第46名贡献了“国网力量”。“三零”服务已惠及1.76万户小微企业，为客户节约投资7.5亿元。公司积极将优质服务从低压向高压拓展，推出临电报装“三省”服务新举措。电能替代成为全国示范。累计完成1908个村、89.92万户“煤改电”工程，基本实现全市平原地区“无煤化”，截至目前，全市电采暖用户已达128万户，采暖季贡献电量80亿kWh、减少燃煤452万t。深化与公交集团合作，建成40座电动公交车充电站，全市范围已达143座，充分满足7000余辆电动公交车充电需求。深挖内外部市场，全年实现综合能源服务收入超1亿元。“百日攻坚”成效显著。深入开展优质服务百日攻坚专项行动，4方面58项重点任务全部完成，客户投诉、95598话务量同比下降29.03%、21.68%，新增接电容量完成1177.36万kVA。

改革创新不断突破。深化改革纵深推进。落实国家一般工商业电价降价措施，降低客户用电成本10.39

亿元。全年实现市场化交易 61.5 亿 kWh，释放改革红利 1.16 亿元。完成 261 个小区 29.77 万户“三供一业”接收和 196 处 9030 户职工家属区“两供一业”移交任务。持续完善体制机制，成立供电服务指挥中心，优化 110kV 输变电运检和调控业务管控模式，权责更对等、管理更高效。科技创新成果丰硕。“交直流混合配电网”和“主动配电网”两项 863 课题顺利通过国家科技部验收。在国网系统率先研发使用智能移动应用系统，创新实现生产经营全信息展示、移动办公全功能覆盖。全年获得省部级以上科技奖 22 项、创新成果 138 项，荣获首届央企 QC 成果一等奖 1 项、全国管理创新成果二等奖 1 项、国家电网有限公司管理创新成果特等奖 1 项、国家电网有限公司软科学成果一、二等奖各 1 项，全年获奖数量和含金量均为历史之最。集体企业价值提升。稳步推进瘦身健体，完成 20 户企业和 2 项股权处置，压减用工 1500 余人。推广智慧能源管家，完成代维合同金额 3.7 亿元，同比增长 113%。深化设计施工联合运作，参与 2200 余个项目。

经营管理攻坚克难。经营创效保持平稳。争取外部支持资金到账 56.9 亿元，再创历史新高。深化同期线损精益管理，综合线损率下降 0.3 个百分点，创造效益 2.42 亿元。优化年度发电计划，压减燃气发电 28.9 亿 kWh，节约购电成本 2.47 亿元。用足用好税收优惠政策，节约税金 4952 万元。开展长期挂账工程专项清理，完成工程转资 162.43 亿元。加强房屋土地规范化管理，处理房产 9400 余处，实现经济效益 1.5 亿元。深化运监大数据平台应用，常态开展 52 项重点指标监测分析。依法治企显著加强。完成国网公司资金安全专项检查迎检，及时整改 52 项问题。发挥“一体化”审计优势，聚焦业扩报装、工程建设等重点领域开展 96 项审计，发现整改 1443 项问题。积极配合国家审计署冬奥会、资产负债损益、重大政策落实三项审计工作。深化“三全五依”法治企业建设，超前防控法律风险，将合法性审核内嵌到重大事项决策程序。健全依法主动维权机制，应诉案件同比下降 33.33%，避免和挽回经济损失 9800 余万元。

首都特色党建品牌更加彰显。党建引领作用充分发挥。组织两级中心组学习 334 次，创新实施“六进”宣讲 438 次。扎实推进“旗帜领航·三年登高”计划，突出党建引领、强化内嵌融入，开展“争当新时代先锋”系列主题活动，党组织战斗堡垒和党员先锋模范作用充分发挥。公司党建工作特色做法得到中组部、国资委等上级领导高度评价，党建成果在《人民日报》《党建》等高端媒体进行了广泛报道。巡视巡察成效显现。坚决整改 6 类 81 项发现问题，同步完善 32 项规章制度。完成 15 家单位巡察工作，狠抓问题整改落实，营造了良好政治生态。完善纪委书记定期报告机制，两级约谈达 2455 人次。队伍面貌昂扬向上。创新开展“一线工作日”“一线工作月”，两级领导班子走进 6000 余个工作现场，进一步汇聚了干事创业的正能量。围绕两个“双百”先锋群体，通过互学互鉴等形式宣传先进经验，发挥示范带动作用。聚焦优化营商环境等重点任务开展高端宣传，公司责任央企形象在首都充分彰显。举办公司庆祝改革开放 40 周年成果展，全方位展现公司服务首都的责任担当。

二、坚持守正创新，确保安全稳定，奋力推进世界一流能源互联网企业建设

（一）唯有加强风险防控，才能把握安全稳定的先机主动

在风险认识上必须坚持底线思维、树立忧患意识。当前，世界面临着百年未有之大变局，我国“三期”叠加特征更加明显，公司发展内外部形势不确定因素增多。从外部看，今后几年国家大事多、喜事多、要事多，重大政治、外交活动贯穿始终，同时冬奥会日益迫近，做好各项服务保障工作事关党和国家工作大局。中美经贸摩擦不断演化，我国经济运行稳中有变、变中有忧，北京市减量发展不断深化，公司“量价双降”压力日益凸显。同时，随着中央全面依法治国、全面从严治党纵深推进，巡视审计日趋常态化，政府监管、社会监督要求越来越严。标准高、挑战多、监管严成为公司面临外部环境的新常态。从内部看，公司近年来的快速发展也积聚了一些风险和问题。集中体现在短板依然突出，电网“两头薄弱”虽然有所缓解，但外受电能力不足已经严重影响到大电网安全；基础还不牢固，保障政治供电万万无一失的物质基础不够坚强，消防设施配备不足和专业管理欠缺的问题并存，安全责任虚化、管控弱化的情况普遍存在；管理亟需提升，体制机制和管控模式不适应改革发展新形势，以客户为中心的现代服务体系还不健全，集体企业距离同质化管理要求仍有差距，同时一些违规违纪问题屡禁不绝。任务重、责任大、风险多成为公司阶段性发展的新特征。对于这些变化和挑战，公司上下必须深刻认识、准确把握、积极应对。

在风险防控上必须下先手棋、打主动仗。风险防控事关落实中央部署、事关首都发展大局、事关企业长治久安。公司上下必须把防好风险摆在更重要的位置，从最坏处着眼，做最充分的准备，争取最好的结果，坚决做到“敏锐、敏感、敏捷”。敏锐，就是要强化政治意识，深刻认识“首都无小事、事事连政治”，

坚持从讲政治的高度去落实部署、防范风险，坚决做到滴水不漏、万无一失，在成事的同时做到不犯错、不出事、不冒泡。敏感，就是要强化责任意识，对风险明察秋毫、处处留心，既不忽视隐蔽性强的“黑天鹅”，更不能对“灰犀牛”视而不见，始终把风险隐患化解在萌芽阶段。敏捷，就是要强化危机意识，时刻绷紧一根弦，发现问题及时应对，出现纰漏快速弥补，打好化险为夷、转危为机的战略主动战，将各类突发情况影响控制到最小。

（二）唯有推动能源互联网高质量发展，才能夯实安全稳定的物质基础

能源互联网由承载电力流的坚强智能电网和承载数据流的泛在电力物联网共同构成。打造世界一流的能源互联网既是企业安身立命之本，也是确保安全稳定的基础所在。要以“两网”融合并进为关键，以补齐短板为重点，以提升质量为方向，不断增强安全保障、资源配置、价值创造能力和智能化水平。

更加注重“两网”融合并进。这是建设世界一流能源互联网企业的核心任务。一方面，要始终把坚强智能电网建设摆在突出位置，坚持规划引领，注重远近结合、适度超前、精准投资，统筹推进各级电网协调发展，加快建成网架坚强、广泛互联、高度智能、开放互动的首都电网。另一方面要充分应用移动互联、人工智能等现代信息技术和先进通信技术，实现电力系统各个环节万物互联、人机交互，打造状态全面感知、信息高速处理、应用便捷灵活的泛在电力物联网。同时，要加强“两网”建设的统筹协调，实现相辅相成、融合发展，形成强大的价值创造平台。

更加注重补齐短板。强弱项、补短板既是推动电网发展的重要任务，也是确保安全稳定的必然要求。要立足更大范围优化配置资源，加快构建京津冀协同发展的特高压骨干网架和北京500kV独立双环网，补齐外受电能力不足的短板。要紧密跟踪北京城市新总规落地，在负荷中心增加500kV变电站布点，提高电源支撑能力，补齐部分供电分区主变容量不足的短板。要以解决“卡脖子”“低电压”等问题为重点，有序实施山区“煤改电”配套电网工程，有力支撑北京乡村振兴战略，补齐山区配网薄弱的短板。

更加注重质量强网。质量是安全的前提。要大力实施质量强网战略，将高质量要求贯穿电网规划设计、设备选用、工程建设、运行维护全过程，打造全方位的首都标准。要结合首都高可靠性供电特点，全面提升设备技术标准，严把选型、采购、入网“三道关”，差异化选用少维护、免维护、多在线的设备，夯实本质安全基础。要深化基建管理改革，加强施工能力和队伍建设，强化工艺管控和工程达标创优，提升工程整体质量水平。要坚持建管并重，深入构建“全网感知、状态监测、预警预判、集约管控”的智能运检体系，实现重要设备状态、输电通道环境、配网运行状态三个监测全覆盖。同时聚焦老旧隧道等隐患突出的重点领域，坚决做到风险不消除不放过、隐患不治理不放过，确保电网安全稳定运行。

（三）唯有推动公司高质量发展，才能筑牢安全稳定的管理保障

在精准投入上下功夫。公司即将迎接第二轮输配电价成本监审，核价水平事关电网和公司长远发展。同时，“量价双降”压力不断加大，资产折旧、生产运维等刚性成本持续攀升，企业保持稳健经营面临多重挑战，亟需升级发展理念，优化发展方式，不断提高投入产出水平。要加强精准投资，优化投资规模、重点、时序，将资金投向负荷增长快、经济效益好、社会关注度高的地区和项目，保障全口径电网投资纳入有效资产。要加强成本精准管控，既要落实标准成本，坚决压降低效无效的成本费用，又要优化成本结构，增强成本支出与输配电业务的一致性、合法性、相关性和合理性，确保全部成本核得进、守得住。

在精细管控上下功夫。风险隐患的出现乃至积累，往往是管理粗心大意、粗枝大叶造成的。实现首都安全稳定目标，必须把严谨细致的理念和作风贯穿到生产、建设、运行、营销等各个环节，在苦练基本功、严格规章制度、提升执行力上下足功夫。要提高重点工作的管控力，拉出“任务书”“时间表”“路线图”，建立高效的事中监管、激励考核和问责机制，明方向、强监管、守底线，压紧压实各级责任。要强化问题导向，深入分析各专业管理短板，逐项实施提升计划，在解决一个个问题中夯实基础、化解风险。要强化各层级、各专业的精细协同，纵向上要注重贯通，坚持本部服务基层、管理服务一线，为基层集中精力干工作、出实效做好支撑；横向上要注重协同，破除专业壁垒、形成工作合力，减少管理断档、空档和盲区。

在精益管理上下功夫。“两网”，特别是泛在电力物联网的建设，为全面提升管理水平提供了难得契机。要应用“大云物移智”等先进技术，打造全业务统一数据中心，筑牢骨干通信网和终端接入网“两个网络”，推动信息化与企业管理、电网生产、营销服务“三个融合”，加快向“三型”现代企业迈进。要以数字化驱动量化管理，提高对企业整体生产运营情况的感知、分析和管控能力，全面实现用数据说话、凭数据决策、靠数据管理，提高资产管理效率和劳动生产率。要依托技术、管理、人才优势，大力培育综合能源服务、

智慧车联网等能源新业态，推进技术和商业模式创新，积极打造示范项目，提升核心竞争力和盈利能力。

（四）唯有强化党建引领，才能凝聚安全稳定的磅礴力量

将战略蓝图变成现实，确保首都安全稳定，任务异常艰巨。必须强化党建引领，打造首都电力先锋队伍，把国有企业党建优势转化为凝心聚力、攻坚克难的强大力量。

着力提升政治引领力。看北京首先从政治上看，公司在旗帜鲜明讲政治上必须有更高标准、更严要求。要切实增强“四个意识”，坚定“四个自信”，坚决维护习近平总书记在党中央和全党的核心地位，坚决维护党中央权威和集中统一领导。要坚持不懈学习习近平新时代中国特色社会主义思想，推动学习教育往深里走、往实里走、往心里走。要自觉把公司工作放到党和国家工作大局中去认识、思考和谋划，切实把对党忠诚、为党分忧、为党尽责体现在实际行动中，坚决履行好政治责任、经济责任和社会责任。

着力锻造卓越组织力。党的力量来自组织。提升组织力，关键就是要围绕首都安全稳定体系建设等中心工作，持续在内嵌上做文章、在融入上下功夫。要强化党委决策前置程序，坚持议大事、抓重点，加强集体领导、推进科学决策，充分发挥好党委把方向、管大局、保落实的领导作用。要强化党的一切工作到支部的鲜明导向，聚焦生产建设主战场、为民服务第一线、急难险重最前沿，开展创先争优，保障任务落实，发挥党支部的战斗堡垒作用。要引导广大党员在确保安全稳定中担关键任务、作突出贡献，敢于站出来、冲上去，发挥好“一带二、一带三”的先锋模范作用。

着力强化干部带动力。将公司战略部署变成现实，领导干部责任尤其重大。要贯彻新时代党的组织路线，把干部干了什么事、干了多少事、干的事组织和群众认不认可作为选拔干部的根本依据，一切看表现、听口碑、凭实绩，打造一支忠诚干净担当的高素质专业化干部队伍。各级干部要勤学深学，始终保持能力不足、“本领恐慌”的忧患意识，不断掌握新知识、熟悉新领域、开拓新视野，弥补知识弱项、能力短板、经验盲区，提高应对复杂局面、解决复杂问题的能力。要担当担责，善于攻坚突破，敢于啃硬骨头，落实公司部署行动迅速、措施有力，坚决做到守土有责、守土尽责。对于工作中的困难和问题，要敏锐思考，果断出招，创造性解决，决不能视而不见、听之任之。要苦干实干，把更多的时间和精力放在基层一线，聚焦突出问题、紧扣关键环节，深入一线调研，站在一线督导，带领广大职工共同抓安全、保稳定、促发展。

着力增强队伍战斗力。新时代是奋斗者的时代。公司广阔的发展前景为广大职工建功立业、成长成才提供了平台和舞台。公司全体职工要有精益精湛的本领，弘扬工匠精神，立足岗位勤学习、多思考，掌握真本事、练就硬功夫，争做专业领军人才和技术能手。要有专业执着的态度，干一行、爱一行、钻一行，心无旁骛、尽善尽美，力争把每一项工作都做到最好，在平凡的岗位上创造不平凡的业绩。要有敬业奉献的品质，增强主人翁意识，爱企如家、忠于职守，甘于吃苦、乐于付出，与企业共同发展、共同成长。

三、2019 年重点任务

2019 年工作总的要求是：坚持以习近平新时代中国特色社会主义思想为指导，坚决落实国家电网有限公司和北京市委、市政府决策部署，牢牢把握稳中求进总基调和高质量发展要求，以深入实施“首都安全稳定年”为主线，以党的建设为引领，以队伍建设为保障，以改革创新为动力，确保实现“八稳”目标，全面提升安全、质量、效率、效益和服务水平，为建设世界一流能源互联网企业、服务首都新时代发展作出新贡献，以优异成绩迎接新中国成立 70 周年。

2019 年公司主要工作目标：杜绝大面积停电事故、人身死亡事故、重特大设备事故，严格防范重大网络安全事件、重特大火灾、恶性误操作，实现政治供电“零闪动”。不发生损害公司形象和稳定的重大事件。完成售电量 1078 亿 kWh。实现利润总额-14.57 亿元。营业收入 691.68 亿元。资产负债率 66.6%。完成固定资产投资（全口径）182.30 亿元。投产 35kV 及以上线路 848.58km、变电容量 824.7 万 kVA，开工线路 472.24km、变电容量 698.25 万 kVA。完成全员劳动生产率 191.71 万元/（人·年）。力争业绩考核保持 A 段行列。

（一）全力确保首都供电安全稳定

确保政治供电万无一失。将建国 70 周年庆祝活动保电作为重中之重的政治任务，坚持最坚决的态度、最周密的筹划和最高的标准，9 月底前陆续完成隐患排查治理、临时工程建设、保电团队组建、应急演练等所有筹备工作。活动期间，对重点设备 24 小时不间断看护，为重要用户提供“一户一车一团队”服务保障，全力确保供电保障万万无一失。同时，紧扣重大活动特点和时间节点，注重早安排、早部署、早落实，确保圆满完成 3 月全国两会、4 月“一带一路”国际合作高峰论坛、5 月亚洲文明对话大会以及持续半年的世园会等供电保障任务。5 月底前完成广场重点区域配网升

级改造，全面提升保障能力。根据党政军首脑机关的需求，组织实施供电可靠性提升工程。确保人身安全。3月底前发布全员安全责任清单，10月底前完成18家单位安全巡查，压紧压实责任。3月底前修订公司安全工作奖惩实施方案，加大重奖重罚力度。开展各级领导班子安全述职、管理人员安全履职评价、基层人员安全等级评定。强化各类生产作业管控，严格执行安规和“十不干”，重点抓好标准化作业和反违章。严格安全双准入管理，对施工企业实施动态安全评价，严格清退列入“黑名单”的企业。一季度建成公司安全管控中心，实现输电反外力、配电运营指挥监控等业务的集约管理。确保电网安全。高质量完成524项春检、641项秋检工作，确保“应修必修、修必修好”。有序推进海淀—宝山500kV下送通道等互联互通工程，积极解决电网结构性风险。提前发布电网风险预警，度夏前投产220kV草桥扩建等重点工程，全方位做好应对大负荷准备。开展张北柔性直流运行特性研究，科学制定控制措施和应急处置预案。全年完成137座变电站二次安全防护系统部署调试。9月底前完成网络安全智能防御体系建设，12月底前建成北京市公共服务领域首家工控系统网络安全实验室。确保设备安全。年内完成23处输电线路“三跨”治理和9座老旧变电站改造。加强电缆网精益化管理，12月底前加装212套在线监测装置，实现五环内110kV及以上电缆线路全覆盖。提升配网运维质量，全年计划、故障停电时间分别降低20%、30%。11月底前建成带电作业朝东中心，确保带电作业化率超过95%。充分发挥电缆公司作用，加快构建“技术先进、管理精益、国内领先、国际一流”的管理和科研体系。确保消防安全。扎实推进电气设备消防提升三年行动计划，4月底前成立公司两级消防安保指挥中心，年底前组建公司级消防灭火专业队伍。10月底前建设智能化消防监控平台，实现城市区域309座变电站消防信号接入。升级电气设备消防设施，完成50座变电站固定灭火装置、383座变配电站室气体灭火装置、205km电缆隧道测温系统、220km电缆隧道防火槽盒的安装工作。

（二）全力确保电网建设安全稳定

加强规划和前期工作。促请政府批复北京电网中长期发展规划和空间布局规划，推动规划成果纳入控制性详规。深化“两个前期一体化”机制，新增储备项目19项。抢抓北京市审批制度改革契机，将12项重点工程纳入“多规合一”平台，确保全年取得规划意见60项、立项核准58项。加大500kV CBD、220kV丽泽等重点工程推进力度。全面做好冬奥会（世园会）服务保障。3月底前投产世园会配套的110kV大路工程和移动式变电站。11月底前陆续投产冬奥会配套工程，全面满足2020年冬奥测试赛需求。年内投产京张高铁2座牵引站外电源工程。充分发挥冬奥会（世园会）电力保障领导小组作用，建立场馆电力建设与服务保障一体化模式，及时满足17个场馆用电需求。高质量建设重点工程。城市副中心方面，密切跟踪行政办公区二期、城市绿心、环球影城等进展，统筹推进重点工程建设，9月底前投产220kV运河等3项工程，全力推进220kV潞城站和供电保障中心建设。新机场方面，上半年投产500kV新航城、房山—南蔡工程。新首钢方面，11月底前陆续投产220kV石景山等3项工程，确保110kV炼钢工程年内具备投产条件。怀柔科学城方面，10月底前投产110kV云西、科学城西2项工程。生产基地方面，7月建成中心库二期，年底前确保应急防恐基地、亦庄备调中心主体完工。全年开工35kV及以上输变电工程46项，投产55项。提升工程管控水平。持续深化基建改革，做实业主和施工单位“两级管控”，推行里程碑“二级网络计划”，深化“智慧工地”应用，实现对现场作业、安全风险的精准管控。加快现代（智慧）供应链体系建设，推进重点工程差异化采购，选好选优先进设备。

（三）全力确保优质服务安全稳定

持续优化电力营商环境。完善小微企业服务举措，加大电费透明度等关键环节工作力度，确保世界银行“获得电力”排名持续提升。推广10kV临时用电“三省”服务，畅通线上线下办电渠道，优化业扩工程实施模式，将平均接电时长压减至20个工作日以内，实现客户平均办电成本明显下降。创新“一管到底”服务模式，加强712个在途项目全过程管控，确保全年完成接电容量700万kVA。不断拓展电能替代范围。全年完成139个村4.7万户“煤改电”工程，4月开工建设，9月底前全部完工。按照北京市700辆电动公交车更换计划，年底前完成30项外电源工程建设。优化10min智能充电网络布局，在新机场等区域打造示范星级充电站，全年建成2574个公共充电桩。加强充电桩运维质量管控，确保设备稳定运行率保持在99.9%以上。拓展综合能源服务市场，推广医院、高校等能源托管业务，力争全年实现营业收入1.7亿元。丰富优质服务举措。推广电力管家、客户经理服务模式，实现故障抢修、报装接电等现场服务快速响应。推动“三型一化”营业厅建设，实现线上线下服务无缝衔接。加强“全能型”供电服务机构建设，推进业务集约融合，提升服务能力和水平。深化集团要客定向服务，完善常态化沟通机制，丰富安全用电、综合协调、绿色智能、合作交流四个方面服务举措。完成200万户掌上电力注册和客户基础信息采集。推出“六个精准”服务举措，确保客户投诉、95598 话务量均下降 10% 以上。创新技术手段，将购电下发时长降至 3min 以内。

（四）全力确保经营管理安全稳定

确保企业稳健经营。争取并落实外部资金 30 亿元，促进政府支持转化为效益增长。大力压降非生产性支出，全面推广国网商旅应用，“三公经费”同比压降 5%。深化同期线损应用，加大精准降损力度，将综合线损率降至 6.15%。盘活闲置房屋土地资源，规范非生产性房产管理，力争实现增收 10%。保障安全稳定资金投入，实施项目管理，确保专款专用。提升精益化管理水平。落实优化经营管理 27 条策略，构建以有效资产为核心的投入产出考评机制。多维精益管理年内要实现业财链路贯通融合，确保每一笔收支都扎实有据。4 月底前制定业务外包管理办法。推广应用资金日排程系统，6 月底前完成资金安全自查。主动研判国网公司业绩考核和对标体系规则调整，提前制定应对策略。优化所属单位考核指标和评价标准，逐项逐级落实管理责任。全面防范经营和法治风险。健全法律风险防控体系，3 月底前建成两级重大决策合法性审核机制。加强诉讼案件管控，严控有责被诉案件数量和赔偿金额。强化投资全过程、全要素监督，做真用实统计数据，降低投资风险。开展工程剩余物资专项治理，2 月底前完成底数梳理，统筹开展再利用；加快退役资产的报废审批流程，提高处置效率和规范性。做好国家审计署迎审配合和问题整改，确保外部审计整体平稳。加强对工程建设、优化营商环境等重点领域跟踪审计，按月开展问题销号验收，确保年度整改率超过 90%。

（五）全力确保改革创新安全稳定

稳妥推进电力体制改革。全面配合做好新一轮输配电价成本监审，加强汇报沟通，积极反映首都高可靠性供电和减量发展等特点，全力争取合理电价水平。进一步规范首都电力交易机构，11 月底前完成增资扩股、股权转让、变更备案等工作。推进大用户直接交易，全年完成市场化交易电量 100 亿 kWh。稳妥推进平谷马坊、延庆智能电网等增量配电试点。建设泛在电力物联网。加强多媒体、移动化等新业务应用，推动通信技术与电网应用深度融合，构建高速、安全、泛在的通信网络骨干架构。建设全业务统一数据中心，12 月底前应用一体化“国网云”平台。探索利用变电站资源建设运营充换电（储能）站和数据中心站新模式。全面推广“网上国网”，实现全业务网上办理。完善北京电力移动应用“首都安全稳定年”等模块功能，整合各专业移动作业终端功能。加大科技创新力度。发挥北京科技创新中心优势，加强内外部科研资源协同，健全重大项目联合攻关机制。深化电能替代实验室建设，努力创建北京市和全国重点实验室。加强科技领军人才培养，打造高素质创新团队，提升自主创新能力。围绕确保安全稳定需求，加快电网运行控制等关键技术研究。

（六）全力确保集体企业安全稳定

深化同质化管理。完善安全管理体系，压紧压实法人企业主体责任和管理部门监督责任。建立可进可出的市场化用工机制，按需引进高素质人才。完善统一的会计核算体系，确保全年应收、预收账款分别压降 10%、20%。4 月底前制定集体企业物资采购和工程分包指导意见，规范业务外包管理和废旧物资处置，加大重点领域管控力度。常态化实施集体企业审计监督，坚决防范经营和法治风险。做强做优核心业务。持续推进瘦身健体，4 月底前完成剩余 4 户企业和 2 项股权处置任务，稳妥推进人员安置、业务划转和企业处置，确保程序依法合规。深化作业能力建设，提升施工业务承载力。做优内部委托业务，拓展外部优质市场，确保客户代维合同金额超 5 亿元，力争集体企业全年营业收入达到 125 亿元以上。提升服务保障能力。发挥集体企业人员和装备优势，组建专业应急和消防队伍，支撑重大保电、消防能力提升等重点工作。优化设计施工、物资供应、运维管理等全流程服务模式，支撑“三省”服务举措落地。盘活集体企业沉淀资金和低效资产，合理购置移动式变电站、大型消防设施等先进装备和施工机械，投资优质房屋土地，通过租赁等方式为主业提供服务支撑，同步提升自身可持续发展能力。

（七）全力确保从严治党安全稳定

提升党建工作质量。按照中央统一部署，高质量开展“不忘初心、牢记使命”主题教育，坚定信仰信念、提高党性修养、坚守政治品德。逐级制定党建工作责任清单，将确保安全稳定纳入绩效考核和各级党组织书记抓党建述职评议。扎实推进“旗帜领航·三年登高”创先争优年任务，总结三年登高经验成果，推出一批国网级示范标杆。实施“党建+”工程，健全“强化党建引领、突出内嵌融入”长效机制，深化两个“双百”创建，充分发挥党组织战斗堡垒和党员先锋模范作用。落实意识形态工作责任制，加强形势任务教育和宣传引导。全面加强党风廉政建设。贯彻十九届中央纪委三次全会部署，坚持不懈推进全面从严治党。严格执行中央八项规定和公司实施细则，坚决破除“四风”，持续整治群众身边的腐败和作风问题。上半年完成剩余 16 家单位巡察，实现基层单位全覆盖。建立“巡察后评估”制度，扎实做好“后半篇文章”，持续解决顽症痼疾。开展领导干部和重点岗位人员约谈警示。深化“首善清风”App 应用，组织“廉洁宣教周”专项行动，营造干事干净浓厚氛围。

（八）全力确保队伍建设安全稳定

加强干部队伍建设。树立重担当、重实干、重实绩的鲜明用人导向，选优配强各级领导班子。坚持严管厚爱，完善干部日常考核、谈心谈话等制度。巩固“一线工作日”机制，在 4 月、9 月围绕重点工作开展“一线工作月”。激发职工内生动力。持续补充增量，引进 500 名优秀毕业生、120 名供电所用工。盘活内部存量，引导人才向核心业务、技术技能岗位流动，大力补强一线作业力量。实行用工契约化管理，明确岗位职责、安全责任和退出条件。优化职员职级序列管理，畅通职工职业发展通道，推行终身职业技能培训。实施“首都安全稳定年”专项奖励，加大激励和问责力度。营造和谐稳定氛围。开展“文化+安全”主题宣教，推进企业文化示范点“百千万”工程。围绕安全稳定主题，开展“当好主人翁、建功新时代”劳动竞赛。借助权威媒体，加强系统策划，开展庆祝新中国成立 70 周年系列活动主题传播，推出一批有深度、有影响的重点报道。严格落实舆情风险预警和工作机制。利用三年时间，改造 119 个供电所、158 个班组用房。关心关爱职工，在一线班组建设 60 个“职工小家”，继续落实暑期托管等惠民措施，举办职工运动会等丰富文体活动。开展“安全稳定　建功有我”青年行动，创建“全国安全生产示范岗”。落实离退休人员“两项待遇”，充分发挥“京采夕阳”养老品牌作用。深化信访维稳、保密管理，确保企业和谐稳定。

聚焦新战略攻坚　聚力高质量提升
坚定不移在服务首都发展中彰显国网担当

——国网北京市电力公司三届五次职工代表大会

暨 2020 年工作会议报告（摘要）

（2020 年 1 月 15 日）

这次会议的主要任务是：以习近平新时代中国特色社会主义思想为指导，认真贯彻国家电网公司三届五次职代会暨 2020 年工作会议部署，落实北京市委十二届十一次全会要求，总结 2019 年工作，深入分析形势，明确今后一个时期的发展思路，安排 2020 年任务，聚焦新战略攻坚、聚力高质量提升，为加快建设“三型两网”世界一流能源互联网企业、服务北京国际一流的和谐宜居之都建设而努力奋斗。

一、2019 年工作回顾

2019 年，面对风险挑战明显上升、政治保电贯穿全年、经营压力持续加大等严峻考验，公司上下坚决贯彻国家电网公司和北京市委市政府决策部署，守正创新、担当作为，圆满完成全年目标任务，各项工作取得新成效。发展总投入 152.26 亿元，同比降低 26.62%。电网投资 142.79 亿元，同比降低 28.21%。全年开工 110kV 及以上线路 336km、变电容量 526 万 kVA；投产 110kV 及以上线路 947km、变电容量 844 万 kVA。完成售电量 1061.59 亿 kWh，同比增长 2.37%。营业收入 688.75 亿元，同比增长 0.96%。资产总额 1168.76 亿元，增加 34.78 亿元。资产负债率 67.76%，较年初上升 2.85 个百分点。

服务大局坚强有力。政治保电再创佳绩，将新中国成立 70 周年庆祝活动供电保障作为首要政治任务，依托国网集团化优势，严格落实“五个最”要求，协同攻坚、昼夜奋战，成功实现“四个零”目标。全年圆满完成“一带一路”高峰论坛、世园会、亚洲文明对话大会等重大活动保电 203 项。首都电力营商环境持续优化，深化“三零”“三省”服务，成功促请政府出台掘路审批等改革政策，持之以恒压环节、减时长、降成本，推动我国“获得电力”排名提升至第 12 位，公司改革亮点写入世行营商环境报告，客户获得感和满意度明显提升。冬奥会服务保障走在前列，11 项配套电力工程已投产 10 项，创新建立冬奥场馆一体化保障模式，积极助力国家电网公司成为北京 2022 年冬奥会和冬残奥会官方合作伙伴。北京大兴国际机场配套电网达到世界领先水平，同时通过绿电交易为机场引入清洁电力，建成 7 座分布式光伏电站、400 个电动汽车充电桩，助力建设全球绿色机场标杆。

首都供电安全平稳。始终坚持安全第一，严格执行全员安全责任清单，逐级开展领导人员安全述职、管理人员履职评价和一线人员等级评定，层层压实安全责任。扎实开展大电网安全风险防控、基建安全质量、集体企业安全年等专项行动，及时发现并消除隐患 1091 项。建成融合 6 大专业、30 个系统的一体化安全管控中心，加强“四不两直”现场督导，现场作业违章率同比下降 33%。加大设备改造升级力度，143 座变电站、1096km 输电线路完成达标治理，四环内 110kV 及以上电缆实现在线监测全覆盖，28 项二次设备消隐工程圆满完成。加强电气火灾综合治理，成立消防安保指挥中心，组建首支专业应急队伍，完成 430 座变电站、1300 个配电室、130km 电缆隧道消防设施改造。深化配电自动化建设应用，故障自愈投入率达到 100%，配网故障同比降低 27.3%。积极应对极端天气频发等挑战，及时发布 590 项电网风险预警，稳妥处置燃气供应短缺等突发事件，确保了电网安全运行和电力可靠供应。

“两网”融合加快推进。抢抓北京城市新总规实施契机，紧密对接市区两级政府，推动电网中长期规划 600 座变电站纳入各区分区总体规划。充分发挥“多规合一”平台作用，500kV CBD 工程取得可研批复和稳定风险评估意见，全年取得立项核准 60 项、规划意见书 38 项。促请政府取消隧道、管涵等电力工程施工许可证办理，工程前期效率大幅提升。房山—南蔡等 3 条外受电工程建成投产，进一步提升了通道安全裕度。220kV 马坡变电站荣获国家电网公司输变电优质工程金奖。中心库一期取得不动产登记证，中心库二期实现竣工，应急防恐储备库和亦庄备调中心完成结构封顶。编制泛在电力物联网建设三年行动计划和 2019 年建设方案，统筹推进 36 项重点任务，6 项成果入选国家电网公司年度最佳实践案例。“网上国网”上线运行，注册用户超过 270 万户。北京大兴国际机场智慧能源服务平台创新实践，在信息资源共享、设备智慧运维等方面进行了有益探索。城市副中心免费接入、深度挖掘政府“雪亮工程”数据价值，有力促进了生产运维水平提升和成本压降。

为民服务水平提升。在 7250 个小区和社区挂牌开展客户经理“网格化”服务，健全接诉即办等快速响应机制，客户投诉、95598 话务量、12345 工单数量同比下降 66.84%、20.31%、24.08%，12345 排名位列全市公共服务行业第二。丰富集团要客服务举措，开展定向服务 1273 次。拓展线上服务渠道，优化“国网北京电力”微信营业厅功能，低压线上办电率提升至 82.45%。完成高速载波采集装备换装 210 万具，平均购电下发时长降至 1min 以内。全年完成 155 个村、5.1 万户山区“煤改电”工程，投产 8 项公交外电源工程，实现替代电量 31 亿 kWh。积极探索电动汽车有序充电，新建改造 87 个智能充电桩。

经营管理持续加强。主动应对电价持续下调、售电量增速趋缓等影响，深入开展经济活动分析，千方百计提质增效。适应改革监管要求，扎实推进多维精益管理“四个一”试点。加大沟通汇报力度，争取政府支持资金 41.9 亿元。积极开拓新兴用电市场，实现综合能源服务收入 1.72 亿元。整合利用闲置房产、土地等资源，全年增收 1.65 亿元。用足用好燃煤机组关停替代、安全设备税收抵免等政策，节约费用 3.8 亿元。严格综合计划和预算管控，压减非生产性支出 10%。精准治理负损线路台区 4827 个，分线分台区线损合格率较年初提升 20 个百分点，综合线损率达到 6.15%。深化新型资金管理体系建设，实现现金流按日排程、收付款省级集中。建立两级两阶段平衡利库机制，消纳处置工程退出和报废物资 8.48 亿元，解决了一批历史遗留问题。推行重大决策合法性审核，完成 41 项“三重一大”事项论证。坚持依法主动维权，避免和挽回经济损失 2184.4 万元。聚焦业扩报装、工程建设等重点领域，开展“保稳定、防风险、促增收”等 40 项专项审计，实现增收节支 1.4 亿元。加强内外部审计问题整改，460 项遗留问题全部整改完成。持续加强产业同质化管理，推进统一财务制度和核算体系落地，规范“两商”招选程序，探索转型发展路径。产业单位全年实现收入 134 亿元，利润 4.38 亿元。

改革创新不断深化。积极配合第二轮输配电价核定，输配电成本上涨 0.39 分/kWh。落实国家一般工商业降价政策，减少客户用电成本 14.85 亿元。全年开展大客户直接交易 322 笔，实现交易电量 122.72 亿 kWh。以投资共担、建成移交、整体运营方式，开拓了北京新机场、首钢新园区用电市场，探索出参与配电市场竞争的新模式。持续深化集体企业改革，组建产业管理公司，完成全部瘦身健体任务。有序推进“放管服”改革，顺利承接 160 项总部下放事权，向基层下放 61 项事权，本部管理效率和基层积极性进一步增强。优化内设机构设置标准，推行终身职业技能培训，队伍活力有效激发。首次召开科技创新大会，出台加强科技创新工作指导意见，明确 30 项创新举措。与国网能源院签署战略合作协议，协同推进重点领域攻关。“5G 网络化改造及推广服务平台”国家工信部项目成功立项，“交直流混合配电网”863 课题通过国家科技部验收。全年荣获省部级及以上科技奖 24 项、管理创新成果奖 44 项，首次获得国际质量管理成果金奖，获得国网同期线损技能竞赛团体第二名，青创赛夺得 2 金 4 银。

全面从严治党深入推进。以学习贯彻习近平新时代中国特色社会主义思想为主线，把牢“十二字”总要求，分两批高质量开展“不忘初心、牢记使命”主题教育，组织集中学习 1835 次、专题党课 255 场，整改各类问题1941个，学做结合、查改贯通，公司上下理想信念更加坚定、宗旨意识更加牢固、担当精神更加充沛。坚决整治王府井“巾帼班”事迹造假等中央巡视反馈问题，举一反三落实32项整改措施。贯彻落实新时代党的建设总要求，逐级完善党建工作责任清单，完成“旗帜领航·三年登高”计划创先争优年工作。持续深化“党建引领、内嵌融入”、党员“一带二、一带三”长效机制，党组织战斗堡垒和党员先锋模范作用在重点任务攻坚中充分发挥。扎实开展“抓整改、除积弊、转作风、为人民”专项行动，深入推进漠视侵害群众利益问题专项整治，行风作风持续改善。落实纪检监察体制改革部署，“三转”工作不断强化，监督责任进一步压实。坚持巡视巡察一盘棋，已累计完成27家单位巡察，发现整改问题1009项。落实国家电网公司党组1号、2号文件精神，加强各级领导班子管理和运行机制建设，全面激发领导人员担当作为。严格执行意识形态工作责任制，加强舆情防控和主题传播。落实中央“基层减负年”要求，制定实施20项落地举措，公文、会议和评比表彰数量分别压减31%、44%和60%。完成84处供电所、162处班组用房改造工作，一线办公条件明显改善。关心关爱职工，开展慰问帮扶、暑期托管等服务举措。落实离退休人员“两项待遇”，加强维稳保密工作，保持了和谐稳定局面。

一年来，我们走过了一段不平凡的路，既有困难和挫折，也有收获和希望。我们直面复杂严峻的形势任务，承受了前所未有的压力挑战，也深切感受到上级领导的高度信任、亲切关怀和大力支持。寇伟董事长一年之内9次莅临公司指导工作，作出重要指示，为我们指明了努力方向。蔡奇书记、陈吉宁市长多次对公司工作给予肯定，提出殷切希望。这些都给予我们极大的鼓舞和激励。

一年来，广大职工以饱满的激情、昂扬的斗志、奋斗的姿态，在各自岗位上夙夜在公、默默奉献，涌现出一大批先进集体和个人。王朴、佟凯两位基层同志作为新中国成立70周年庆祝活动服务保障优秀代表，得到习近平总书记集体接见。通州公司荣获“中央企业先进集体”，城区公司荣获“首都劳动奖状”。

二、认清形势、聚力提升，坚定不移在服务首都发展中彰显国网担当

纵观国家电网全局，我们肩负的使命更加神圣。“三型两网、世界一流”新战略是国家电网公司坚守“六个力量”历史定位的政治担当，是引领新时代发展的根本遵循和行动指南，中央领导高度肯定，社会各界充分响应。在刚刚召开的国家电网公司2020年“两会”上，寇伟董事长站高谋远、总揽全局，准确把握“时”与“势”，辩证看待“危”与“机”，科学部署“稳”与“进”，既坚持问题导向，直面困难和挑战，更强调要保持战略定力，切实做到“一个咬定、两个突破、两个激发”，奋力开创国家电网事业发展新局面。一直以来，寇伟董事长对公司发展给予极大关注，倾注大量心血，去年更是对公司提出了在落实新战略中争当排头兵的新要求、新期望，标注了公司奋斗坐标。我们必须不辱使命、不负重托，倍加珍惜、倍加努力，全力以赴在“三型两网”建设中做出首都特色，在国家电网公司新战略全面落地中体现北京作为、彰显北京价值。

放眼首都发展大局，我们承担的责任更加重大。以习近平总书记6次视察北京、9次对北京发表重要讲话为标志，北京“都”与“城”的关系更加清晰，城市发展深刻转型。进入新时代，北京市反复强调，加强“四个中心”功能建设，提高“四个服务”水平就是首都发展的全部要义，抓好“三件大事”，打好三大攻坚战就是贯彻中央部署的战略重点。“四四三三”重要部署，每项都与公司密切相关，我们在保障政治供电安全、服务国家战略落地、满足人民美好生活需要等方面承担了更为重要的政治责任，在推动首都能源清洁低碳转型、建设世界一流城市能源互联网、培育新业务新模式新业态等方面迎来了大有可为的广阔空间，公司事业与首都大局更加紧密联系在一起。我们必须提高站位、提振信心，乘势而上、顺势而为，在服务首都新时代发展中勇先行、善作为，充分彰显国家电网公司“国家队”“大国重器”的使命担当。

立足历史发展阶段，我们面临的挑战更加艰巨。公司历史悠久，一代又一代首都电力人团结拼搏、接续奋斗，推动电网和公司发展不断取得新突破，积累了向更高层次迈进的基础和条件。但也要清醒认识到，与承担的使命职责相比，我们无论是外部环境还是自身发展，风险挑战明显上升，问题短板亟待解决。北京电网存在“三方面不平衡不充分”。电源支撑不充分体现在本地发电仅能满足全市30%的用电需求，为国际特大型城市最低；不平衡体现在发电一次能源品种单一，燃气占比近90%。电网发展不充分体现在不能完全支撑首都“四个中心”战略定位，同时与东京等国际知名城市相比差距明显；不平衡体现在东部、西北等局部电网薄弱。装备水平不充分体现在老旧变电站、少油开关等设备依然大量存在；不平衡体现在部分党和国家办公场所设备运行年限过长，安全隐患逐渐显现。经营创效面临“三大挑战”。国家连续两年降低一般工商业电价，公司实际所受影响全国最大，随着中央明确新的降价降费部署，电价空间进一步被挤

压；北京将疏解非首都功能作为推动京津冀协同发展的牛鼻子，强调要保持减量发展的战略定力，电量增长前景不容乐观；近年来国家战略在北京加速落地，公司政策性投资达到 65%，投入产出效益受限，政治保电常态化、“煤改电”保障也加大了经营压力，公司资产负债率已超 65%的警戒线。

综合研判，公司发展“窗口期”特征越来越明显，很多机会稍纵即逝，抓住就是机遇，抓不住就是挑战。我们既要牢牢守住底线又要积极开拓进取，既要补齐发展短板又要推动转型升级，既要抓好今天又要布局明天，为实现“三型两网”建设全面突破，承担好 2021、2022 年重要政治任务打下基础。思深方益远，谋定而后动。公司当前和今后一个时期的发展思路是，以习近平新时代中国特色社会主义思想为指导，坚决贯彻国家电网公司和北京市委市政府决策部署，大力弘扬首都电力优良传统，坚持稳中求进总基调，守正创新、锐意进取，以开展“高质量提升年”为主线，以争当“三型两网”建设排头兵、服务首都发展先行官为奋斗目标，以推动“三个变革创新”为发展路径，以大力实施“六大提升行动”为工作抓手，更加奋发有为地推动国网新战略落地、服务首都新时代发展。

落实好新发展思路，必须坚定“一个奋斗目标”。地处首都是公司与兄弟单位最大的不同，是谋发展、做选择、干一切工作的逻辑起点，也是公司将奋斗目标明确为争当“三型两网”建设排头兵、服务首都发展先行官的思想起点。排头兵和先行官辩证统一，具有共同指向，相互支撑、相互促进。“三型两网”建设排头兵体现为，世界一流城市能源互联网建设的排头兵、“三型”特征能源互联网企业建设的排头兵；服务首都发展先行官体现为，在服务党和国家工作大局中先行、在保障首都功能定位中先行、在满足人民美好生活需要中先行。无论是当排头还是勇先行，都必须以确保首都供电安全为根本，坚决做到“精精益求精、万万无一失”。

落实好新发展思路，必须推动“三个变革创新”。把目标变成行动，把梦想变成现实，不会一蹴而就、水到渠成。特别是当前国内三期叠加影响仍在持续，能源转型日趋紧迫，更加需要我们以变革创新突破瓶颈、破解难题，构建观念更新、质量更优、动力更强的发展新态势。着力推动思想观念变革创新。把解放思想作为推动发展的“总开关”。增强政治意识和底线思维，政治打头、稳字当头；增强首都意识和辩证思维，既坚定不移服务好首都发展，又坚定不移将地处首都的优势转化为争先发展的胜势；增强大局意识和系统思维，自觉把工作提升到国家战略、时代发展中认识和把握；增强超前意识和战略思维，始终做到思想敏感、思维敏锐、行动敏捷。着力推动电网发展变革创新。落实习近平总书记“四个革命、一个合作”能源安全新战略，顺应能源革命和数字革命融合并进趋势，把泛在电力物联网建设作为牛鼻子，加大向传统电网赋能力度，加快向能源互联网转型升级，实现安全保障能力、能源配置能力、价值创造能力的全面提升。着力推动企业管理变革创新。随着我国经济由高速增长向高质量发展加速转变，我们必须打破高投入、扩规模的路径依赖，全面提升发展质效，大力增强内生动力，安全上精益求精、管理上精雕细刻、发展上精耕细作、经营上精打细算，奋力走出一条高质量发展新路。

落实好新发展思路，必须实施“六大提升行动”。公司开展“高质量提升年”，是传承也是突破。其中，“高质量”是核心，“提升”是关键，就是要通过大力实施“六大提升行动”，固根基、补短板，扬优势、抓重点，推动高质量发展稳中有进、稳中提质，努力抢占发展制高点。

（一）大力实施党建引领提升行动

坚持党的领导、加强党的建设，是国有企业的独特优势，是必须贯穿始终的重大政治原则。公司上下要时刻牢记“看北京首先从政治上看”，坚决贯彻国家电网公司党组 1 号文件部署，增强政治敏锐性和鉴别力，以高质量党建引领企业高质量发展。

以首都意识坚守政治站位。作为距离党中央最近、服务党中央最直接的首都能源骨干企业，在旗帜鲜明讲政治上必须有更高标准、更严要求。要在学习习近平新时代中国特色社会主义思想上持续发力、久久为功，树牢“四个意识”、坚定“四个自信”，增强践行“两个维护”的政治、思想和行动自觉。要大力弘扬“人民电业为人民”的企业宗旨，持续优化服务，自觉接受监督，严肃整治漠视侵害群众利益的行为。

以首要任务抓好党的建设。抓发展首先要强党建，抓好党建就是最大的政绩，必须在坚持中深化、在深化中发展。要突出“两个一以贯之”，着力加强制度建设，推动党的领导融入公司治理各环节，用长效机制激发管党治党效能。要突出融合融入，找准党建工作与中心工作结合点，大力实施“党建+”工程，推动党的建设与改革发展同向聚合、相融并进。要突出大抓基层，把党建责任传导到“神经末梢”、任务落实到“基层细胞”，充分发挥基层党组织战斗堡垒作用和党员先锋模范作用。

以首善标准履行政治责任。当好服务首都发展先行官，必须自觉把工作放在大局中去认识、谋划和推进，发挥“六个力量”重要作用。要聚焦京津冀协同发展、冬奥会等国家战略，高点定位、主动对接、高效服务，为战略落地提供坚强能源保障。聚焦首都“四个中心”功能建设，高质量规划建设配套电网，持续完善常态化保障机制，助力“四个服务”水平提升。聚焦首都经济高质量发展，巩固既有经验做法，对标国际先进水平，持续加大改革力度，全力构建百姓获得感最强、服务企业成效最好的电力营商环境示范区。

（二）大力实施安全固基提升行动

“首都稳，全国稳”。供电安全事关首都安全稳定大局，是必须坚守的红线和底线。公司上下要树牢“首都无小事、事事连政治”的理念，把解决不平衡、不充分问题作为着力点，用大概率思维应对小概率事件，狠抓人、网、管三大要素，筑牢坚如磐石的安全根基。

坚持内外并重，提升电源支撑能力。这是首都供电安全的当务之急，必须立足京津冀协同发展，推动更大范围优化配置资源，提高大电网整体效能。要以增强外受电能力为重点，加快推进外电入京通道建设，进一步优化“多方向、多来源、多元化”外受电格局。要以增强本地电源供给能力为关键，促请政府研究本地新增电源可行性，探索在周边建设点对网电源的可能性，丰富本地发电厂用能品种，进一步提高抵御风险水平。

坚持建管并重，提升电网发展质量。这是首都供电安全的重中之重，必须坚持质量强网战略，推动电网又好又快发展。要提高规划质量，立足电网发展现状、功能定位和现实需求，注重规划的前瞻性、科学性和精准性，统筹谋划“十四五”电网布局，推动各级电网协调发展。要提高建设质量，建立专业顶层深度融合机制，构建涵盖设计、采购、施工、验收全链条、全寿命质量管理体系，努力建设精品工程、国优工程。要提高运维质量，以智能运检体系建设为突破口，以数字技术为传统电网赋能，实现“全网感知、状态监测、预警预判、集约管控”。

坚持软硬并重，提升安全管控水平。这是首都供电安全的治本之策，必须持续在“愿、能、制、效”上下功夫。要突出全员抓“愿”字，在责任链条、教育培训、文化氛围、考核奖励上协同发力，变“要我安全”为“我要安全”。要突出全面抓“能”字，既在物质层面提升电网保障能力，又在队伍层面提升全员保障能力。要突出全过程抓“制”字，建立健全安全运行、风险防控、应急处理等长效机制，不断提高安全管控穿透力。要突出全方位抓“效”字，紧紧围绕效果、效力、效能，严抓严管、真抓实管，坚持“提级管控、顶格处理”，让失责必问、问责必严成为常态，守牢公司发展的“生命线”。

（三）大力实施“两网”融合提升行动

实现排头兵目标，关键要以理念转变为先导，发挥公司地处首都的区位优势、创新优势、窗口优势，在构建具有首都特色的城市能源互联网上精准发力。

依托北京智慧城市建设，在发挥平台价值上求突破。北京世界级智慧城市的建设，为我们延伸产业链、发挥平台价值提供了广阔空间。要助力城市智慧运营，发挥电力“晴雨表”作用，面向政府提供宏观经济、行业发展等能源大数据，准确反映首都转型发展趋势，为城市智慧治理提供支撑。要打造智慧供能体系，加快构建智慧能源服务平台，线下链接政府、商场、园区等各类客户，线上通过大系统共治、大平台慧治、大数据共享，全面满足城市智慧用能需求。要丰富智慧应用场景，以需求为导向，以数据为中心，探索智能充电、智能家居、智能测量等应用场景，全力服务首都居民“七有”“五性”需求。

依托科技创新中心建设，在构建能源生态圈上求突破。北京科技基础雄厚、高端人才汇集，是我们扩大“朋友圈”、打造“生态圈”得天独厚的优势。要构建互利共赢产业联盟，主动对接顶尖高校、科研院所，广泛引智引技引资，联合开展关键技术攻关，提升国网新战略影响力和公司话语权。要构建新兴业务发展生态，围绕“三城一区”等科技创新主平台，深入挖掘能源互联网资源、技术价值，大力推广节能分析、运行托管等增值服务，不断培育新业务新业态新模式。

依托国家重点项目建设，在建设先行示范上求突破。当前，兄弟单位百舸争流、竞相发展，在泛在电力物联网建设很多领域实现了从“0”到“1”的突破，公司必须擂鼓出征、大胆探索，发挥国家项目影响力和窗口作用，因地制宜将更多“首都方案”推广成为“国网示范”。首都核心区突出坚强智能，探索政治供电智慧保障示范；城市副中心突出“两网”融合，探索城市智慧能源互联网示范；冬奥会突出绿色低碳，探索绿色电网示范；新机场突出多能互补，探索综合能源服务示范。

（四）大力实施经营创效提升行动

公司作为一个企业，只有坚持不懈提质增效，才能实现可持续发展、履行好“三大责任”。特别是当前经营形势异常严峻，必须树牢过紧日子理念，更加注重质量、效率和效益，打好“三张牌”，推动公司从规模扩张型向稳健经营型转变。

打好管理牌，挖潜力。公司要盈利，经营要解困，根本在转变经营发展理念，关键靠科学管控机制。要建立以有效资产为核心的投入产出考评机制，以产出定投入，以利润定投资，做到投资计划、执行、评估“三个精准”，确保有限资金用在刀刃上。建立以多维管理变革为核心的精益管理机制，贯通融合业财链路，推动经营活动全方位管控，实现资金、资产、资本集约高效利用。建立以模拟市场为核心的经营管理机制，实施内部利润和资产负债率"双模拟"、薪酬和成本"双挂钩"，层层传导经营压力。建立以"量价费损本利"为核心的指标监控机制，加强全过程分析和管控，实现量减质不减、降本增效更优。

打好市场牌，激活力。市场是企业生存发展的基础，必须认识市场、适应市场、拥抱市场。要以拓领域做大市场总量，坚持"成熟领域全覆盖、新兴领域大力推、创新领域试点抓"，积极发展电能替代、智慧车联网等市场，不断提高占有率。要以提效率做优市场增量，以贴近客户为导向，推动要客服务定向化、业扩服务便利化、城乡服务一体化，快速响应各类市场主体用电需求。要以优服务做强市场存量，聚焦客户"痛点""难点"，变"坐商"为"行商"，变线下服务为线上服务，变大众服务为差异服务，以一流服务赢得客户、赢得市场。

打好环境牌，添动力。良好环境是企业又好又快发展的重要保证，要坚持电网发展成果由社会共享、发展责任由社会共担，积极与政府构建命运共同体。聚焦政策环境优化，主动融入首都发展大局，与各级政府建立长效联动机制，在电价政策等根本性问题上赢得支持，实现同向发力、协作发展。聚焦发展环境优化，抢抓北京城市总体规划落地契机，促请政府加大征地拆迁、财政补贴等支持力度，营造更为和谐的发展环境。

（五）大力实施改革攻坚提升行动

改革是破解难题的金钥匙。国家电网公司 1 号文件对深化改革作出全面部署，我们必须找准突破口，统筹推进内外部改革，为公司高质量发展注入强大活力、激发蛰伏潜能。

在落实改革部署上下功夫。中央推进改革的力度前所未有，各项改革已进入深水区和攻坚期。国家电网公司深入推进改革攻坚，将根据国资委国企改革三年行动方案，明确下一步改革的时间表、路线图和任务单。公司上下要认真落实上级改革精神，准确把握改革的方向、力度和节奏，积极稳妥推进电力体制改革、国资国企改革等各项部署，进一步释放改革红利。

在深化内部改革上下功夫。"三型两网"建设既是生产力大发展，也是生产关系大调整，必须以自我革命的勇气冲破体制机制束缚。要深化"放管服"改革，持续科学大胆地"放"，严格规范地"管"，主动到位地"服"，明晰各级权责利，增强本部的领导力和服务力、基层的执行力和活力。要深化"三项制度"改革，持续在"六能"上做文章，强化员工契约化管理，引入市场化选人用人、薪酬分配等激励机制，充分调动全员积极性、主动性和创造性。

在提高治理能力上下功夫。这是落实党的十九届四中全会精神的必然要求。要更加注重制度建设，加快构建系统完备、科学规范、运行有效的企业制度体系，推动以制度管人管权管事，不断让制度优势转为企业治理效能。要更加注重基层基础，深化职责、流程、标准、考核应用，实现事事有监督、环环有管控，全面提升公司整体运营效率。要更加注重风险防控，以合规管理为主线，加强人、财、物等重点领域管控，及时化解各类风险隐患，确保公司发展行稳致远。

（六）大力实施作风优化提升行动

作风就是形象，作风就是力量。将美好蓝图变成现实，必须抓牢"严"和"实"，以严塑形，以实筑基，不断锤炼担当作为硬作风，凝聚干事创业正能量，开创公司发展新局面。

领导人员要争当引领发展的"领头雁"。队伍好不好，关键看领导，各级领导是作风建设的风向标。要有开阔高远的宽视野，善于观大势、谋大局，跳出北京看北京、跳出行业看电力、跳出现状看趋势，做到因势而谋、应势而动、顺势而为。要有善作善成的真本领，善于在战略部署上"扣扣子"、在责任履行上"担担子"、在任务落实上"钉钉子"，始终做到扛得了重活、打得赢硬仗。要有真抓实干的铁担当，始终勤下实功强内功，少做虚功争表功，以赤子之心躬耕理想，以勤奋之行俯身发展，以业绩之实回馈企业。要有雷厉风行的快节奏，心里面揣着事、脑子里想着事、眼睛里看着事，对任何工作说了就办、定了就干、干就干成，努力跑出加速度、闯出新天地。

管理人员要绘好协调各方的"同心圆"。各级管理人员是公司承上启下的中坚力量，既要当好指挥员，更要做好战斗员。要树立大局观，坚持全局一盘棋，凡事多补位、多配合、多沟通，种好责任田，搞好大合唱，凝聚团结攻坚磅礴力量。要树立务实观，沉下心来强管理，踏踏实实抓发展，谋实招、办实事、见实效，用实实在在的硬成效彰显价值。要树立基层观，多换位思考、勤听取建议，想基层之所想、急基层之所急、办基层之所需，真心诚意地为基层解难事、做好事。要树立争先观，秉持"跳起来摘桃子"的进取精神，凡事向标杆努力、向一流看齐，臻于至善、追求卓越，干就干最好、做就做最优。

广大职工要成为干事创业的"主力军"。职工是推动公司事业发展的力量源泉，必须弘扬劳模精神、工匠精神，努力造就有理想守信念、懂技术会创新、敢担当讲奉献的职工队伍。要爱岗爱企，增强主人翁意识，在岗言岗、在岗爱岗、在岗为岗，在平凡的岗位创造非凡的业绩。要精益精湛，始终保持执着的态度，立足本职勤学习、多思考，掌握真本领、练就硬功夫，争做专业领军人才和技术能手。要拼搏奉献，拿出谦虚谨慎、低调务实的态度，在创新的最前沿勇攀高峰，在服务的第一线贡献力量，以实际行动不断推动公司发展。

三、2020 年重点任务

2020 年工作总的要求是：坚持以习近平新时代中国特色社会主义思想为指导，深入落实国家电网公司三届五次职代会暨 2020 年工作会议部署，牢牢把握稳中求进总基调，以党的建设为引领，以安全稳定为基础，以改革创新为动力，以队伍建设为保障，全面开展“高质量提升年”，加快推进“三型两网”世界一流能源互联网企业建设，更好地服务首都经济社会发展。

主要发展和经营目标：发展总投入 128.6 亿元，其中电网投资 120.26 亿元。开工 110kV 及以上线路 283km、变电容量 312 万 kVA，投产 110kV 及以上线路 282km、变电容量 721 万 kVA。售电量 1084 亿 kWh，同比增长 2.1%。营业收入 690.11 亿元，同比增长 0.2%。资产总额 1168.25 亿元，资产负债率控制在 69.9% 以下。确保业绩考核位列 A 段。不发生人身死亡、重伤事故，不发生五级及以上电网、设备和网络安全事件。城网、农网供电可靠率分别达到 99.995% 和 99.967%，综合电压合格率分别达到 99.995% 和 99.800%。

重点抓好八个方面工作：一是推动首都安全供电提高新水平；二是推动首都电网发展取得新突破；三是推动泛在电力物联网建设迈出新步伐；四是推动为民服务展现新作为；五是推动提质增效取得新进展；六是推动管理提档再上新台阶；七是推动改革创新取得新成效；八是推动党的建设开创新局面。

要 事 特 辑

【优化营商环境】促请政府出台掘路审批时间由 15 天降至 5 天、电价调整提前一个月公示的改革政策。推行“三零”服务合同，前置电子供用电合同环节，推出电子签名、接电进度实时查询、接电信息线上消息推送等功能。全年累计为 9.48 万户提供“三零”服务，惠及小微企业 1.79 万户，接电环节由 3 个压缩至 2 个，平均接电时间 4.98 天。我国“获得电力”指标排名提升至第 12 位，在 10 项指标中得分最高，“精简办理接电流程，提高电费透明度”改革亮点写入世界银行营商环境报告，客户用电线上报装、“三零”服务、移动作业终端实时响应服务、“双经理制” 4 项改革举措被国务院列为典型经验在全国推广。

（耿　涛）

【新中国成立 70 周年保障】严格落实“五个最”（最高的标准、最有效的组织保障、最可靠的技术措施、最饱满的精神状态、最严明的工作纪律）要求，兑现了“精精益求精，万万无一失”的庄严承诺。公司大规模应用了全工况移动式 SSTS 成套装备、大容量 UPS 及飞轮储能车等先进装备，实现了重要敏感负荷不间断供电全覆盖。创新成立了电能质量监测团队，通过多工况负载特性试验、大负荷测试、不间断供电装备状态监测等多种技术手段，反复优化重要负荷供电方案，全面掌控装备运行状况，将公司大型活动保障的装备应用水平提升到了新的高度。通过开发应用政治供电管理系统，拓展配电自动化接入，运用 800M、应急多媒体等系统，实现了保电任务全过程管理、现场全流程监视。

■ 10 月 1 日，城区公司保障队员在天安门广场开展新中国成立 70 周年保电特巡。（林峰　摄）

采用日督导、周协调、月调度，实现保障期间 24 小时不间断运转模式，创新建立前线指挥部保障模式，精心编制各保障点位的“两图两表”和“一岗一案”，大幅度提升了现场人员的战斗力。针对天安门广场区域，完成“524”供电可靠性提升工程，改造配电站室 8 座，新增容量 1260kVA。更换华灯常备大截面铜芯电缆 15.1km，载流量提升 116%。改造华灯基座电源箱 243 座，全面提升广场核心区供电可靠性。

（胡永强）

公 司 概 况

【公司简介】国网北京市电力公司（简称公司）是国家电网有限公司的子公司，前身是 1905 年创建的京师华商电灯股份有限公司。2003 年以前作为华北电力集团公司的直属单位，按地市级子公司管理；2003 年成为华北电力集团公司授权经营、独立核算的分公司，由国家电网有限公司按省公司直接管理；2008 年成为独立法人企业。

国网北京市电力公司作为首都最大的公用事业单位，负责北京地区 1.64 万平方公里范围内的电网规划建设、运行管理、电力销售和供电服务工作。先后圆满完成了第 29 届奥运会、新中国成立 70 周年、APEC 供电保障、抗战胜利七十周年纪念、党的十九大等重大活动保电任务。

国网北京市电力公司下辖二级单位 33 个，包括 16 个供电公司、13 个业务支撑机构及 4 个其他单位。全年完成售电量 1061.59 亿 kWh，营业收入 688.75 亿元，实现利润总额 –28.69 亿元。电网发展总投入 152.26 亿元，投资 142.79 亿元，全年开工 110kV 及以上线路 336km、变电容量 526 万 kVA；投产 110kV 及以上线路 947km、变电容量 844 万 kVA。

（汪　剑）

【公司 2019 年工作思路】坚持以习近平新时代中国特色社会主义思想为指导，坚决落实国家电网有限公司和北京市委市政府决策部署，牢牢把握稳中求进总基调和高质量发展要求，以深入实施“首都安全稳定年”为主线，以党的建设为引领，以队伍建设为保障，以改革创新为动力，确保实现“八稳”目标，全面提升安全、质量、效率、效益和服务水平，为建设世界一流能源互联网企业、服务首都新时代发展作出新贡献，以优异成绩迎接新中国成立 70 周年。

（汪　剑）

【服务大局坚强有力】政治保电再创佳绩，将新中国成立 70 周年庆祝活动供电保障作为首要政治任务，依托国网集团化优势，严格落实“五个最”要求，协同攻坚、昼夜奋战，成功实现“四个零”目标。全年完成“一带一路”高峰论坛、世园会、亚洲文明对话大会等重大活动保电 203 项。首都电力营商环境持续优化，深化“三零”“三省”服务，成功促请政府出台掘路审批等改革政策，持之以恒压环节、减时长、降成本，推动我国“获得电力”排名提升至第 12 位，公司改革亮点写入世界银行营商环境报告，客户获得感和满意度明显提升。冬奥会服务保障走在前列，11 项配套电力工程已投产 10 项，创新建立冬奥场馆“一体化”保障模式，积极助力国家电网有限公司成为北京 2022 年冬奥会和冬残奥会官方合作伙伴。北京大兴国际机场配套电网达到世界领先水平，同时通过绿电交易为机场引入清洁电力，建成 7 座分布式光伏电站、400 个电动汽车充电桩，助力建设全球绿色机场标杆。

（汪　剑）

【安全生产】始终坚持安全第一，严格执行全员安全责任清单，逐级开展领导人员安全述职、管理人员履职评价和一线人员等级评定，层层压实安全责任。扎实开展大电网安全风险防控、基建安全质量、集体企业安全年等专项行动，及时发现消除隐患 1091 项。建成融合 6 大专业、30 个系统的一体化安全管控中心，加强“四不两直”现场督导，现场作业违章率同比下降 33%。加大设备改造升级力度，143 座变电站、1096km 输电线路完成达标治理，四环内 110kV 及以上电缆实现在线监测全覆盖，完成 28 项二次设备消隐工程。加强电气火灾综合治理，成立消防安保指挥中心，组建首支专业应急队伍，完成 430 座变电站、1300 个配电室、130km 电缆隧道消防设施改造。深化配电自动化建设应用，故障自愈投入率 100%，配电网故障同比降低 27.3%。应对极端天气频发等挑战，及时发布 590 项电网风险预警，稳妥处置燃气供应短缺等突发事件，确保电网安全运行和电力可靠供应。

（汪　剑）

【“两网”融合】抢抓北京城市新总规实施契机，紧密对接市区两级政府，推动电网中长期规划 600 座变电站纳入各区分区总体规划。发挥“多规合一”平台作用，500kV CBD 工程取得可研批复和稳定风险评估意见，全年取得立项核准 60 项、规划意见书 38 项。敦请政府取消隧道、管涵等电力工程施工许可证办理，工程前期效率大幅提升。房山—南蔡等 3 条外受电工程建成投产，进一步提升了通道安全裕度。220kV 马坡变电站荣获国家电网有限公司输变电优质工程金奖。中心库一期取得不动产登记证，中心库二期实现竣工，应急防恐储备库和亦庄备调中心完成结构封顶。编制泛在电力物联网建设三年行动计划和 2019 年建设方案，统筹推进 36 项重点任务，6 项成果入选国家电网有限公司年度最佳实践案例。“网上国网”上线运行，注册用户超过 270 万户。北京大兴国际机场智慧能源服务平台创新实践，在信息资源共享、设备智慧运维等方面进行了有益探索。城市副中心免费接入、深度挖掘政府“雪亮工程”数据价值，促进了生产运维水平提升和成本压降。

（汪　剑）

【经营管理】主动应对电价持续下调、售电量增速趋缓等影响，深入开展经济活动分析，千方百计提质增效。适应改革监管要求，扎实推进多维精益管理“四个一”试点。加大沟通汇报力度，争取政府支持资金 41.9 亿元。开拓新兴用电市场，实现综合能源服务收入 1.72 亿元。整合利用闲置房产、土地等资源，全年增收 1.65 亿元。用足用好燃煤机组关停替代、安全设备税收抵免等政策，节约费用 3.8 亿元。严格综合计划和预算管控，压减非生产性支出 10%。精准治理负损线路台区 4827 个，分线分台区线损合格率较年初提升 20 个百分点，综合线损率达到 6.15%。深化新型资金管理体系建设，实现现金流按日排程、收付款省级集中。建立两级两阶段平衡利库机制，消纳处置工程退出和报废物资 8.48 亿元，解决了一批历史遗留问题。推行重大决策合法性审核，完成 41 项“三重一大”事项论证。坚持依法主动维权，避免和挽回经济损失 2184.4 万元。聚焦业扩报装、工程建设等重点领域，开展“保稳定、防风险、促增收”等 40 项专项审计，实现增收节支 1.4 亿元。加强内外部审计问题整改，460 项遗留问题全部整改完成。持续加强产业同质化管理，推进统一财务制度和核算体系落地，规范“两商”招选程序，探索转型发展路径。产业单位全年实现收入 134 亿元，利润 4.38 亿元。

（汪　剑）

【为民服务】在 7250 个小区和社区挂牌开展客户经理“网格化”服务，健全接诉即办等快速响应机制，客户投诉、95598 话务量、12345 工单数量同比下降 66.84%、20.31%、24.08%，12345 排名位列全市公共服务行业第二。丰富集团要客服务举措，开展定向服务 1273 次。拓展线上服务渠道，优化“国网北京电力”微信营业厅功能，低压线上办电率提升至 82.45%。完成高速载波采集装备换装 210 万具，平均购电下发时长降至 1min 以内。全年完成 155 个村、5.1 万户山区“煤改电”工程，投产 8 项公交外电源工程，实现替代电量 31 亿 kWh。积极探索电动汽车有序充电，新建改造 87 个智能充电桩。

（汪　剑）

【改革创新】积极配合第二轮输配电价核定，输配电成本上涨 0.39 分/kWh。落实国家一般工商业降价政策，减少客户用电成本 14.85 亿元。全年开展大客户直接交易 322 笔，实现交易电量 122.72 亿 kWh。以投资共担、建成移交、整体运营方式，开拓了北京新机场、首钢新园区用电市场，探索出参与配电市场竞争的新模式。持续深化集体企业改革，组建产业管理公司，完成体制全部瘦身健体任务。有序推进“放管服”改革，顺利承接 160 项总部下放事权，向基层下放 61 项事权。优化内设机构设置标准，推行终身职业技能培训，队伍活力有效激发。首次召开科技创新大会，出台加强科技创新工作指导意见，明确 30 项创新举措。与国网能源院签署战略合作协议，协同推进重点领域攻关。“5G 网络化改造及推广服务平台”国家工信部项目成功立项，“交直流混合配电网”863 课题通过国家科技部验收。全年荣获省部级及以上科技奖 24 项、管理创新成果奖 44 项，首次获得国际质量管理成果金奖，获得国网同期线损技能竞赛团体第二名，青创赛夺得 2 金 4 银。

（汪　剑）

【从严治党】以学习贯彻习近平新时代中国特色社会主义思想为主线，把牢“十二字”总要求，分两批高质量开展“不忘初心、牢记使命”主题教育，组织集中学习 1835 次、专题党课 255 场，整改各类问题 1941 个，学做结合、查改贯通，公司上下理想信念更加坚定、宗旨意识更加牢固、担当精神更加强化。坚决整治王府井“巾帼班”事迹造假等中央巡视反馈问题，举一反三落实 32 项整改措施。贯彻落实新时代党的建设总要求，逐级完善党建工作责任清单，完成“旗帜领航·三年登高”计划创先争优年工作。持续深化“党建引领、内嵌融入”、党员“一带二、一带三”长效机制，党组织战斗堡垒和党员先锋模范作用在重点任务攻坚中充分发挥。扎实开展“抓整改、除积弊、转作风、为人民”专项行动，深入推进漠视侵害群众利益问题专项整治，行风作风持续改善。落实纪检监察体制改革部署，“三转”工作不断强化，监督责任进一步压实。坚持巡视巡察一盘棋，已累计完成 27 家单位巡察，发现整改问题 1009 项。落实国家电网有限公司党组 1 号、2 号文件精神，加强各级领导班子管理和运行机制建设，全面激发领导人员担当作为。严格执行意识形态工作责任制，加强舆情防控和主题传播。落实中央“基层减负年”要求，制定实施 20 项落地举措，公文、会议和评比表彰数量分别压减 31%、44%和 60%。完成 84 处供电所、162 处班组用房改造工作，一线办公条件明显改善。关心关爱职工，开展慰问帮扶、暑期托管等服务举措。落实离退休人员“两项待遇”，加强维稳保密工作，保持了和谐稳定局面

（汪　剑）

【组织机构】

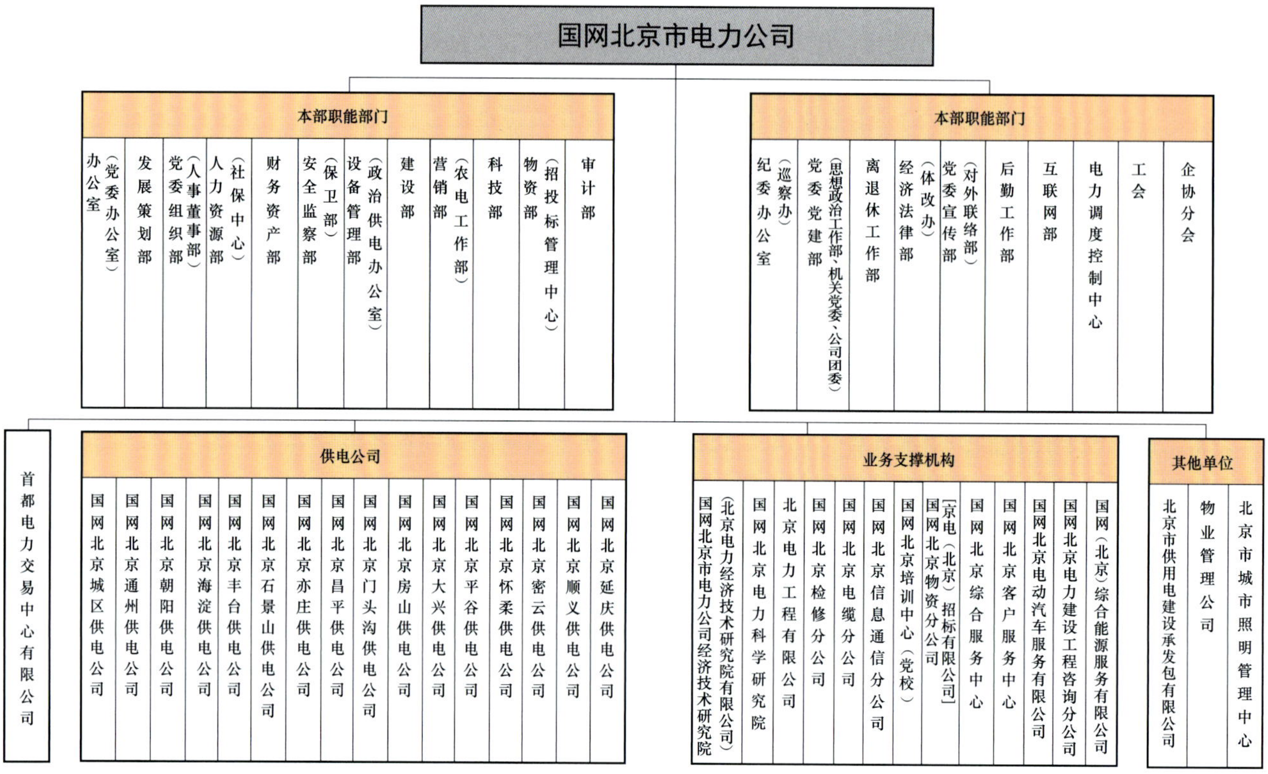

国网北京市电力公司组织机构图

（刘　娜）

【公司领导班子】

董事长、党委书记	潘敬东（2019年11月任）
董事、总经理、党委副书记	万志军
董事、党委副书记、副总经理、工会主席（国网二级单位正职级）	李百顺（2019年8月兼任工会主席）
总会计师、党委委员	李　路
副总经理、党委委员	周建方
总工程师	刘明志（2019年8月转任）
副总经理、党委委员，通州供电公司总经理、党委副书记	闫承山（2019年8月转任）
副总经理、党委委员	陈守军（2019年1月转任）
副总经理、党委委员	王　鹏（2019年6月提任）
国家电网有限公司副总工程师兼北京公司董事长、党委书记	李同智（2019年11月离任）
党委委员、纪委委员	王西胜（2019年8月转任、11月离任）
副总经理、党委委员，城区公司总经理、党委副书记	张铁恒（2019年11月离任）
副总经理、党委委员，通州公司总经理、党委副书记	赖祥生（2019年9月离任）

（马晓艳）

电 网 发 展

规划与发展

【北京电网发展规划】首次开展北京电网500kV网架仿真计算，高质量完成北京东、北京西特高压扩建分母方案及北京500kV独立双环网可行性相关专题研究。推进北京电网中长期规划（2018～2035年）的9座500kV变电站、115座220kV变电站、460座110kV变电站全部纳入各分区规划并取得市政府批复。创新重点区域网架2～3年滚动优化工作机制，开展串联电抗器、高短路水平设备等新设备的应用研究，做到风险提前预测、措施提前制定、项目及时储备。编制网格化配电网规划，开展自下而上的规划校验，差异化明确地区配电网目标网架。高质量编制城区、通州公司重点城市电网规划，梳理公司特级、一级重要客户网架，编制坚强局部电网专项规划方案。提前启动并开展“十四五”电网规划研究。

（张　晶）

【项目前期管理】完成冬奥会、新首钢等重点区域配套电网工程项目全部前期工作；取得CBD地区500kV变电站可研批复和市政府对项目外观设计方案的批示；完成潞城电力运行保障中心规划论证和外观设计。力推树村220kV输变电工程成为北京市首个通过“多规合一”平台并行办理规划、国土、核准手续的市政基础设施场站加线性工程。科学编制前期计划、深化两个前期融合、优化选址选线模式、开发应用前期App等措施，全年共取得重点工程核准手续58项，规划意见38项，环评、水评、用地预审等361项，前期任务完成率90.5%，同比提升35.5%。

（张　晶）

【课题研究】完成怀柔北房、延庆东杏园储能电站示范工程建设任务，形成系统性创新成果体系，完成专题报告5份、专利申请4项，在国内首创移动式储能预制舱、七氟丙烷、细水雾“双保险”消防系统、基于人工智能学习的主动运检系统。

（张　晶）

工程建设与管理

【基建工程完成情况】全年投产35kV及以上输变电工程59项，线路949.68km，变电容量844万kVA；全年开工35kV及以上输变电工程35项，线路长度404.73km，变电容量527.95万kVA；全年投产35kV及以上线路迁改工程25项，线路长度94.76km。

表1　　全年竣工投产工程统计

序号	单位	项目名称	时间	规模	
				线路（km）	变电（万kVA）
1	通州公司	110kV 北神树输变电工程	1月11日	6.78	10
2	丰台公司	110kV 北铁营输变电工程	1月16日	4.06	10
3	昌平公司	110kV 阿苏卫垃圾焚烧电厂工程	1月24日	18.38	
4	建设咨询公司	500kV 张昌三线路工程	1月30日	51.3	

续表

序号	单位	项目名称	时间	规模	
				线路（km）	变电（万kVA）
5	建设咨询公司	500kV 柔性直流交流段工程	1月29日	51.3	
6	平谷公司	110kV 陆港输变电工程	2月25日	3.8	6.3
7	延庆公司	110kV 大路输变电工程	3月19日	12.49	10
8	延庆公司	康庄110kV增容工程	3月		12.6
9	怀柔公司	南华110kV变电站扩建工程	3月29日		5
10	大兴公司	张家务220kV站110kV切改工程	4月19日	0.91	
11	朝阳公司	常营110kV变电站扩建工程	4月22日		10
12	石景山公司	金顶街110kV变电站扩建工程	5月11日		10

续表

序号	单位	项目名称	时间	规模	
				线路（km）	变电（万kVA）
13	房山公司	良乡北220kV站110kV切改工程	5月11日	30.16	
14	建设咨询公司	亦庄西南 220kV 输变电工程	5月11日	8.97	36
15	顺义公司	长林110kV增容工程	6月2日		10
16	昌平公司	邓庄 220kV 输变电工程	6月5日	55.9	36
17	昌平公司	邓庄 220kV 站 110kV 切改工程	6月12日	3.35	
18	怀柔公司	科学城西 110kV 输变电工程	6月13日	1.4	10
19	石景山公司	石景山 220kV 输变电工程	6月16日	5.5	36
20	建设咨询公司	团结湖—朝阳 220kV 线路工程	6月23日	8.58	
21	通州公司	驸马庄 110kV 输变电工程	6月20日	3.83	10
22	石景山公司	石景山220kV站110kV切改工程	6月23日	0.61	
23	丰台公司	樊家村 110kV 变电站扩建工程	6月22日		10
24	门头沟公司	王平 110kV 变电站35kV切改	6月23日		
25	城区公司	菜市口—宣武门110kV线路工程	6月30日	2.3	
26	建设咨询公司	房山—南蔡 500kV 线路工程	6月30日	134	
27	建设咨询公司	新航城 500kV 输变电工程	6月30日	24.4	240
28	昌平公司	兴寿110kV增容工程	6月28日		10
29	建设咨询公司	华能 220kV 线路入地工程	6月27日	4.48	
30	丰台公司	万泉 110kV 输变电工程	6月30日	4.74	20
31	建设咨询公司	草桥 220kV 变电站站扩建	7月1日		25
32	丰台公司	小井 110kV 变电站扩建工程	7月4日		10
33	昌平公司	央企园—未来城220kV线路工程	7月7日	1.01	
34	海淀公司	五路居 110kV 变电站扩建工程	7月7日		10
35	密云公司	云西 110kV 输变电工程	7月18日	7.18	10
36	建设咨询公司	西白庙 220kV 输变电工程	8月3日	69.1	36

续表

序号	单位	项目名称	时间	规模	
				线路（km）	变电（万kVA）
37	延庆公司	海坨 110kV 输变电工程	8月18日	23.6	6.3
38	建设咨询公司	大浮坨牵引站 220kV 外电源工程	8月22日	22.79	
39	朝阳公司	郎家园 110kV 输变电工程	9月4日	1.3	25.2
40	建设咨询公司	新航城 500kV 站220kV下送工程	9月17日	28.92	
41	朝阳公司	速滑 110kV 输变电工程	9月19日	16.48	20
42	亦庄公司	亦庄西南站 110kV 切改工程	10月9日	3.03	
43	石景山公司	新首钢（石龙）110kV输变电工程	10月27日	5.4	36
44	建设咨询公司	运河 220kV 输变电工程	10月29日	7.74	36
45	顺义公司	东府 220kV 站 110kV切改工程	10月31日	15.66	
46	城区公司	法华寺 110kV 输变电工程	11月8日	4.35	15
47	延庆公司	玉渡 110kV 输变电工程	11月15日	65.6	6.3
48	朝阳公司	奥体 110kV 输变电工程	11月29日	1.04	20
49	延庆公司	永东 110kV 输变电工程	11月30日	43.86	10
50	建设咨询公司	北京换流站—昌平500kV联络线工程	12月7日	95.8	
51	房山公司	南梨园 110kV 变电站扩建工程	12月8日		5
52	通州公司	岳庄 110kV 输变电工程	12月11日	2.64	10
53	门头沟公司	上岸 110kV 输变电工程	12月12日	3.84	10
54	建设咨询公司	黄土店牵引站 220kV外电源工程	12月14日	10.7	
55	亦庄公司	瑞新 110kV 输变电工程	12月21日	12.58	10
56	海淀公司	玉河 110kV 输变电工程	12月26日	11.21	10
57	石景山公司	群明 110kV 输变电工程	12月27日	6.02	10
58	建设咨询公司	黄寺 220kV 变电站扩建工程	12月31日		25
59	怀柔公司	汤河口 110kV 输变电工程	12月31日	49.47	6.3

【重点工程建设】

1. 新航城 500kV 输变电工程

规划建设新航城 500kV 变电站并实施配套送出可实现新航城 500kV 主变压器下送至 220kV 电网，有效满足新机场及周边地区负荷发展需求。新建新航城变电站接入后按照分列运行考虑，一期 2 台主变压器分别接入现状安兴分区和兴房门分区，形成安兴航和航兴房门分区。

新航城 500kV 输变电工程线路起自双破口π入在建房山—南蔡 500kV 线路，止于拟建 500kV 新航城变电站。本工程新建 A、B 路两个双回路，线路路径长度均为 5.6km，共 11.2km，线路采用双回路铁塔，新建铁塔 30 基。

工程 2018 年 6 月开工，2019 年 6 月底投产。新航城 500kV 输变电及配套 220kV 送出工程投产后，将优化北京南部地区电网结构，提高电网抵御风险能力。500kV 新航城变电站的建设有效解决新机场及周边地区负荷发展需求；有利于承接北京西特高压变电站下送电力，提高北京电网受电、供电能力；有利于北京电网进一步解环、分区；满足大兴地区电力负荷发展需求，完善大兴新机场周边电网结构，提高供电可靠性；降低分区短路电流，增大电网安全裕度。

2. 北京换流站—昌平 500kV 联络线工程

为满足张家口地区大规模风电和太阳能发电的送出，“十三五”期间将建成张北可再生能源柔性直流电网示范工程，即建设柔性直流环形电网，张北换流站、康宝换流站为新能源送端，丰宁换流站为调节端，北京换流站为受端。根据《张北柔性直流工程可研评审意见》(电规规划〔2016〕238 号)，北京换流站交流网侧电压等级 500kV，500kV 出线 2 回接入昌平 500kV 变电站。建设北京换流站—昌平变电站双回 500kV 线路，将增加北京电网 500kV 受电通道，减轻张南—昌平输送电压力，进一步加强北京 500kV 外受电能力，提高供电可靠性。

500kV 昌平变电站扩建两个至北京换流站出线间隔；更换 500kV 创评变电站的 500kV 母线；500kV 电气设备短路电流水平按 63kA 选择。新建北京换流站—昌平变电站双回 500kV 线路，线路长度 2×47.9km，采用 4×630mm^2 导线。该工程于 2018 年 12 月底前开工建设，于 2019 年 12 月 7 日建成并具备投产条件。

3. 张北柔性直流电网试验示范工程（北京段）

工程应用柔性直流电网技术，实现弱送端系统条件下新能源大规模送出，实现风、光、储多能互补，满足张家口市可再生能源示范区新能源送出需要，提高北京市接受外电能力，支撑低碳和绿色奥运用电需要，推进柔性直流关键技术和装备创新。

（1）直流部分。建设北京换流站，安装 2×150 万 kW 柔性直流单元，直流额定电压±500kV；换流变压器交流侧电压 500kV，单台容量 56.7 万 kVA，本期共 7 台，其中 1 台备用；直流出线至丰宁换流站、张北换流站各 1 回。

（2）交流部分。建设 2 组 75 万 kVA 主变压器，建设 500kV 出线间隔 2 个、220kV 出线间隔 5 个。

开创全球柔性直流输电技术先河的张北工程，从项目立项手续、前期占地赔偿到换流站场地平整，以及通水、通路、通电、通信等各项前期任务，公司以高效精确的工作效率，在张北工程 4 座换流站中率先完成北京换流站前期“四通一平”工作，有效保障了本体施工单位顺利进场。工程于 2018 年 2 月 28 日开工，计划 2020 年上半年正式投运。

（陈　伟）

【基建工程管理】推进重点工程建设。新机场 9 项工程全部投产，为机场通航提供坚强电力保障；冬奥会 11 项工程全部开工、投产 10 项，全面满足测试赛供电需求；副中心投产 4 项，完善地区主网供电结构；新首钢投产 3 项，为首钢电网退运创造条件；京张高铁牵引站外电源工程按期投产，满足高铁开通需求。

落实依法合规管理。建立行政许可手续办理专业团队，组织编制印发《输变电工程前期手续办理指南》，将行政许可手续嵌入公司里程碑关键节点计划管控，推动工程依法合规建设；组织修订《35kV 及以上输变电工程前期建场管理办法》，推动公司基建工程前期建场更加规范。

深化项目部标准化管理。印发《基建项目部建设与提升工作方案》，明确项目部外形建设标准，完成《项目部外形标准化手册（初稿）》编制并推广，组织 2 期项目部关键人员培训。亦庄供电公司标厂 110kV 输变电工程、顺义南法信 110kV 变电站扩建工程通过国家电网有限公司项目部标准化配置达标检查。

加强信息化管理。编制泛在电力物联网基建专业建设方案，建成并推广应用智慧工地 2.0 系统，落实现场视频监控全覆盖要求，探索基坑临边防护、孔洞覆盖、登塔作业安全防护、基坑积水、安全帽佩戴 5 类现场风险智能识别。智慧工地 2.0 系统入选国网泛在电力物联网建设最佳实践案例，作为公司唯一项目参展世界物联网博览会。

开展全过程咨询管理。开展亦庄西南全过程咨询试点工程工作总结，完成《北京公司全过程工程咨询试点工作方案》编制，在《中国工程咨询》期刊发表

《全过程工程咨询模式下电网基建工程建设管理研究》论文，与江苏公司共同完成《全过程工程咨询模式下公司现有管理模式和工作流程的优化研究》分课题报告，配合国家电网有限公司开展全过程工程咨询管理办法及导则审查。

（巩晓昕　刘　畅）

【基建安全质量管理】扎实开展首都电力“安全稳定年”建设，持续推进基建改革配套措施落地，建立配套措施落实情况督查、人员实名制管理、两级风险值班、两级方案复审、量化考核、信息化管控等常态工作机制，持续夯实基建安全基础；常态开展“四不两直”督查，各单位每月、公司每 2 个月开展安全质量责任量化考核，累计实施安全奖励 82.1 万元，处罚 77.56 万元；工程公司、京电集团完成 48 个线路作业层班组建设，规范班组驻地建设和日常管控，开展作业层班组能力评价和骨干人员考试，班组标准化管理水平逐步提升；规范分包队伍依法合规管理，对 174 家核心分包队伍进行准入审核和动态管控，推广应用分包合同范本，开展分包联合检查，整治分包问题 122 项；全覆盖开展输变电工程关键点作业安全管控措施、安全质量考试题库培训和考试，公司组织集中考试 65 场，对 6810 名作业人员进行实名制准入管理。聚焦工程现场和重大风险，严抓作业人员和作业风险管控，全年实施风险作业 5293 项，全覆盖应用安全监控 App，实施不间断视频监控，各级人员到岗到位 58700 余次，推广应用近电立体安防、跨越三维扫描等技术手段，有效保障了现场作业安全；开展覆盖全年的安全检查活动，常态开展安全质量巡检，针对冬奥会配套工程安全管理，专门组建延庆地区安全督查队，年度治理安全违章问题 3650 余项；严格停、复工安全管控，顺利完成重大活动期间基建安全保障工作。

以国家电网有限公司优质工程金银奖标准为质量目标，推进电网工程高质量建设；推行实体质量实测实量，实施质量验收“实名制”备案管理，工程竣工设立质量责任永久性标牌，推广井口、围墙压顶等建（构）筑物预制技术，在 GIS、电缆终端安装环节应用空气净化设备；开展标准工艺竞赛，制定消防专业标准工艺图集，研究编制钢结构工程施工典型工法；开展首都电网标杆示范工程建设，建设咨询公司 500kV 通州北变电站、海淀公司 110kV 首体变电站等 7 项工程纳入第一批试点建设范围；220kV 马坡变电站工程获得国家电网有限公司输变电优质工程金奖、北京东特高压至顺义 500kV 线路工程、110kV 三星庄变电站工程获得国家电网有限公司输变电优质工程银奖。

（梁笑尘）

【基建技术管理】有序推进钢结构变电站建设，全年竣工 220kV 钢结构站 4 项、110kV 钢结构站 8 项。根据北京地区特点，结合消防标准、GIS 一次性上齐、生产用房优化等工作开展 220－A2－6、110－A2－5、110－A2－8 三种通用设计修编完善工作。开展三维设计数字化平台应用，录入输变电工程设计 16 项，其中变电站 13 项，架空线 3 项。组织召开钢结构变电站设计回访工作会。全面贯彻“三通一标”以及通用设备“四统一”要求。

发布《国网北京市电力公司关于深入推动基建科技创新工作的实施意见》，在新技术研究管理、基建创新队伍建设、创新激励支撑等方面持续发力。研制完成 220kV 通用型试验套管和 500kV 可踩踏复合绝缘横担。

组织线路专业技术人员，完成 195 基铁塔实测实量工作，并对实测实量数据进行对比分析，发布了《35kV 及以上架空输电线路施工前期占地量管控指导意见（试行）》。

（张　啸）

【技经管理】完成 110kV 及以下输变电工程初设评 35 项，已出具评审意见 31 项，审定概算 17.81 亿元，初设较可研核减 3.61 亿元。完成 220kV 及以上输变电工程初设评 13 项，已出具评审意见 8 项，审定概算 7.81 亿元，初设较可研核减 0.37 亿元。

完成《国网北京市电力公司 2016～2018 年输变电工程重大设计变更与重大签证情况分析报告》《宝善庄 220kV 变电站工程地基处理与边坡支护结算典型方法研究》《临泓 110kV 送电电缆隧道工程初衬及注浆结算典型方法研究》等 4 项课题研究。结合技经巡检开展冬奥工程造价管理专项检查，以及造价管理成效量化考核两个轮次工作。

全面实施《输变电工程造价管理高质量提升 4 项机制和 30 项重点措施》，创新实施基建工程造价管理成效量化考核，组织 17 家建设管理单位开展检查，发现问题 161 项，深入推动基建专业依法合规建设。

（张　啸）

企 业 管 理

计划与投资管理

【投资管理】调配资金保障重大项目建设，冬奥会、新机场等配套项目提前投运；城市副中心、新首钢等重点区域配套项目全面提速；年中调配资金23.5亿元安排“三供一业”改造升级；年中调配资金1500万元购置重点生产基地、度冬应急、冬奥会测试赛设备等。外部渠道资金到位超过40亿元。通过多轮次向政府相关部门汇报沟通，积极争取北京市发改委首次正式批复（上轮周期未正式文件批复）北京公司提出的2019～2022年510亿元投资规模，并将生产技改等专业投资全额纳入核价投资范围，赢得工作主动。创新建设零购精准管理系统、打造ERP系统个性化方案，打造公司级设备信息化台账，提升投资工作管理效率。稽查后评价实现单位全覆盖，评价项目类型扩大至电网基建、固定资产零购等，评价项目规模由119项扩大至439项，增加2.6倍，为进一步防范公司经营风险提供指导。

（张　晶）

【计划管理】加强同期线损管理应用，公司分线分台区日线损合格率由治理之初的20%提升至80%，综合线损率完成6.15%，同比下降0.4个百分点，降损贡献利润达到1.98亿元。提炼同期线损精益管理“北京方案”典型案例，在国家电网有限公司年中工作会上展示发布。打造同期线损端云协同多业务平台，获得国家电网有限公司青创赛银奖。优化年度发电量计划管理流程，发布公司年度发电量计划管理指导意见，争取优惠替代电价政策，年度节约购电成本近3亿元。加强综合计划全业务链条科学管控，深挖“量、价、费、损、利”大数据应用服务价值，综合计划指标执行平稳有序。

（张　晶）

【统计管理】制定投资统计工作标准，建立投资统计台账制度、原始数据支撑存档制度、“三率合一”数据校验制度，实现新开工项目投资统计自动生成，大幅提升投资统计数据质量。深化统计信息化功能，从梳理单位名录和报表目录入手，明确报表职责分工和数据源头，完善报表自动取数，年度报表报送及时性达到100%；重点开展投资完成与入账资金对比、电厂报送上网电量与线损采集上网电量对比等校验机制，发现数据异动并及时修改，报表数据准确性大幅提升，保证了公司管理和决策的数据信息需求。

（张　晶）

人　力　资　源

【领导班子和干部队伍建设】选人用人工作。公司党委认真贯彻新时代党的组织路线，坚持新时期好干部标准和国有企业领导人员“20字要求”，大力选拔政治坚定、作风过硬、业绩突出、群众公认的干部，营造风清气正的用人环境。严格执行《选拔任用工作规程》，严明组织程序，严把用人入口，坚决防止“带病提拔”。坚持“事业为重、立足大局”考察使用干部，围绕冬奥会、世园会、新中国成立70周年政治供电等国家重大项目和重要活动调配、充实领导人员力量。科学构建干部梯队，注重各专业、各年龄段干部统筹使用。一年来，公司党委共调整交流处级领导人员64人，新提拔处级领导人员40人，队伍结构逐步年轻化、知识化、专业化。目前处级领导人员平均年龄46.1岁，80后处级领导人员36人，原始学历大学本科以上占72.9%。

干部考核和干部监督。加强制度体系建设，制定、修订《领导人员管理办法》等12项组织人事制度、意见和规划，公司“1+*N*”（1指领导人员管理办法，*N*指与领导人员管理相关配套的细则及办法）领导人员管理制度体系进一步健全。发挥干部考核的“指挥棒”“风向标”作用，进一步优化360度考评体系，扎实开展年度综合考核，持续做深做实日常考核，开展考核反馈谈心谈话，更加注重考核结果应用。坚持抓早抓小、防微杜渐，发挥组织“咬耳扯袖”作用，用好提醒函询诫勉措施，强化苗头性、倾向性问题的发现提醒和批评教育。严格制度执行，抓好干部重要情况请示报告、因私出国（境）、任职回避等规定执行。大力实施作风优化提升，弘扬“三敏”（敏感、敏锐、敏捷）作风，激励干部担当作为。推动领导人员能上能下，围绕25种“下”的情形，加大识别和问责力度。关心关爱干部，落实《谈心谈话管理办法》，强化人文关怀和精神激励。

队伍建设安全稳定工作。研究制定队伍建设安全稳定年度重点工作任务及作战图，注重发挥部门内生动力，强化小组协同，突出干部带头、党员示范、全员争先，统筹推进队伍建设安全稳定11项重点任务、83项具体措施工作任务。

档案管理提升工作。启动基层单位干部档案管理提升行动，组织部和各基层单位利用半年时间，结合专项审核“回头看”，以审代培，组织精干力量“边审、边学、边提升”，对公司本部273份管理人员档案、基层637份科级干部档案进行了初审、复审，共补充182人408份材料。

组织群众游行任务。按照北京市国资委新中国成立70周年庆祝活动群众游行任务要求，牵头负责公司科技工作者方阵群众游行任务。按照“政治素质高、身体素质好”的原则，选拔了75人参与任务，并组建了游行方队临时党组织和团组织。公司党建部、党校分别制定并实施政治素质强化系列培训及游行训练计划，最终出色完成游行任务。

（杜长军　焦东升　王华伟　陈俊廷）

【机构编制和岗位管理】升级内设机构设置标准。明晰机构编制管理界面，下放各单位内设机构设置调整权限，赋能基层管理、一线业务；优化运检营销组织体系，设置供电服务独立工区，提升服务水平、管理质效。

推进机制创新试点任务。聚焦国家电网有限公司战略组织模式创新，指导通州公司高效推进国网试点任务，坚持以市场为导向、以客户为中心，打造市场敏锐、协同高效、支撑有力的“珊瑚型”组织形态。

优化专业管理机构设置。围绕能源互联网建设需要，优化调整科技、互联网管理工作职责；增加基层安全督查队设置，调整可靠性等业务划分，抓实安全监督管理责任；聚焦纪检巡查主责，完成纪检监察机构优化，进一步强化党内纪律规矩管理；成立产业指导委员会，组建产业管理公司，重塑产业单位管理关系，推进集体企业和主办单位有效分离。

健全业务外包管理体系。印发业务外包管理办法，明晰负面清单辅助项目，科学划定外包范围，有效控制外包规模，提升企业运营效率，确保公司核心优势。

（李　蓉）

【人才队伍建设】完善人才培养体系。落实各层级人才培养责任，强化基层单位用人主体作用和专业部门主导作用。出台加强青年人才职业发展“第一个十年”培养工作、加强生产技能人员岗位培训和人才培养、加强现场培训等指导意见。印发网络大学标准培训教材，为各专业、各单位开展人才培养工作提供资源保障。

创新人才培养机制。创新提出人才培养“九年制义务教育”理念，加强青年员工入企后的基础性、系统性、进阶式培养工作。与国网技术学院深度合作，围绕公司核心业务，针对入职2～5年的青年员工，组织继电保护、调控、配电自动化三个专业共4期“回炉”培训。建立人才培养现场经验交流机制，召开“师带徒”培养工作现场观摩交流会，全面推广顺义公司“师带徒”培养工作典型经验。

持续加强专家队伍建设。新增国家电网有限公司技术能手3人。截至年底，公司共有国网系统内人才340人，其中，国家电网有限公司专业领军人才11人；国家电网有限公司级优秀专家人才17人；省公司级优秀专家人才98人；地市公司级优秀专家人才149人；地市公司级优秀专家人才后备55人。印发《国网北京市电力公司技师及以下技能等级评价实施细则（试行）》，推进技能等级评价工作，着力打造知识型、技能型、创新型电网产业工人队伍。

（王曦影）

【员工管理】聚焦核心业务一线岗位和电力物联网专业人才，择优录用高校毕业生500人，电工、电子信息人员占比超93%；社会招聘急需人才22人；补充集体供电服务职工75人；与山东电力高等专科学校校企合作，开展供电所人才储备联合招生培养18人。积极盘活用工存量，引导人员科学流动，开展跨单位人员交流配置299人、跨岗位交流配置2279人，核心岗位长期职工配置率有效增长5.8%，人才分布结构进一步优化。制定公司劳动合同管理实施细则，全面梳理岗位职责、安全责任、退出条件，重新订立岗位协议书，树立全员规矩意识、契约理念。突出劳动合同的刚性执行，坚决打破陈规旧律，杜绝“一签定终身”问题。

（段鹏飞）

【薪酬管理】薪酬激励导向作用显著。深化落实“三项制度”改革精神，加大工资总额分配与基层单位经济效益、业绩考核的挂钩力度，合理确定工资总额，实现收入能增能减。持续优化内部分配关系，加大收入分配向关键岗位、生产一线岗位和紧缺急需人才的倾斜力度，岗位序列与层级之间分配更加合理。聚焦新中国成立70周年、“一带一路”、世园会、亚洲文明对话大会等重大保电及大兴新机场、延庆冬奥会、劳动竞赛等重点工作，设置专项奖励，突出激励导向、凝聚工作合力。安排工资总额的1.5%左右用于安全专项奖励。北京电力经济技术研究院入选国家电网有限公司实施岗位分红激励试点单位。

福利保障体系持续完善。不断提升职工集体性福利水平，改善职工工作餐就餐质量、优化体检项目、丰富体检类别，保障职工疗休养权益，增强了职工归属感，提升了企业凝聚力。推进福利制度体系建设，协同公司后勤部、离退部修订《体检费管理办法》，进一步细化管理职责，深化管理要求。严格贯彻落实国资委、国家电网有限公司的要求，规范离退休统筹外费用的享受范围、发放标准和费用来源，保障离退休人员合规落实待遇。

（张亚楠）

【绩效管理】业绩考核体系不断完善。建立安全事项考核降级制度，压紧压实各单位安全责任。优化考核指标体系，压减过程性、管理性考核内容，专业工作指标内容压减达50%以上。创新实行业务支撑与实施单位支撑保障能效考核方式，考核结果挂钩国家电网有限公司指标成绩，实现“目标同向、责任共担、上下共赢”。

全员绩效管理持续深化。印发深化全员绩效管理15项重点工作任务，密切跟踪各单位管理实践，建立省公司对地市公司“一对一”反馈机制，实现绩效工作评价闭环管控，督导改进提升。建立绩效管理分片交流工作机制，分区域、设主题，促进各单位互通互鉴。逐级推广绩效管理“工具箱”，设计“菜单式”绩效管理“工具箱”和“案例集”。

表彰奖励精简规范。着力解决评比表彰政出多门、项目过多过滥、缺乏影响力等问题，精简评比表彰项目，表彰规模总量压减60%以上；严格评比表彰管理，建立公司评比表彰项目清单和年度计划管理制度；强化监督检查，将各单位规范评比表彰工作纳入审计、巡察工作范围；有效提升评比表彰的公信度和认同感，增强先进典型的示范性和影响力。

（武子超　尹志明）

【社会保险】向北京市争取社会保险减负政策，延长执行阶段性降低社会保险费率政策，基本养老保险率降低3%，工伤保险费率上浮二档。深入开展退休职工退休审批申报信息“两审一核查”工作机制，编制《退休核准业务经办指引》，及时审核拟退休职工个人信息、档案资料及历史参保缴费情况，确保拟退休职工基本信息的完整性、准确性。修编《社会保险经办指引》，为专业人员提供工具书，以硬标准规范每个业务环节，有效维护职工切身利益。强化公司企业年金考核力度，调整优化存量资产配置、调整投资管理费、顺延管理合同期限，提高年金运营效率，提升整体投资收益。

（李　宝）

【落实老干部政治待遇】公司认真落实好离退休老同志的政治待遇，加强离退休党支部建设和思想政治建设，离退休工作部党支部积极协助机关离退休党支部制定计划、开展活动，公司所属相关单位积极组织开展落实离休干部工作。

年初，公司离退休职工代表分别参加了国家电网公司和北京市电力公司职代会。春节、重阳节期间，公司各级领导和离退休工作部负责人分别以慰问和座谈会等形式看望了离退休老干部和退休职工，向老同志们表示节日的祝福，通报了近一年来公司的发展建设情况，并认真听取了老同志们的工作和生活建议。

（张文旭）

【落实离退休职工生活待遇】为离退休职工发放春节、五一、十一、重阳节日补贴、高龄补贴、困难补贴和月度生活补贴。继续为公司退休职工办理英大医疗系列保险。根据国家电网公司关于贯彻国资委整改退休人员统筹外补贴的指示，从10月开始，以2008年2月底前后退休时间为分界，按要求落实了整改工作。2008年2月底前退休的人员补贴待遇不变，2008年2月29日后退休的人员补贴待遇减少约70%（此数据为2020年补贴预算值）。

公司机关及各单位分别举办了离退休职工新春联欢会，重阳节秋游以及慰问病困离退休职工等活动；组织开展了离退休职工年度体检工作，并根据离退休职工的身体状况，有针对性地组织举办老年健康养生讲座。

公司各单位离退休职工活动平台建设深入开展，通过有重点地组织老年歌舞、健身太极、手工制作、书画摄影、时装模特等特色活动，达到促进公司离退休职工老有所为、老有所乐，保持身心健康的目的。

■ 1月23日，公司在模式口培训中心举办离退休迎新春联欢会，老职工文艺骨干参加演出。（张文安　摄）

（张文旭）

【离退休管理和服务】全年公司退休职工增加284人、去世94人，离休干部去世1人。到年底，公司在册离休干部为23人，退休职工为6541人，离退休职工共计6564人。

11月，组织公司离退休工作人员学习北京市人社局等部门联合印发的《北京市推进国有企业退休人员社会化管理工作实施方案》（京人社服发〔2019〕141号），为开展相关工作做好思想准备。

做好为离退休职工办理医药费报销，慰问重病、住院离退休职工等帮扶送温暖工作，接待并处理老职工来信来访，为保证离退休职工队伍的稳定提供了基础保障。定期组织离退休工作研讨会、离退休职工座谈会，努力把问题解决在个体和基层。全年没有发生集体上访等问题。

（张文旭）

财　务　管　理

【提质增效】围绕简化流程、提高效率的总要求，修订执行细则、下放审批权限、优化管理流程，承接落实国家电网有限公司“放管服”事项26项，下放事项11项。抓住国家出台燃煤关停机组延长替代年限政策契机，与关停燃煤电厂多次沟通谈判，确定了较低替代用电价格的原则意见，预计两年可降低公司购电成本近7亿元。坚持燃气机组上网电价疏导原则，守住公司不垫付底线，防范垫付风险1.7亿元。营业收入688.75亿元，同比增长0.96%。全年实现利润－28.69亿元。资产总额1168.76亿元，增加34.78亿元。资产负债率67.76%，较年初上升2.85个百分点，全面完成国家电网有限公司下达的各项经营考核指标。

（邓正炜　金　锋）

【预算管理】开展多维联动模型测算研究工作，牵头构建价格子模型，提出整体核价测算方案以及核价运维费测算方案，明确业务逻辑和多维联动规律，为国家电网有限公司研判经营形势、量化经营决策提供支撑。开展政治供电标准成本作业活动改造，梳理政治供电作业活动并划分活动等级，完善作业内容及定额成本，编制形成政治供电标准成本，纳入国家电网有限公司2019年修编的标准成本体系。

（邓正炜）

【会计精益核算】深入推进多维经营管理体系变革，构建企业级数据图谱，统一业财数据标准、流程标准及业务规范，开展试点应用，将价值管理细化至“四个一”（每一个员工、每一台设备、每一个客户、每一项工作），打造覆盖客户、项目、员工和设备的多维价值反映体系。推进“两金”专项清理，促进非正常存货处置盘活，提升“两金”周转效率，完成两金压控工作目标。加强财务信息化建设工作，全面推广应用国网商旅平台，方便员工差旅出行，加强廉政风险管控。创新开发机器人自动处理业务，部署开发和优化9类机器人自动处理功能，自动处理业务数据上万条，有效提高财务工作效率。

（邓　暾）

【资金集中管理】深化新型资金管理体系建设，年内完成“1233”新型资金管理体系现金流按日排程深化应用和收付款省级集中试点上线任务。优化公司外部集团账户体系，将外部银行三级账户直接挂接至中电财内部实体资金池，精简账户级次，提高资金归集效率。将支付审核规则嵌入资金结算流程，持续强化资金安全管控，所有资金支付全部纳入事中监控范围。精准调度资金，有力保障资金供应，全年实现资金效益1.97亿元。按照国家电网有限公司统一融资策略，积极争取国网低成本资金，实现资金效益424万元。深化资金安全问题整改和长效机制，开展资金安全检查后评估工作。

（李　靖）

【工程资产管理】实施工程重点指标管控，建立“月自查、月打分、月通报”机制，促进工程投资预算执行和长期挂账工程清理，投资预算执行率 78%，转资率 83%，清理长期挂账项目 348 项。开展工程全过程财务管理专项检查，揭露薄弱环节及突出问题，加强督导整改。启动自动竣工决算工作。按照国家输配电价改革监管要求，结合公司资产实际使用现状，落实国家电网有限公司折旧政策调整要求，开展输、变、配电资产折旧年限调整。按照各单位接收“三供一业”资产清单和接收协议，接收资产 1.71 亿元。梳理存量低效无效房屋、土地、知识产权及股权投资现状，制定存量资产盘活利用方案。

（李　丽）

【产权管理】根据公司的决策安排，向国网（北京）新能源汽车服务有限公司追加投资 1.32 亿元，累计出资 1.47 亿元，持股比例保持 49%。向河北丰宁抽水蓄能有限公司追加投资 1900 万元，累计投资 8266.50 万元，持股权比例保持 5%。对首都电力交易中心有限公司增加注册资本金，由 5000 万元增加至 10003.59 万元，持股保持 100%。按照优化公司经营管理策略要求及集体企业“瘦身健体”整体工作安排，按照评估价 1265.68 万元完成银杰公司 100%股权收购。按照北京华商电力产业管理有限公司新设立需求，注册资本金 2000 万元。

（李　丽）

【内控稽核评价】落实国资委和国家电网有限公司关于清理拖欠民营企业账款和农民工工资的要求，累计清理逾期民营企业账款 1.2 亿元，全面完成年底无分歧账款“零拖欠”目标任务。探索典型共性问题治理，从问题整改、防范机制等方面提出治理措施，问题整改完成率 100%。顺应财务管理数字化转型趋势，开展信息系统与数据质量评价，对系统链路断点、关键控制环节、数据信息质量等方面开展系统评价分析，提出完善建议。坚持风委会的统筹领导，完成 2019 年内控评价和 2020 年风险评估，制定风控工作计划。

（李　刚）

【电价税收管理】配合北京市发改委制定的两个批次降低一般工商业电价实施方案，全力做好国家政策落实工作，减少客户用电成本 14.85 亿元。积极配合政府推动大客户直接交易进一步放开工作，研究并确定 2019 年直接交易电价策略。全力做好第二个监管周期输配电价核定工作，促请北京市发改委充分考虑公司实际，合理确定 2019 年的输配电价核定基数水平。开展分布式光伏电商代付试点工作，提升光伏支付效率。组织开展分布式光伏结算和补贴支付业务的全面检查，促进及时全额结算工作。

面向客户及供应商做好政策宣传，切实落实增值税税率调整等税收政策。主动跟进国家税收政策改革步伐，组织个人所得税政策培训工作。运用税收优惠政策，降低企业税务，节约公司税金 4000 余万元。升级增值税专用发票管理系统，建立系统内网互联，缩短每月开票间隔时间，助力营商环境优化，提升工作效率。公司连年被评为“纳税信用 A 级企业”。

（李　刚　全　锋）

审计管理

【重点迎审及派出审计】接受国家审计署冬奥会配套建设跟踪审计，同时接受国家电网有限公司人力资源专项审计。公司成立迎审办公室，统一组织协调审计配合工作，做好与审计组的联络沟通、服务保障、总体协调、信息反馈及报告等工作，确保迎审工作平稳顺利。完成派出审计任务，遴选 30 余名各专业骨干力量，30 天高质量完成了外派吉林公司营销专项审计；15 名审计人员放弃中秋节休假，15 天完成华东、华中驻京办专项审计任务，同时配合参与审计署第三季度国家重大政策落实跟踪审计、国网纪检监察组巡视巡查、国网华北审计中心对国网管理学院经济责任审计共计 7 人次、140 余个工作日。

（赵　悦）

【领导干部履职监督】坚持“离任必审”，加大任中审计力度，全年对顺义、平谷等 3 家单位领导干部开展任中经济责任审计，对延庆、谷新等 3 家单位领导干部开展任期经济责任审计，规范领导干部的决策与管理行为，促进领导干部履职尽责，提升公司的依法合规经营水平。

（赵 悦）

【工程投资审计监督】深化工程竣工决算审计工作，组织对2018年已完成决算转资的411项39.6亿元的工程投资项目开展了决算审计，重点围绕电能替代、配电网改造、技术改造等保障电网高质量发展的投资项目开展审计监督，并同步开展工程物资内控审计调查。围绕公司重点工作任务，在冬奥会配套电力建设等国家重大项目中，持续开展过程跟踪审计，充分发挥保障作用。

（赵 悦）

【重点领域审计监督】围绕公司中心工作，开展保稳定、防风险、促增收专项审计、生产性技改大修项目流程风险审计、施工类集体企业“三力”（集体企业业务承载力、市场竞争力及经营管控力）管理审计。深入落实“首都安全稳定年”工作主线，组织实施新中国成立70周年保障任务专项跟踪审计，发挥审计“治已病，防未病”的优势，及时发现、快速整改，从非成本类工程、施工集体企业、房产租赁收入等新视角挖掘管理弊端，促进增收节支，提升管理精益水平。

（赵 悦）

【审计成果综合运用】积极推进审计问题整改，深化重点问题专项治理，加大对系统性、潜在性风险的揭示力度，建立月度整改销号与审计问题下发滚动更新机制，结合外部审计发现问题，编制6类30项问题清单，完成公司系统对照自查工程项目510项，排查问题及风险250项，推动工程前期赔偿模式优化、结余物资消纳处置、招标采购程序完善等重点领域管理措施出台。创新机制，全方位推动审计整改，聚焦工程前期赔偿管理、退运物资管理等重点问题，开展全员“提质增效”劳动竞赛，设立审计问题整改情况指标，消除重大风险隐患，累计完成整改问题1419项，全年整改完成率 99.8%，切实履行审计发现、整改、预防的监督保障作用。

（赵 悦）

【审计工作机制建设】强化党建示范引领，认真履行党委审计工作领导小组办公室职责，切实抓好党委审计工作领导小组议定重大事项的落实工作，严格执行重大事项请示报告制度，全年向党委审计工作领导小组汇报 4 次，保证审计工作机制在党组织领导下高效运转。按照《中央企业违规经营投资责任追究实施办法（试行）》（国资委第 37 号令）和《国家电网有限公司违规经营投资责任追究实施办法（试行）》的要求，成立公司违规经营投资责任追究工作领导小组，健全工作机制，结合公司实际情况，制定细化公司违规经营投资责任追究实施细则，深化合规决策经营理念，保障公司资产及人员安全。

（赵 悦）

【审计数字化生态建设】落实国家电网有限公司数字化审计平台建设应用部署，组建数字化审计专职工作组，依托全业务数据中心资源，充分发挥大数据优势，形成各业务系统的高度集成与共享，实现专业末端融合，审计工作延伸至业务领域开展有效的审计覆盖和持续监测。构建数字化智能审计模型，审计发现问题1276个，提出审计建议875条，现场审计时间平均缩短35%，有效提高现场审计的针对性与准确性，实现项目、业务双赢目标。

（赵 悦）

物 资 管 理

【计划管理】针对冬奥会等重点项目物资保障的诸多挑战，采用“班车+专车”的形式，选取了价格合理、高质量的设备，并且大幅缩短采购周期，确保重点工程顺利实施。大幅压减物料品类，主、配网物料品类由2396种压缩到1582种，压减率34%。

（张 璇）

【招投标管理】全年采购金额100.92亿元，其中物资采购金额46.42亿元，占比46%；非物资采购金额54.50亿元，占比54%。北京大兴国际机场等13项重点工程应用差异化采购策略，采购高质量设备。创新开发防围、串标评标系统，获国家电网有限公司青创赛银奖。

（张 璇）

【物资仓储管理】加快物资中心库建设，全面完成各单位仓储点改造，公司“1+3+17”仓储网络体系初步建成。

（张　璇）

【物资供应管理】加快数字物流建设，完善资源储备及配送机制，应用智能监造移动作业平台，大幅压缩供应周期，提高设备质量，完成新中国成立70周年、冬奥会工程等重大供电物资保障任务。

（张　璇）

【物资质量管理】积极推进物资质量检测中心建设，实现检测能力跨越式提升，进一步推动质量监督工作向纵深开展。扩大物资检测范围，发挥物资质量检测中心作用，对32类物资全面开展智能化的检测。严把生产制造环节，运行、建设部门深度参与220kV及以上设备出厂验收，把好设备出厂关口。

（张　璇）

【废旧物资管理】成立工作领导小组，督导处置进度，梳理全量库存资源，建立“两级两阶段”平衡利库机制，压缩采购需求，加大调拨力度，累计消纳物资8.48亿元。

（张　璇）

【物资监察管理】不断完善“三全三化”监督体系建设，实现对物资供应链核心业务、关键流程、管理岗位的全面有效监督。提前启动超期合同治理，开展三轮专项活动，清退欠款6.15亿元。

（张　璇）

【物资信息化建设】推动信息化软硬件实施，全力推进磁各庄检储一体库建设，主体部分已建成，改造完成延庆龙苑智能化评标基地。超前完成总部部署的62项建设任务，自主研发供应链智慧运营平台，承载公司特色业务，打造“1+2”现代智慧供应链体系。

（张　璇）

运营监测（控）工作

【数字化企业建设】全面部署云平台、数据中台和物联管理平台等新一代信息基础平台。统筹推进36项年度重点建设任务，着力打造“东西南北”综合示范区，6项建设成果入选国家电网有限公司年度最佳实践案例。完成5个重点系统源端数据、全业务数据中心21个系统数据源的接入，采集111514张数据表、梳理7615张有效表、维护403914个字段元数据信息、完成PMS、ERP等9个系统目录的线上挂接。以营配调贯通、多维精益管理体系、同期线损、网上电网等业务应用为重点开展数据治理，梳理数据质量问题，形成有效的核查规则，开展核查验证，完成数据质量报告18期，发现并整改问题数据11205条，促进数据质量提升。

（赵　飞）

【运营监测分析】部署基于全业务数据中心的用电营商环境监测分析工具，生成办电时长、办电环节、办电成本、供电可靠性、客户感知体验等监测分析场景，全方位反映北京地区用电营商环境情况。完成基于电动汽车运营数据集的大数据培育项目，形成网格区域充电需求预测、充电设施运营评价、充电设施规划3个分析模型，生成新建充电设施选址规划及存量充电设施迁改移清单，为相关单位的充电设施建设提供支持。

（赵　飞）

基　础　管　理

【电力体制改革】配合第二轮输配电价核定，输配电成本上涨0.39分/kWh。落实国家一般工商业降价政策，减少客户用电成本14.85亿元。全年开展大客户直接交易322笔，实现交易电量122.72亿kWh。以投资共担、建成移交、整体运营方式，开拓北京新机场、首钢新园区用电市场，探索出参与配电市场竞争的新模式。加快推进交易机构股份制改造，交易中心规范化建设方案获得市城管委审批通过，增资扩股方案正式上报国资委审批。

（楚济祥　郭笑侬）

【对标管理】持续深化对标管理，组织通州供电公司开展配电网资产国际对标5项成果试点推广工作，公司“三零”服务助力首都优化营商环境、以客户为中心的供电可靠性管理提升等2项典型经验入选国家电网有限公司典型经验库；以“八大稳定”为框架，简化内部对标指标体系，组织开展专项诊断和经验交流，深入挖掘内部对标典型经验，各单位共有25项典型经验入选公司内部对标典型经验库，有效促进公司各专业管理水平提升。

（陈毛昌）

【管理实践创新】结合公司年度重点工作任务，以推动创新实践与专业管理融合为重点，明确创新实践领域及重点方向，深入开展创新实践项目296项。重视项目培育，促进成果落地应用，85项创新实践成果获得省部级以上奖项，国际大赛实现“零突破”，QC小组成果《降低电流谐波测试CT二次线破损率》获得第44届国际质量管理小组会议金奖，1个QC小组获得“全国优秀质量管理小组”称号。

（刘园园）

【卓越绩效管理】不断深化卓越绩效管理，组织16家供电公司开展2019年卓越绩效自评价，完成公司及各供电公司卓越绩效评分结果与分析报告。通州供电公司深入实践卓越绩效管理模式，获评“全国电力行业卓越绩效AAA企业”。

（龙 琳）

【社团组织管理】加强和规范公司社团工作管理，完成中国电力企业联合会、北京电机工程学会、中国水利水电质量管理协会等公司社团组织会费缴纳及社团管理自查工作。组织城区、通州供电公司成为中国电力企业联合会理事单位，参加中电联六届七次常务理事会会议，充分发挥社团服务作用。

（龙 琳）

依法治企

【普法工作】建立多维度全覆盖普法工作体系，将领导干部学法纳入两级党委中心组学习。强化互联网思维，建设统一的法律服务保障智能互动平台，形成“互联网+法治”工作格局。加强“法治电网”微信公众号内容策划，举办法治微电影展播评比，组织开展“法治之星”评选。持续开展“走进法庭”“法治讲堂”“法官讲法”“宪法宣传日”等活动，营造良好内外部法治环境。

（姜美竹）

【规章制度管理】落实国家电网有限公司“放管服”改革要求，开展“放管服”第一批事项涉及的规章制度调整工作。按照“谁执规，谁普规”的原则，组织各部门开展66项专业规章制度宣贯工作，确保各项制度执行落地。同步做好公司补充制度修订调整工作，动态更新法治电网制度库，收编现行有效规章制度1002项。推进“放管服”第二批事项涉及的规章制度调整工作，确保相关制度按要求调整到位。

（郭鑫宇）

【法律风险防范】对丰宁抽水电站追加投资等32项重大事项决策进行合法性论证，实现法律风险源头控制。认真开展“关联交易，靠企吃企”问题专项治理，全面完成工程建设、招标管理等方面14项整改任务。推进合规管理体系建设，编制工作方案，成立组织机构，开展合规课题研究，创新提出构建“1+3+5”合规管理体系，完成建设专业合规管理可视化指引。

（任聪颖）

【合同及招投标管理】开展超期履行合同治理，完成部分超期履行合同整改工作。修订《国家电网公司合同管理办法》差异条款，明确审核流程，严格审核责任。推动法治与专业工作深度融合，经法一级部署与财务ERP系统实现互联互通，实现移动决策终端合同审核模块上线，提升合同审核效率。

（孙 畅）

【依法维权】全面提升诉讼案件管理价值，开展依法主动维权，在电力设施保护、电费拖欠等方面实现多点突破。2019年，公司主动起诉案件48件，同比上升77%，避免和挽回大量经济损失。

（刘春雷）

【法律队伍建设】统筹发挥协调内外部法律资源作用，分类建立案件处置团队，不断提高各单位法律顾问履职能力。完成经法人才专家库录入信息自查校对及公司律师申报工作。完成法律服务保障中心组建，选齐配强法律专业人员。深化法律人才轮岗锻炼、年度述职等机制，法律人员履职能力持续提升。

（刘　颖）

综　合　管　理

【值班室工作】严格落实24小时值班和领导带班制度，发挥应急值守作用，高效应对北京地区燃气机组大面积停机、夏季居民小区停电等突发事件，确保新中国成立70周年庆祝活动等重大政治保电值班工作万无一失。完成北京市委市政府、国家电网有限公司等上级调研和首钢集团等单位座谈活动的保障任务。

（姚保庆）

【信访工作】通过精细排查稳定风险、精准管控矛盾隐患、精益办理信访事项，做到预防到位、措施到位、处置到位。实现新中国成立70周年庆祝活动期间信访维稳保障万无一失。全年未发生非正常访、集体访和越级访。

（崔　征）

【文档管理】加强发文统筹，精简各类文件简报，持续改进文风。全年公司本部、各单位分别制发文件1903份、6800份，分别比2018年压降11.1%、4.4%。

（白雪莹）

机　关　管　理

【本部建设】强化机关思想建设，高质量开展第一批“不忘初心、牢记使命”主题教育。建立全体党员常态化学习机制，邀请国内知名专家学者，举办3期“机关大讲堂”。深化“支部书屋”建设，开展机关党委常态化学习活动，为各支部个性化订书3000余册。集中组织开展“找初心、担使命、找差距、抓落实”等主题党日活动。夯实机关党建基础，匹配公司业务调整，成立基地建设办临时党支部，及时进行支委增补，强化组织建设。突出机关党建引领，带头加强党建内嵌融入，组织机关各支部编制“党建+”专业工作方案，制定“担当作为、为民服务”任务清单27份，确定重点任务54项。

（于宝来）

【党务管理】加强机关党建工作，制定《机关党委支部换届选举指导手册》，指导各支部开展集中换届选举工作；编发《支部学习交流》11期，规范“三会一课”等组织生活；带头开展党员“一带二、一带三”活动，组织机关党员联系基层对口党员群众，签订带动协议1252份，通过“六带”举措，带动广大职工群众共同进步。认真组织党员发展，发展党员4名，预备党员转正6名；做好党员组织关系转移工作，转入76人，转出65人。

（于宝来）

后　勤　管　理

【后勤安全管理】着力抓基础、补短板、防风险，围绕公司“安全稳定年”活动，组织开展安全管控体系建设，涵盖房屋土地、车辆管理、食品安全、工程项目、物业小区、消防、防汛等后勤全业务，编制制度标准和配套应急预案。不间断开展综合巡检3801处，排查治理隐患113项，隐患整改率100%。

（韩戈奇）

【后勤资源管理】开展生产辅助用房专项摸排，检查房屋2501处，综合分析增量房产247处。利用闲置房屋土地资源，推进出租创效，合同同比增加10%。

（韩戈奇）

【车辆管理】进一步提升生产一线车辆水平，更新车辆273辆，购置大功率发电车、后勤保障车、高空作业车等特种车辆25辆。完善车辆管理制度体系，公务用车购置、租赁、运行、费用、处置、监督等业务实施全过程线上管控，实现一车一档、一车一卡、单车核算。

（韩戈奇）

【职工服务】改善一线办公条件，多方筹措资金，改造84处供电所、162处班组用房，多年遗留问题得以解决。针对性细化优化体检套餐，贴近一线开展特色咨询服务，实现检后咨询全覆盖。协调医科专家举办3期健康大讲堂、4期健康主题活动和5期专家深度面诊。保障公司防汛度夏重点任务，将关爱和周到融入物业、食堂、医疗等服务工作之中，累计服务一线班组、施工现场等重要场所2515处、职工65742人次。

（韩戈奇）

【后勤专业化管理】主动适应非生产成本压降要求，精打细算、节约成本、科学分配，优先安排备调中心、应急防恐储备库、供电所维修改造等重点项目，保障公司重点任务和一线生产生活。编制专项计划、技经管理、工程项目、服务评价、施工现场、风险防控等制度标准和业务手册，统筹把控关键节点。《后勤工程反违章管理实践》获得国家电网有限公司优秀管理创新推广成果。

（韩戈奇）

【重大活动保电后勤保障】完成全国“两会”、“一带一路”高峰论坛、世园会、亚洲文明大会、新中国成立70周年特级保电后勤保障任务。在保障规模更大、持续时间更长、工作标准更高的新中国成立70周年保电后勤保障任务中，发挥后勤“一盘棋”统筹管理优势，以“指挥协调+专业组+现场团队”的方式，建立“1+7+*N*”三级保障组织体系。建立工作例会、业务流程等配套工作机制，形成“整体指挥、专业协同、团队合作”的作战模式。分门别类制定保障标准、专业方案和实施方案，形成“5+3+20”（5项专业保障标准，3项专项实施方案，20项各单位现场实施方案）的后勤保障顶层设计。统一组织实施餐饮保障、帐篷搭建和保障信息化建设，统一保障餐谱、食材供应、制餐和包装，保证餐饮来源安全、营养均衡。设置出餐点102个，优化送餐路线，累计送餐43万份，特级时段送餐39万余份，日均3.6万份，实现热餐送达全覆盖。统一帐篷配置标准，统一实施搭建、回收、仓储、配送、维保，精准安排搭建力量，48h内搭建2505顶帐篷，实现户外值守“拎包入住”。统一急救药品配备和医疗服务中心设置标准，统一开展现场巡诊，配发急救箱1556个、急救包8718个、发放健康口袋书5000余份。开辟“1+16”绿色就医通道，设置医疗服务中心8处，开展现场医疗服务1500余人次，驻地医疗服务1200余人次，迅速处置和陪护治疗急重病患10例，实现初级救护全覆盖，紧急救助零失误。对照不同保电专业和场所的保电需求，统一分类制定户外值守、户外单兵、室内值守、室内单兵、驻地保障等保障物资配置标准。统一装备规格和型号，现场督导物资生产配送，累计配发室内外值守、单兵、生活保障等保障物资23万余件。保障期间，日均投入后勤保障人员1700余人，为2.4万余名保电人员提供了7×24h的专业服务。

（韩戈奇）

安 全 生 产

安全监察

【安全责任落实】开展安全责任清单公示、培训工作，使各级人员能够对照清单履行岗位安全职责，做到知责明责。严格落实公司安全痕迹化管理，加强各部门、各单位、各岗位安全履责记录的常态化备案，确保履责记录规范、完整、可追溯。严格落实“管生产经营必须管安全”“管业务必须管安全”“管项目必须管安全”的工作原则，持续开展各级领导班子安全述职、管理人员安全履职评价。建立安全巡查制度，重点对安全责任履职、安全机制运转、安全投入保障等情况开展巡查。

（宗晓茜）

【安全风险预警管控】强化安全风险管控，杜绝电网大面积停电事故。加强电网运行特性分析，推动电网风险预警与管理工作机制有效落地。科学安排年度重点工程及重要供电保障活动检修停电计划，杜绝重复停电和重叠停电。坚持电网风险预警管控机制，应用移动作业手段抓好管控措施的落实，将电网中长期风险纳入运检业务管控平台，强化日常运维管控措施落实。加强电网调控运行高质量管理，开展专项应急演练，确保电网安全稳定运行。持续加强二次专业现场作业安全管控，实施标准化作业，确保继电保护自动化装置可靠运行。优化安全风险指数管理，依据风险等级、人员承载力等信息综合评定风险指数，实现风险的精准预警和管控。严格执行风险预警审批和向政府部门报告、向客户告知制度。

（宗晓茜）

【智能安全管控】持续优化安全组织保障体系，建设完成公司安全管控中心，对现场作业、反外力、消防、安保防恐等业务开展全时段、全过程监控。建立公司两级运检指挥体系，完成平台系统建设和移动作业终端功能升级，固化作业标准流程，强化监督考核，实现输变缆运检业务“计划全管理、过程全管控、现场全覆盖”。健全公司安全管控中心管理制度，明确值班机制和工作流程。制定各单位安全管控中心建设规范，提升两级安全管控能力。健全电缆分公司、综合能源公司安全保证和监督体系。

（宗晓茜）

【应急防恐能力】编制公司应急能力建设三年行动计划。按照“精准预测、精准布防、适时调整”的要求，开展应急抢修单元和驻点建设，明确单元配置标准和驻点布局，健全启动机制。完成公司 110kV 变电站全停预案的编制，组织开展大面积停电演练。开发使用应急管控平台及 App，加强应急过程管控和日常管理，实现应急启动、到岗到位、过程动态、装备队伍等信息全线上管理。健全突发事件信息报送工作规范。全力推进应急防恐基地建设，取得北京市级资格认证、挂牌。

结合应急防恐基地建设，进一步完善安保防恐管理体系、队伍体系和技术支撑体系。开展安保队伍准军事化和标准化管理“六统一”建设，提升安保人员素质。开发应用安保防恐专业信息化管理平台及安保防恐 App，做到人员资格动态管理、巡防看护实时掌控、队伍考核精准有据，实现安保防恐精益化管理。加强政企警企协调联动，落实重大活动保障安保防恐措施，确保重要电力设施、办公场所安保精准管控。

（宗晓茜）

生产管理

【重大活动供电保障】全年完成保电任务 203 项，其中特级 5 项、一级 77 项、二级 56 项、三级 65 项，累计保电天数 365 天，首次实现重要保电任务贯穿全年的新局面。

重大活动供电保障空前胜利。突出完成全国两会、“一带一路”高峰论坛、世界园艺博览会、亚洲文明对话大会、新中国成立 70 周年活动以及党中央、国务院重要会议等重大活动保电任务。公司全体干部职工以强烈的政治责任感和高度的政治自觉，坚持一切为了保电、一切围绕保电、一切服务保电，精心筹备、昼夜奋战，严格落实“五个最”要求（最高的标准、最有效的组织保障、最可靠的技术措施、最饱满的精神状态、最严明的工作纪律），确保了重要活动和重要城市设施供电保障安全可靠，兑现了“精精益求精，万万无一失”的庄严承诺。

先进技术装备有力支撑。在重大活动保障中，舞台机械、灯光音响、大屏网幕等声光电技术的广泛采用使得临时用电需求大，部分设施负荷特性复杂。为满足高可靠供电，公司大规模应用了全工况移动式SSTS成套装备、大容量UPS及飞轮储能车等先进装备，实现了重要敏感负荷不间断供电全覆盖。创新成立了电能质量监测团队，通过多工况负载特性试验、大负荷测试、不间断供电装备状态监测等多种技术手段，反复优化重要负荷供电方案，全面掌控装备运行状况，将公司大型活动保障的装备应用水平提升到了新的高度。通过开发应用政治供电管理系统，拓展配电自动化接入，运用800M、应急多媒体等系统，实现了保电任务全过程管理、现场全流程监视。

科学调度方式助力保障。树立“首都无小事、事事连政治”思想，不断深化公司“统一指挥、分工协作”的政治供电工作模式，沿用公司总指挥部、各二级单位分指挥部和现场指挥部的高效指挥模式，日督导、周协调、月调度，实现保障期间24h不间断运转，创新建立前线指挥部保障模式，公司领导下沉一线、亲自督战，现场开展装备及负载性能评估测试，精心编制各保障点位的“两图两表”和“一岗一案”，提升了现场人员的战斗力。加强与政府部门的沟通联动，安排专人进驻北京市筹备和服务保障新中国成立70周年活动指挥部，推动供电保障工作开展。

老旧设备升级改造提升供电可靠。针对天安门广场供电区域，完成“524”供电可靠性提升工程，改造配电站室8座，新增容量1260kVA。更换华灯常备大截面铜芯电缆15.1km，载流量提升116%。改造华灯基座电源箱243座，全面提升广场核心区供电可靠性。

客户延伸服务确保保障一步到位。主动对接政府部门和重要用户，开展客户延伸服务。完成世界园艺博览会、亚洲文明对话大会和新中国成立70周年庆祝活动临时供电工程和可靠性提升工程，充分满足核心场所供电需求。对保电重要客户电气设备开展安全评估，做到服务、通知、报告、督促“四到位”。针对客户内部重要负荷新加装大容量SSTS、UPS设备，配备应急发电车在重要客户、抢修基地等地点值守，确保供电保障万无一失。

（胡永强）

【输电管理】成立专业管理公司。1月21日，成立国网北京市电缆分公司，设5个职能部门、5个业务机构，总编制270人，负责35kV及以上电缆线路和隧道运维检修业务、隧道资源管理及断面审批工作、电缆新技术研究与支撑工作，提升首都高压电缆专业运维管控的核心竞争力。

优化电缆管控体系。构建“系统平台+两级监控中心+现场移动终端App”的电缆管理体系，每月下发1100余张工单，实现设备与状态、业务与人员的信息双贯穿。

加强火灾隐患治理。完成151km防火隔板和386km防火槽盒加装，积极探索电缆消防新技术，研发60s隧道全淹没临界态CO_2隧道专用消防车、研发隧道自动探测全淹没超细干粉灭火装置、研究2h电缆快速接头装置，在新中国成立70周年保电期间全面部署应用，大幅提升首都电缆网主动消防、快速灭火、快速抢修能力。

组织开展智慧输电线路建设。对500kV昌海线加装分布式故障诊断装置，实现故障诊断全覆盖，安装光传感覆冰监测系统，实现线路覆冰监测全覆盖，安装90套视频监测装置，实现视频监控全覆盖，每年开展一次直升机巡视，加强线路缺陷的排查，实现故障快速诊断、气象精准预警、本体自动巡检等业务场景。

深化反外力体系工作体系建设。制定《架空输电线路通道运维人员管理指导意见》，明确巡视、看护、监控、稽查等各类护线人员的职责，提高输电线路通道运维运转效率，推进视频监控系统加装工作，提高视频监控覆盖范围，加强监控中心建设，实现24h专业监视指挥。加强与城管委、执法局等政府机构对接，建立联动工作机制，开展线下隐患治理以及违法行为的打击力度。

（赵留学　张竞成）

【变电管理】强化设备全过程管理。加强与发展、物资、建设等部门沟通协调，强化设计、建设、制造、安装、验收阶段的设备全过程技术管理，提升设备本质安全水平。重点加强设备入网检测、试验和抽查，及时发现并制止趋势性、苗头性、普遍性问题，杜绝铝线圈、绝缘薄弱等问题，从源头上做好产品质量管控。按照设备家族性缺陷管理流程，及时开展设备家族性缺陷认定、发布、预警和治理，跟踪整改、闭环管控。

开展变电设备评价分析及第三方检测评估，对政治供电保障及防汛度夏147座重点变电站进行了评估，累计发现并处理问题3175项。强化新设备交接验收，明确新投运设备强制检测及变电站待用间隔检测工作要求，开展1845台次干式设备强制检测工作，共计发现问题设备23台次，全部进行了更换。制定详细的全年状态检测计划，并加强过程管控。截至年底，共计完成2176座次变电站排查，其中主变压器等电容型设备2213台次、GIS间隔3345个次、开关柜8233面次，发现问题45项，均已处理。加强电网设备春秋检工作的组织管理，做好现场把关工作，确保检修工作的有序开展，共计处理各类缺陷1969条缺陷，其中危急缺陷处理285项、严重缺陷341项。全年公司所辖变电站一次设备比2018年同期下降20%。

推进消防设施改造完善。建立健全满足首都电网安全需要的消防安全管理制度和技术规范标准体系，明确消防设施配置配备标准、消防设施完善化改造标准、消防安全工作标准等内容。推进消防设施隐患整治，依据排查发现的隐患，完成45座变电站火灾自动报警系统完善化改造以及18座变电站消防水系统改造，对43座变压器固定灭火系统防误技术改造，对城市核心区25座110kV地上变电站变压器加装固定火灾灭火系统，对部分城市核心区110kV以上变电站加装七氟丙烷气体灭火系统和红外成像测温装置。

启动变电站文明生产达标创建工作。按照公司“强基础、重实效、专业化”整体部署，开展变电站文明生产达标创建工作，细化完善创建和检查评价标准，加大变电站的标准化整治和问题整改力度，重点消除各类设备缺陷隐患，强化运维管理工作，确保五通（《国家电网公司变电验收管理规定》《国家电网公司变电运维管理规定》《国家电网公司变电检测管理规定》《国家电网公司变电评价管理规定》《国家电网公司变电检修管理规定》）制度、运规、安规、消防规程及各项反措落实到位。全年共计完成143座重点变电站达标创建，并组织专家组评估验收。建立变电站达标创建动态管理机制，确保变电站设备状况和运行环境始终保持良好状态，减少各类故障发生，创建良好的生产工作环境。

组织“迎国庆、查隐患、消缺陷、降故障、保安全”专项活动，以保障人员安全、设备安全、电网安全为根本出发点，加强专业巡检及检测评估，开展设备隐患排查、强化设备缺陷管控治理，切实提升变电专业运检管理水平。加强状态检测计划过程管控，并组织第三方开展设备检测，共计完成271座次变电站排查，处理发现问题41项。

进一步推广智能机器人巡检应用，扩展机器人检测功能，采用红外测温、紫外检测、局部放电检测、图像识别等手段，研究适合巡检快速诊断的方法，实现缺陷智能诊断。综合考虑智能巡检机器人与智能安防、火灾报警系统的联动，切实提升现场问题处置的智能化水平。

（马　锋）

【配电网管理】加强供电可靠性过程管理。深入落实以客户为中心、以供电可靠性提升为主线的配电网管理新思路，修编《供电可靠性管理实施细则》，进一步完善可靠性管理体系；加强停电时户数预算式管理，对单次停电超150、200时户的配电网计划分别由地市公司主管领导和公司设备部主管领导审核把关，累计审核10kV配电网停电计划5368次，审核取消或合并1621次，减少停电时户数8.58万时户。强化可靠性数据日核查，累计发布可靠性监控日报275期，核查可靠性数据8275条，发布预警、通报235次，有力保证了可靠性数据的及时、准确、完整。公司全域供电可靠率达到99.976%，用户平均停电时间降至2.09h/户，同比减少1.09h/户。

持续做好配电网精益化运维。依托公司智能化供电服务指挥系统、配电网运检App，开展配电网差异化运维巡视、消缺等工作，全年累计完成各类运维巡视7.8万次，消除各类缺陷隐患7.65万处，治理异常台区783台。开展故障高发线路专家会诊巡视，累计会诊巡视线路215条，发现各类缺陷、隐患3145处；科学统计分析故障原因和区段，精准开展运维质量提升和季节性防护工作，全年配电网整线故障次数同比降低28.4%。坚持台区日分析、周通报机制，累计监测并完成971台异常台区治理，异常台区同比下降3.48%，其中，过载台区同比下降54.05%，低电压台区同比上升2.79%。加强多户报修管控，每日梳理多户报修工单，组织各单位逐件明确报修台区、分析报修原因并采取治理措施，全年多户报修同比下降19.91%。

深入推进供电服务指挥中心建设。公司持续整合运检、营销、调度等专业指挥资源，坚持以客户为中心，以提升供电可靠性和优质服务水平为重点，推进16家供电公司供电服务指挥中心深化运营，完成设备消缺、主动检修、多户停电抢修、带电作业等多个业务深化运转。强化数据分析应用，全年编发各类配电网运行分析日报、周报、月报、快报2300余份，发布业务通报26次，有效提升各供电公司配电网运维水平与优质服务水平。持续完善智能化供电服务指挥系统功能建设，完成消缺全过程管控、多户报修管控、停电计划管控等12个运检业务功能以及服务指挥、服务监督等10个营销业务功能的开发应用工作，实现对供电服务指挥中心、公司配电运维管控中心的高效支撑。

（曹全智）

■ 12 月 23 日，公司参加国家电网有限公司 2019 年华北和东北区域供电服务指挥中心建设运营工作交流座谈会。（靳松凯　摄）

【技术监督管理】全面推进主网技术监督。全年公司共完成主网全过程、金属、设备电气性能专项技术监督 24 项，涉及技术监督组织体系完善、业务能力培训、教材编制三个方面；涉及规划可研、工程设计、设备采购、设备制造、设备验收、设备安装、设备调试、竣工验收、运维检修、退役报废 10 个技术监督阶段和电测、环保、自动化、继电保护、信息通信、金属、电气设备性能、电能质量等 11 个专业；完成其他专项技术监督 7 项，涉及首台首套设备专项监督、运检环节供应商评价、电网一次设备质量管理、电厂专项技术监督、重点活动政治保电专项技术监督五大类监督项目。全年累计对 61 项 35kV 及以新建、续建输变电工程及 47 座已投运变电站开展专项技术监督检查超过 400 项次，发现问题 848 个，应用技术监督精益化管理实施细则 37 项；对开关柜、复合绝缘子、配电变压器、高压电力电缆 4 类电网设备部件共 13 个项目开展电气设备性能专项监督工作，累计抽检设备数量 1322 台，问题设备数量 34 台；对开关柜触头、GIS 壳体、开关柜铜排、变电站接地体等金属材质部件共 30 项试验项目开展金属监督工作，检测试样 1887 件，发现问题设备 338 件，完成全公司金属检测技能培训 2 次；组织完成世界首个柔性直流电网试验示范工程±500kV 张北柔性直流工程的专项监督检查，参加了施工图纸评审会 5 次、设计例会 42 次、各设备技术讨论会 67 次，共发现问题 23 项；对油浸式变压器、组合电器、断路器、电容器、电缆及杆塔等 18 类输变电设备 43 个细度开展问题台账的核查和治理工作，治理问题台账 7993 条，核实中标物料 4954 条；梳理站用变压器、配电变压器、中低压电缆分支箱、不停电作业装备 4 类设备的国标、行标、企标 103 项；对站用变压器及配电变压器技术监督管理实施细则中涉及的 10 个监督阶段中监督项目原文进行修编，保留 22 条，修改 43 条，删除 15 条，新增 18 条监督项目；在全公司范围内开展主网设备十八项电网重大反事故措施排查，共排查 35kV 及以上可研项目 47 项、在施工程 42 项、在运辖变电站 550 座、输电架空线路 477 条、主网电缆 2264km、大用户变电站 7 座；220kV 电厂 12 座以及 4 家电厂的 14 台发电机组、70 条 ADSS 光缆、10 条 OPGW 光缆、1434 条普通光缆，发现问题 10299 项；累计收集质量信息 1 万余条，包括设备质量缺陷 9247 条、故障及非计划停电 28 条、技术监督质量信息 881 条、抽检质量信息 13 条、设备质量事件 17 项。

■ 3 月 29 日，电科院开展金属监督技能培训。（车瑶　摄）

重点开展配网技术监督。全年公司重点落实“突出配电网建设改造、提升电网发展水平”的决策部署，在不断完善相关制度、标准的基础上继续深入开展常态化配网技术监督。从工程设计、物资检测、施工质量三个阶段开展检查，保证配电网建设改造原则、典型设计、物资订货、施工工艺、拆旧设备等相关技术标准在配电网建设改造中得到有效执行，围绕重大政治活动保电、配电网建设改造工程、架空线入地工程、“三减一提升”（减环节、减时长、减成本、提升客户感知）工程、“煤改电”工程等重点工作展开监督检查。全年共对 537 项工程，近 2800 个施工现场进行配电网建设改造技术监督检查，发现问题 2685 余项，下发质量问题整改通知单 328 份，编制配电网建设改造专项技术监督工作周报 51 份，季度分析报告 4 份；编写配电网施工质量培训教材并组织开展施工质量培训 6 次；发布配电网建设改造技术监督红、黄、蓝告警单 24 份，特别是针对新中国成立 70 周年、北京市“三供一业”（供电、供水、供暖、物业）改造等重点保电任务组织专项检查，有效促进配电网建设改造工程质量的提高。

（李　红）

【防汛工作】组织指挥坚强有力。公司领导高度重视防汛工作，汛前汛中多次调研防汛重点部位，每到关键时刻、关键节点，及时到公司应急指挥中心指挥调度，对雨情、实情、灾情细致审视，全面指挥调度防汛抢险工作。各单位防汛办认真落实公司防汛工作要求，负责人亲自安排部署防汛工作，抓部署、抓检查、抓落实，在岗在职在责，全力以赴做好防汛抢险工作。各班组、供电所狠抓落实，做实做细各项防汛工作措施，全面做好本辖区、本专业降雨应对工作。各部门牢固树立公司防汛工作“一盘棋”理念，应急、宣传、营销、建设、后勤等部门负责人始终把防汛处置及安全防范工作放在首位，主动融入公司防汛工作大局，落实公司防办的安排部署，各司其职、各尽其责、协同联动，抓好防汛指挥工作。

防汛准备精细扎实。及时修订落实防汛预案，进一步完善监测预警、应急响应等内容，严格落实重点部位防汛预案。加强指导北京世园会、延庆冬奥会赛区、大兴国际机场、新中国成立 70 周年保障区域落实防汛预案。对立交桥泵站、大坝水闸、防汛指挥机构等防汛重点用户全部制定应急服务预案，对防汛重点站室全部制定“一户一案”“一站一案”“一线一案”。扎实做好防汛力量、物资准备和抢险措施。落实防汛抢险人员 3800 余人，在 228 支防汛抢险队伍基础上，在工程公司和华商远大公司增加防汛抢险力量，充实全市机动布防队伍。落实应急发电车、多功能排水车、大功率水泵、冲锋舟、无人机、吸水膨胀袋等 19 类防汛抢险物资，在 54 座高风险变电站落实降雨期间恢复有人值守措施。全面落实隐患排查整改。入汛前完成各专业隐患排查重点 198 项，治理重要防汛隐患 224 项。各单位按照防汛工作部署，如期完成 78 项防汛项目实施，完成配电站室溢水报警加装 281 座。开展防触电专项排查，加大配电台区三级漏电保护器隐患、设备及线路裸露隐患、低压用户私拉乱接及线下违章植树等排查力度，汛期内公司累计排查整治相关隐患 1995 处。

防范质量精准有效。依托精准气象预报预警系统，汛期首次实现提前 1～72h 发布站线级预警清单，针对积水、山洪、雷电等汛情风险做到早预报、早告知、早准备。试点加装变电站雨量观测装置 34 套，建立微气象监测平台，降雨期间每小时通过内网及短信群组发布一次实时雨量信息，为精准预报预警提供数据支撑。充分应用 800M 通信系统和视频会议系统，将防汛管理与供电服务指挥中心日常值班工作相结合，应急会商可视化，提升防汛应急抢险效率。

城区公司针对新中国成立 70 周年保电临时供电工程充分考虑防雨防渗漏需求，措施得当，确保汛期供电安全。大兴、昌平公司分别针对新机场和阅兵基地供电设施落实差异化防汛措施。丰台公司推进配电电缆沟道首井封堵，效果较好。门头沟公司、朝阳公司与区政府对接良好，能够及时获取政府信息指导防汛工作。密云公司无人机应用比较成熟，近两年在灾情勘察中发挥较大作用，无人机班组建设名列前茅。通州公司、昌平公司、房山公司、海淀公司吸水膨胀袋配置率较高，极大减轻运维人员劳动强度。

（李　洋）

【技术改造与大修管理】组织开展新中国成立 70 年保电项目评审、报送和实施工作。根据北京市新中国成立 70 年庆典活动安排，组织相关专业和单位编制新中国成立 70 年保电生产技改和大修项目可研评审工作，共计审核通过生产技改项目 141 项，总投资 45215.36 万元。经总部审核通过后，组织项目单位完成建项、采购和实施工作。

组织开展 2019 年调整建议、2020 年总控目标和计划编制工作。因重大活动保电，故障抢修和应急处置、网络安全治理等原因，2019 年生产技改申请总部调整项目计划资金调增 97224.77 元，调整后 2019 年计划建议为 155652.51 万元。2019 生产大修申请总部调整项目计划资金调增 3792.65 元，调整后 2019 年计划建议为 31682.37 万元。

组织开展各类储备项目编制和评审工作。组织开展三批次 2020 年常规储备项目编审工作，审核入库生产技改储备项目 1049 项，总投资 160428.76 万元，审核入库生产大修储备项目 905 项，总投资 144760.87 万元；组织开展两批次 2019 年故障抢修和应急处置储备项目，评审入库 660 项，总投资 42717.63 万元；组织开展两批次 2019 年“三减一提升”业扩配套储备项目，评审入库 414 项，总投资 33666.36 万元。

（皮伟才）

电网运行与电力市场

电力供需形势

【2019 年电力供需形势分析】全年全社会用电量累计完成 1166.40 亿 kWh，同比增长 2.10%。其中，第一产业用电量 9.89 亿 kWh，同比下降 7.06%；第二产业用电量 325.43 亿 kWh，同比下降 1.86%；第三产业用电量 579.48 亿 kWh，同比增长 6.56%；城乡居民生活用电 251.60 亿 kWh，同比下降 1.86%。

北京电网最大瞬时负荷 2252.2 万 kW，发生在 7 月 24 日，同比 2018 年最大负荷降低 4.41%。

电力供应情况。截至年底，北京地区全社会发电机组装机容量为 1304.0 万 kW，其中，水电装机容量为 99.1 万 kW，占总发电装机容量的 7.60%；火电装机容量为 1135.1 万 kW，占总发电装机容量的 87.05%；风电装机容量为 18.7 万 kW，占总发电装机容量的 1.43%；太阳能发电装机容量为 51.1 万 kW，占总发电装机容量的 3.91%。全口径发电机组发电量合计 461.4 亿 kWh，同比增长 2.8%，其中，水电机组发电量为 10.2 亿 kWh，同比增长 3.7%；火电机组发电量为 443.0 亿 kWh，同比增长 2.4%；风电机组发电量为 3.4 亿 kWh，同比降低 2.1%；太阳能发电机组发电量为 4.8 亿 kWh，同比增长 56.2%。发电设备利用小时数为 3577h，同比降低 20h，减少 0.56%，其中，水电发电设备利用小时数为 1028，同比增长 2.80%；火电发电设备利用小时数为 3932，同比降低 0.20%；风电发电设备利用小时数为 1813，同比下降 1.95%；太阳能发电设备利用小时数为 1065，同比增长 13.90%。

北京电网为非独立控制区，电力平衡工作在京津唐电网内统一安排。截至年底，北京电网的外网联络线结构保持相对稳定，共有 12 个对外联络通道，220kV 共有 5 个对外联络通道。2019 年北京地区电力供应充足，无拉路限电情况发生。

（佘　妍）

【2020 年电力供需形势预测】全社会用电量预测。2020 年北京地区依然处于经济结构转型、提升发展质量，疏散非首都核心功能的重要时期，同时受新冠疫情影响，预计 2020 年全社会用电量为 1184 亿 kWh，同比增长 1.5%。

电力负荷预测。根据近年来统调最大负荷的增长规律，并综合考虑影响负荷增长的各种主要因素，预计 2020 年最大负荷预测值为 2450 万 kW，同比增长 8.78%。

供需形势。2020 年北京地区保持 12 个外送电通道与外网联络，输电能力保持不变，全年电力供应充足。

（佘　妍）

电网调度运行

【电网概况】北京电网共有电厂 37 座，机组 294 台（含 124 台风机 +73 台光伏逆变器），总装机容量 11539.294MW。并入 110kV 及以上的升压变压器共有 74 台，变电容量 14802.5MVA，其中，并入 220kV 的升压变压器 43 台，变电容量 13490MVA；并入 110kV 的升压变压器 31 台，变电容量 1312.5MVA。火电厂 14（含燃气）座，发电机组 54 台，装机容量 10729.73MW，其中，燃气机组 50 台，装机容量 9959.73MW，占火电装机容量的 92.82%；燃煤机组 4 台，装机容量 770MW，占总装机容量的 7.18%；水电厂 5 座，发电机组 12 台，装机容量 183MW；风电场 1 座，风电机组 124 台，装机容量 186MW；光伏电站 2 座，装机容量 51MW；垃圾、沼气及核电电厂 15 座，发电机组 31 台，装机容量 389.564MW。并入 220kV 电网共有 47 台机组，装机容量为 10459.75MW；并入 110kV 电网共有 186 台机组，装机容量为 993.98MW；并入 35kV 及以下电网共有 61 台机组，装机容量为 85.564MW。

北京地区运行的 110kV 及以上变电站 564 座，变压器 1432 台，变电容量 136729.3MVA。±500kV 换流站 1 座，变压器 2 台，变电容量 1500MVA。其中：500kV 变电站 11 座，变压器 30 台，变电容量 33351MVA。220kV 变电站 106 座，变压器 285 台，变电容量 49122MVA，其中，公司所属变电站 97 座，变压器 254 台，变电容量 47740MVA；用户变电站 9 座，变压器 31 台，变电容量 1382MVA。110kV 变电站 446 座，变压器 1115 台，变电容量 52756.3MVA，其中，公司所属变电站 396 座，变压器 1006 台，变电容量 48856.5MVA；用户变电站 50 座，变压器 109 台，变电容量 3899.8MVA。

北京电网共有 110kV 及以上架空线路 697 条，共 7531.391km。其中：110kV 及以上电缆线路 1171 条 2493.227km，500kV 架空线路 8 条 312.706km，500kV 电缆线路 2 条 13.372km（其中昌海、门海线为架混线路）；220kV 架空线路 253 条 3173.004km，220kV 电缆线路 180 条 683.455km；110kV 架空线路 436 条 4045.681km，110kV 电缆线路 989 条 1796.4km。

（张绍峰）

【系统运行管理】北京电网最大负荷 22522MW，电网仍保持七分区运行格局。500kV 新航城投产后，通安兴分区转变为通安航兴分区；张北柔性直流下送工程投产后，海昌分区转变为海延昌分区。度夏期间，正常方式下 220kV 层面 7 站 10 台主变压器负载率超 80%，其中 1 站 1 台主变压器满载或过载；110kV 层面，7 条线路负载率超 80%，24 站 27 台主变压器负载率超 80%；35kV 层面仅 1 台主变压器负载率超 80%；10kV 层面 32 条线路负载率超 80%。两级调控部门共采取 157 项方式调整措施，其中 220kV 层面 4 项、110kV 层面 5 项、35kV 及以下层面 110 项。发布年度电网风险预警 18 类 590 项，度夏季节性风险预警 10 类 118 项，度冬季节性风险预警 10 类 164 项。完成“一带一路”、新中国成立 70 周年等重大保电客户外电源方式图绘制，发布重要客户外电源风险预警 6 类 109 项。共执行 220kV 批准书 32 项、110kV 批准书 100 项，完成华潞电厂新增 4 台机组并网任务。针对华能 8 号机切改、华潞电厂 3、4 号机组投运、张北柔性直流等工程涉及的重大检修方式，开展专项校核 159 次。公司共接入“煤改电”负荷超过 125 万户，涉及 78 座 220kV 变电站、268 座 110kV 变电站、50 座 35kV 变电站、1562 条 10kV 架空线路。

（张绍峰）

【设备监控管理】开展变电站集中监控许可工作。组织完成 500kV 新航城站、220kV 冬奥站、路南站、邓庄站、运河站、新首钢站、西白庙站 7 座变电站的集中监控接入工作；完成 110kV 北铁营站、北神树站、世园站、陆港站、万泉站、驸马庄站、科学城站、海坨站、速滑站、郎家园站、永东站、奥体站、上岸站、冬奥村站、玉河站、水泉站 16 座变电站的集中监控接入工作。实现公司 110kV 及以上所属变电站集中监控覆盖率 100%；公司两级调控机构共组织开展变电站集中监控试运行评估 23 站次，评估过程中未发现问题。

加强监控信息闭环管控。在全面推广两级调控监控信息表线上流转的基础上，结合检修工作取消、延期等特殊情况，明确各专业、各单位执行流程。建立闭环管控机制，每月对监控信息表执行情况进行梳理并组织相关单位召开核查分析会，相关问题纳入考核指标。持续完善系统闭环管理流程及考核指标自动提取功能，确保闭环管控安全、高效。

全面开展设备监控业务评价。在国调设备监控业务评价指标基础上，组织基层单位开展研究、讨论并开展细化完善工作，从评价有效性出发，对变电站年度评价指标内容进行补充，动态完成系统评价程序更新。组织两级调控及检修公司对变电站开展年度评价工作，超额完成国家电力调度中心布置的评价范围，形成变电站评价报告。

推进相关技术支撑系统建设。推进监控信息大数据系统建设，在数据接入及治理基础上，实现信息事件按时序呈现。持续开展功能需求及模块完善工作，以问题为导向，优化统计分析及展示界面，尝试利用大数据算法开展深入挖掘及趋势分析。按照国家电力调度控制中心下发的变电站顺控技术方案，对运检部相关项目实施进度及实际情况进行调研，在技术方案不能满足情况下，推进一键操作功能在地调新建系统中落实。推进监控信息自动验收技术推广，在现有移动主站验收基础上，组织自动化及调控专业对现有国网系统内其他厂家自动验收开展情况进行调研、讨论，协同自动化选取两个厂家完成两座 110kV 基建站自动验收试点工作，并开展分析总结工作，明确公司的使用模式。

加强监控信息分析及缺陷管理。组织基层单位常态化开展监控信息日分析工作，加强数据质量问题监督及执行情况检查，降低监控运行不到位风险。每日对监控缺陷及相关监控信息报警情况进行核查，通过日报方式督促相关专业及运维检修单位对暴露出的问题及时开展核查和处置。每月定期对集中监控缺陷进行梳理，组织相关专业及基层单位对超期缺陷及疑难缺陷进行分析，提高监控缺陷处置效率，降低设备运行风险。

（刘　洋）

【继电保护管理】公司全部继电保护及安全自动装置（不包含故障录波器）共 43551 套，其中微机保护装置共 43407 套，微机化率 99.67%，同比增加 0.08%；北京地区全部继电保护及安全自动装置共计动作 841 次，正确动作840次，正确动作率99.88%。其中，220kV及以上系统继电保护及安全自动装置按照功能统计共计动作218次，持续保持100%。

扎实开展继电保护“排雷”专项工作。按照国家电力调度控制中心“排雷”专项行动工作要求，结合北京电网实际运行情况，制定了公司“排雷”专项工作总体方案。组织各供电公司、检修公司及直调电厂对556座厂站共计43073套继电保护和安全自动装置重点开展了“三道防线”专项核查问题整改、低频低压减负荷装置整治、二次回路接线检查、装置家族性缺陷整改、继电保护定值整定核查等工作。

设备运行与安全管理不断加强。落实首都供电安全稳定年工作，组织完成23座110kV单元接线变电站内备自投装置逻辑功能调整工作；组织开展对361项110kV及以上继电保护作业现场的全覆盖安全检查工作；落实国家电网有限公司家族性缺陷管理要求，组织完成设备梳理，并按计划组织完成201台智能变电站合并单元、149套保护装置家族性缺陷整改工作；根据《国家电网有限公司关于扩大电网二次系统设备备品备件储备规模的通知》（国家电网调〔2019〕706号）的要求，开展扩大继电保护备品备件储备工作，采购共涉及南瑞继保、北京四方等9家继电保护设备供应商，备件总数共计1434块；组织完成十八项反事故措施核查工作，并针对发现的问题组织制定了整改措施及整改计划；积极推进二次专业专项消隐工程。累计完成西沙屯变电站110kV部分保护改造、六郎庄变电站完善110kV备自投等共计10项工程实施工作；推进就地化保护试运行工作，组织完成220kV路南和110kV岳庄变电站内试点加装就地化保护装置工程。

继电保护整定计算规范化及安全管理。印发《北京电网继电保护装置整定计算作业指导书》，修订印发《国网北京市电力公司继电保护及安全自动装置整定计算原则》；开展一体化整定计算平台实用化工作，组织完成市地一体化继电保护整定计算系统实用化工作，并通过国家电力调度控制中心组织的对市调、房山地调及怀柔地调的实用化验收；推进继电保护定值在线校核与预警平台实用化工作，实现110kV及以上电网保护定值在线校核功能，并定期对校核结果进行分析。

持续开展重要客户保障。开展对全国两会、新中国成立70周年涉及的重要客户供电设施保护定值与上级电源保护定值配合关系等全面核查，组织重要客户进行保护装置实际传动，并完成隐患排查和治理工作。完成重要客户及其外电源继电保护定值配置图的绘制。

专业技术培训。组织开展公司继电保护专业技能竞赛，选拔专业人员进行专项培训，并组织人员参加了国家电网有限公司继电保护专业技能竞赛；举办继电保护整定计算培训班，推动北京电网一体化整定计算平台实用化工作。

（孙伯龙）

【调控运行管理】完成政治供电保障任务。针对年内政治供电保障任务重、要求高、时间长的特点，北京市调按照“精精益求精”的工作要求，认真总结历次保电经验，详细制定专业保障方案，全面开展保电重点站线梳理、重要客户运行方式调整。组织两级调控编制专项应急处置预案3234份，开展专项联合反事故演练68次，特级保障期间启动主、备调同步值守共计17天，管理人员24小时在岗值守，完成了全国两会、“一带一路”、亚洲文明对话大会、世界园艺博览会以及庆祝新中国成立70周年活动等重大供电保障任务。

完成调控运行安全生产任务。北京市（区）调全年共执行电网操作任务2563项，操作步骤41657步，执行正确率为100%；执行停电计划票共计2112张，完成率100%；处理电网事故66起，正确率100%。结合迎峰度夏（冬）、重点工程投产等组织两级调控编制各类预案5034份、一键操作方案97项、开展反事故演练172次。新增7座变电站接入北京市调监控，其中500kV 0座、220kV 7座。北京市调监控共计接入变电站102座，其中500kV变电站5座、220kV变电站97座。

确保北京电网安全稳定运行。围绕“首都安全稳定年”工作主线，加强风险防控，强化调控专业应急演练，切实提升调控专业供电保障能力。针对度夏、度冬电网薄弱环节和风险预警，制定应急处置预案1104项，完善“一键操作”方案172个；与国调、华北分调、地调、相关电厂和设备运维单位开展联合反事故演练55次。电网大负荷期间，两级调控共计执行95项方式调整措施，与气象部门紧密沟通，加强恶劣天气下设备运行监视，保障了北京电网安全稳定运行和用户可靠供电。5月底，因燃气短缺造成北京燃气机组大面积跳机事件，北京电网安全供电遭受严峻考验。事件发生后，北京市调紧急协同相关专业开展系统分析计算，编制专项应急处置预案，及时采取方式调整措施合并分区，降低分区全停的风险，同时与设备运维单位、发电厂等开展专项应急演练，有效应对燃气机组大面积停机事件。

调控运行管理水平稳步提升。出版《北京电网调度控制管理》《地区电网调度控制》管理规程，规范了两级调度的调控业务行为。出版《110kV电网调控运行人员培训教材》，通过对运行人员的培训，提高驾驭大电网安全运行的能力。印发《国网北京市电力公司电力调控中心关于进一步加强两级调控与线路运维单位故障处置信息通报工作的通知》（调控〔2019〕25号），规范公司调控运行专业与线路运维单位故障处置信息通报工作，提高故障处置信息通报流转的及时性和准确性，保障线路运维人员在故障查线中的人身安全。编写印发《国网北京市电力公司电力调度控制中心关于细化 110kV 及以上负荷线路单相断线调控运行处置原则的通知》（调控〔2019〕38 号），规范 110kV 及以上负荷线路单相断线运行的调控应急处置措施，提升公司调控运行专业对相关故障的应急处置能力。

强化调控运行队伍建设。举办迎峰度夏度冬、政治保电工作等专项技术技能培训班 6 次，参培人员 240 人次，实现电网调控运行工作同质化、标准化管理。重点加强对 5 名新入职调控运行人员的培养，邀请各类专家开展讲授安全规程、调控规程及规范制度等课程，组织调控运行跟班实习，深入变电站、输电线塔和发电厂开展现场实践学习。组织开展公司调度控制管理规程知识竞赛，以赛带学促进新版规程的宣贯普及工作。加强对发电厂、变电站、用户站运行值班员的培训管理，举办专项培训班 5 次，参培人员 160 人次。规范调度持证上岗管理工作，提升调控运行体系人员技术水平。推进青年创新工作站申报工作，编制完成工作站规章制度，积极开展创新课题交流讨论，开展 QC 小组活动并参加比赛。

提升技术支持系统。深化 110kV 在线安全分析及智能辅助决策功能应用，持续改进系统界面、计算结果准确性、辅助决策实用性，有效提升调控人员在日常监视及事故状态下对设备重过载的控制水平；完成典型变电站母线负荷与气象相关性分析，通过建立气象站与变电站的对应关系，创建变电站母线与气象相关性典型模型，在亦庄地区创新开展用户类别与母线负荷相关性分析，提升母线负荷预测准确率；智能化改造电厂管理系统日内计划调整模块，将各类数据接口重新梳理与调整，确保数据传输的准确性与及时性，融入调控人员调整日内计划工作习惯与经验，提升调控人员工作效率；初步构建变电站智能感知视频监控系统，结合补盲机器人及 3D 建模技术，通过 D5000 信号触发，准确向调控人员推送最优角度的故障设备异常现象图片与录像，提升调控人员故障处置效率及准确性。

（张印宝）

【调度计划管理】北京电网 110kV 及以上设备停电计划共计执行 1796 项、35kV 及以下设备停电计划共计执行 12888 项；审核通过停电及带电作业风险工作共计 2947 项，其中 110kV 及以上设备涉及电网三级以上风险的风险管控单 833 张、电网维度一级（+）风险 17 项、一级风险 246 项、二级风险 557 项、三级风险 13 项；35kV 及以下设备涉及电网三级以上风险的风险管控单 2114 张，其中电网维度一级（+）风险 24 项、一级风险 178 项、二级风险 470 项、三级风险 1442 项。年内北京电网未发生人为责任的电网或人员事故，未对重要客户造成故障停电影响。

年内，北京电网新投产燃气蒸汽联合循环机组 2 套、发电机组 4 台、装机容量 14.7MVA；垃圾焚烧电厂 1 座、发电机组 2 台、装机容量 6MVA；全网共计新增装机容量 20.7MVA。北京电网统调电厂共计完成发电量 404.08 亿 kWh，地方电厂共计完成发电量 38.22 亿 kWh，合计完成发电量 442.30 亿 kWh。统调和地方电厂发电量分别占总发电量的 91.36%和 8.64%。燃煤发电占总发电量的 3.29%，燃气发电占总发电量的 91.01%，火力发电合计占总发电量的 94.30%；风力发电占总发电量的 0.76%，光伏发电占总发电量的 0.17%，水力发电仅占总发电量的 0.06%，以垃圾焚烧为主的生物质能发电占总发电量的 4.71%。

年内，北京地区最大瞬时负荷 2252.2 万 kW，发生在 7 月 24 日 12 时 14 分，同比最大负荷 2356 万 kW（同比降低 4.41%）。度夏期间，基础负荷为 1220 万 kW（同比增长 2.52%），负荷高峰时段最大降温负荷为 1032 万 kW（同比降低 11.48%），空调降温负荷占比 45.83%（同比降低 3.66%）。高峰负荷时刻，地区内电厂发电出力 679.5 万 kW，外网联络线受电 1572.7 万 kW，外受电比例为 69.83%。电网负荷需求纳入京津唐电网统一平衡，保证了对首都用户的可靠供电。

综合考虑电网各分区电源支撑要求，在保障“一带一路”国际合作高峰论坛、世界园艺博览会、亚洲文明对话大会、庆祝新中国成立 70 周年等重要活动的基础上，统筹发输变配相关设备检修需求，合理编制调度计划，确保电网安全稳定，完成各项重点工作。

（薛建杰）

【自动化管理】公司两级调度主站系统及设备整体运行平稳，未发生六级以上电网安全事故、系统可用率 100%、状态估计可用率 100%、图形数据准确率 99.98%、事故遥信动作正确率 100%，各项运行指标和同业对标维持在较高水平上。

推进自动化技术装备改造。开展石景山等 9 个地调调度控制系统建设工作，提升北京地区电网调度控制水平。推进变电站基础自动化改造，加强各供电公司相关工程进度协调力度，确保改造工程安全顺利完工。完成西大望等53座变电站A网改造工作、组织开展朝阳等6个地区B网网络结构优化，开展骨干网二平面链路带宽升级、核心设备间链路升级千兆工程。开展北京电网调控云建设，完成调控云单点IaaS层建设、国调中心实时数据平台北京节点部署，推进北京模型数据平台、运行数据平台建设。结合应用系统技术改造开展应用虚拟化、服务化建设，逐步形成资源虚拟化、数据标准化、应用服务化的智能调控技术云支撑体系。持续开展自动化专业安全隐患排查工作。结合公司全年政治供电保障任务，组织各单位共检查变电站247站次，发现并解决各类自动化隐患37项。

开展所辖变电站、电厂技术监督工作。组织电科院对新发电厂、变电站开展调试验收及安全防护技术监督工作，发现并整改各类问题62项，确保新投运厂站安全稳定运行。完善自动化运行管理全业务流程，建立自动化专业运行工作评价指标体系，有效提高各项工作高流程执行刚性。通过改进自动化专业缺陷管控流程，每日开展自动化专业缺陷分析，强化缺陷处理过程的监督与管控。以调控云、“两个一致性”为抓手，梳理并规范电网数据模型，提高电网模型的规范性、完整性和一致性。深化智能电网调度控制系统应用。契合业务需求的发展，完成主备调数据库升级、配电网图模建设，理顺电网参数管控流程，完善线损异常治理跨专业闭环工作流程，实现各公司配电网图模覆盖率、系统通过率月度指标均保持100%，有效提升自动化基础数据质量和系统应用水平。

推进电力监控系统安全防护与安全管理。完成137座变电站共计274台安全装置安装调试工作，完成80座变电站监视对象接入工作，实现站控层系统及设备全接入；开展网络安全管理平台建设与实用化应用，实现市地两级网络安全管理平台全覆盖；完成电厂安全防护综合整治情况现场检查、公司所辖范围内27个电力监控系统的等保测评，发现并整改问题6大类218项，全面提升了电力监控系统安全防护能力；完成两会、世园会、“一带一路”高峰论坛、新中国成立70周年等政治供电任务安全防护保障工作。

（董　宁　许章波）

电力市场交易

【综述】稳步推进首都电力市场建设，高效完成一般工商业用户入市；积极开展跨区跨省交易，完成冬奥会场馆、大兴机场绿电交易，探索电动汽车充电设施绿电交易；优化差异化结算模块，开展差异化结算服务；开展优质服务提升工程，创新研发首都电力交易差异化服务平台微信小程序，搭建厂网交流互动平台；高效推进交易机构股份制改造，助力首都电力市场健康、繁荣发展，服务首都社会民生和经济发展。年内，北京电网全口径购电交易电量1129.25亿kWh，同比增长1.9%，其中：购华北电网电量639.87亿kWh，同比减少6.52%；购区内电厂电量489.38亿kWh，同比增长15.51%；购华北电网电量和区内电厂电量占比分别为56.66%、43.34%。北京地区电厂购电量完成情况见表1。

表1　　北京地区电厂购电量完成情况统计表　　单位：万kWh，%，元/MWh

序号	单位名称	购电量			上网电价
		本　期	同　期	同　比	
	电厂合计	4893798.54	436743.90	15.51%	—
	火电	4831589.88	4180064.39	15.59%	—
	其中：燃煤	748507.59	206986.96	261.62%	—
	燃气	3920020.57	3826042.31	2.46%	—
	生物质能	163061.72	147035.12	10.90%	—
	水电	2973.17	3792.93	-21.61%	—
	风电	33073.50	33996.58	-2.72%	—
	光伏	26161.98	18890.00	38.50%	—

续表

序号	单位名称	购电量			上网电价
		本期	同期	同比	
一	直购电厂	4874920.13	4224146.42	15.41%	—
1	华能电厂（1～4号）	129092.19	149894.96	-13.88%	停备
	华能电厂（后置机）	0.00	0.00	—	停备
	华能电厂（6～8号）	381598.56	356303.81	7.10%	650/639.8/624.6/470
	华能电厂（9～11号）	293403.15	302448.67	-2.99%	495
2	京丰燃气电厂	165134.08	160678.72	2.77%	650/646/630.8/470
3	郑常庄燃气电厂	204622.55	200572.35	2.02%	650/470
4	京阳燃气电厂	311691.05	326224.80	-4.46%	650/470
5	京桥燃气电厂	341242.30	354124.95	-3.64%	650/470
6	京科燃气电厂	102212.28	106047.65	-3.62%	650/470
7	高井燃气电厂	574396.27	569043.75	0.94%	650/648.5/633.3/470
8	京西燃气电厂	544867.24	557425.72	-2.25%	650/643.5/470
9	高安屯热电	339518.65	345999.39	-1.87%	650/470
10	国华燃气电厂	380977.41	382665.43	-0.44%	650/640.1/470
11	上庄燃气电厂	106182.78	45126.95	135.30%	278.24/495
12	华潞电厂	48068.05	—	—	278.24/495
13	协鑫热电厂	75418.20	69133.02	9.09%	650/470
14	正东热电厂	50688.00	50247.12	0.88%	650/630.1/614.9/470
15	密云水电厂	1609.41	931.71	72.74%	364
16	京西水电厂	1022.75	1765.85	-42.08%	364
17	鹿鸣山风电场	33073.50	33996.58	-2.72%	459.8/359.8
18	阿苏卫沼气电厂	3281.89	3517.87	-6.71%	359.8
19	高安屯垃圾焚烧电厂	17087.40	20759.64	-17.69%	359.8
20	德青源沼气电厂	36.12	391.80	-90.78%	359.8
21	华泰沼气电厂	4750.10	6679.30	-28.88%	359.8
22	鲁家山垃圾焚烧电厂	35586.32	33721.16	5.53%	359.8
23	金榆路垃圾焚烧电厂	24051.39	23818.91	0.98%	359.8
24	南宫垃圾焚烧电厂	11273.68	11716.76	-3.78%	359.8
25	大工村垃圾焚烧电厂	23331.00	40407.84	-42.26%	359.8
26	采林路垃圾焚烧电厂	22083.16	6021.84	266.72%	359.8
27	北控雁栖垃圾焚烧电厂	5087.20	—	—	359.8
28	密云巨各庄垃圾焚烧电厂	4280.40	—	—	359.8
29	百善垃圾焚烧电厂	9685.72	—	—	359.8
30	平谷垃圾焚烧电厂	2527.34	—	—	359.8
31	华电密云光伏电站	2522.44	2575.66	-2.07%	359.8
32	龙庆峡光伏电站	5102.15	4812.24	6.02%	359.8
二	非直购电厂	18878.41	12597.48	49.86%	—
33	地区小水电站	341.02	1095.37	-68.87%	300
34	分布式光伏	18537.39	11502.10	61.17%	359.8

（周　哲　鲁秦圣）

【电力市场建设】稳步推进首都电力市场建设，高效完成一般工商业用户入市。面对北京市一般工商业用户用电区域广、计量点分散、经营模式复杂、注册数据统计困难等挑战，集中力量开展“一站式”服务，精准、高效完成一般工商业用户入市注册系列工作。高效推进交易机构股份制改造，科学编制《首都电力交易中心规范化建设实施方案》，完成增资和平台资产划拨、资产评估及财务审计等，待国务院国资委批复《增资扩股实施方案》后进入北京产权交易所挂牌交易。年内，北京电网在运直购电厂32座，发电机组215台，总装机容量1154.11万kW。北京电网直购电厂情况见表2。

表2　2019年北京电网直购电厂情况统计表

单位：万kW，个

序号	电厂名称	装机容量	机组台数
	直购电厂合计	1154.11	215
	其中：火电	1115.71	82
	水电	14.7	7
	风电	18.6	124
	光伏	5.1	2
一	火电厂	1115.71	82
	其中：燃煤	84.5	5
	燃气	995.95	50
	生物质能	35.26	27
1	华能电厂1～5号机（燃煤）	84.5	5
	华能电厂6～8号机（燃气）	92.34	3
	华能电厂9～11号机（燃气）	99.8	3
2	京丰燃气电厂	41	1
3	郑常庄燃气电厂	50.8	4
4	京阳燃气电厂	78	3
5	京桥燃气电厂	83.8	3
6	京科燃气电厂	25.5	2
7	高井燃气电厂	138	5
8	京西燃气电厂	130.8	5
9	高安屯热电	84.5	3
10	国华燃气热电厂	95.1	3
11	上庄燃气电厂	26.62	2
12	华潞热电厂	22.7	6
13	协鑫热电厂	15	4
14	正东热电厂	12	3
15	高安屯垃圾焚烧电厂	3	2
16	阿苏卫沼气电厂	0.54	4
17	德青源沼气电厂	0.21	2
18	华泰沼气电厂	1	5
19	鲁家山垃圾焚烧电厂	6	2
20	金榆路垃圾焚烧电厂	4	2
21	南宫垃圾焚烧电厂	2.5	1
22	大工村垃圾焚烧电厂	4	2
23	采林路垃圾焚烧电厂	5	2
24	北控雁栖垃圾焚烧电厂	1.2	1
25	密云巨各庄垃圾焚烧电厂	1.2	1
26	百善垃圾焚烧电厂	6	2
27	平谷垃圾焚烧电厂	0.6	1
二	水电厂	14.7	7
28	密云水电厂	5.2	4
29	京西下马岭电厂	6.5	1
	京西下苇甸电厂	3	2
三	风电场	18.6	124
30	鹿鸣山风电场	18.6	124
四	光伏发电	5.1	2
31	华电密云光伏电站	2	1
32	龙庆峡光伏电站	3.1	1

注　以上为年内在首都电力交易平台注册的在运发电企业。

（林子霞　韩福彬）

【交易电量情况】扩大市场化交易规模，积极开展跨区跨省交易，完成冬奥会场馆、大兴机场绿电交易，探索电动汽车充电设施绿电交易。组织开展电力直接交易、跨区跨省交易、绿电直接交易、关停电厂发电权交易等市场化交易，总结算电量186.88亿kWh。电力直接交易结算电量112.61亿kWh。在疆电入京的基础上，首次开展藏电、甘电入京，完成交易电量合计11.44亿kWh，成功拓展北京地区清洁能源供应渠道。主动作为、高效组织，完成北京冬奥会场馆绿电交易，交易电量2500万kWh，实现冬奥场馆100%绿电供应；积极探索、全力推进，完成北京大兴国际机场绿电交易，交易电量6400万kWh，助力打造大兴机场绿色“新国门”。关停电厂发电权替代交易结算电量61.94亿kWh。积极推进“三型两网”试点建设，探索北京地区电动汽车充电设施绿电交易，从青海、甘肃省购入清洁能源7500万kWh，定向用于北京电动汽车充电设施。

（崔东君　周　哲　董　荞）

【电力市场服务】开展优质服务提升工程，创新研发差异化服务微信小程序，搭建厂网交流互动平台。开展优质服务“开放日”活动，推出优质服务“十项举措”，创新研发首都电力交易差异化服务平台微信小程序，提升市场主体获得感和满意度。全面实现结算单电子签章，发布线上填报用户合同电量、购售电服务套餐与偏差考核承担方式操作指引，打造省心、便捷结算体验。健全月度电力市场交易部门联席会会商机制，组织厂网联席会暨电力市场交易信息发布会，促进厂网协同发展、和谐共赢。组织开展多批次电力直接交易专项培训，参培人员593余人次，解答市场主体各类疑问2007余次，全面提升优质服务水平。

（周　哲　文　田　孙国娟　丁　忱）

10月18日，优质服务开放日暨电力交易差异化服务平台发布会。

（丁忱　摄）

电力市场营销

【电能替代及综合能源服务】公司全年累计完成电能替代电量30亿kWh，同比增加5.08%，各供电公司均完成年初下达的电能替代电量目标值。公司综合能源服务全年完成营业收入1.71亿元，同比增加71%，营业收入连续3年保持较高增长率。综合能源服务产品进一步深化，形成1个平台、4大类服务、20项产品的“1+4”产品体系，并在大兴国际机场和新首钢园区应用。

（赵　乐）

【光伏并网】光伏市场大规模发展，项目业主并网意愿强烈，全年受理并网申请3224项，累计报装容量39.10万kW；完成并网发电3303项，容量57.89万kW。截至年底，并网运行15738项，容量48.20万kW；累计发电量43198.20万kWh，累计上网电量18423.55万kWh。

（王洪彪）

【电费回收】加强电费回收管控，保障“当年电费回收率”同业对标指标保持国网A段水平，实现年底电费零在途。落实“一户一策”和“一类一策”的电费风险管控体系，开展电费收费、在途资金稽查和工作质量管控，开展高压客户分次划拨电费、分次抄表结算电费签订工作，规范欠费停复电管理，加强电费回收风险预警，有效降低电费回收风险。

（蒋　旭）

【营业普查】组织开展春播农业生产和夏季大负荷用电打击窃电专项行动，共出动检查、电费、计量等各类专业工作人员2200人次，公安机关配合出动民警300余人次，组织开展专项检查5000余户次，共发现窃电及违约用电1087户，累计追补电量1931.07万kWh，补收电费1227.72万元，收取违约金5284.37万元。

（李佳玮）

【智能用电】全年建设完成10项公交车充电站外电源建设。完成私人充电设施报装接电2.7万户，基本形成覆盖北京全部区域、服务公用行业和私人需求的充电服务网络。已投运的充换电站服务电动汽车30.89万辆，当年累计提供充换电服务931.19万次，充电量1.53亿kWh，服务里程57402.86万km，实现CO_2终端减排16.02万t。领取奖励资金8460万元。全市开通车联网服务营业厅53个，实现城六区每区3个营业点，远郊区至少2个营业点。完成300个热点区域老旧充电桩迁移及149座充电站环境整治工作，改造充电桩使用率提升27个百分点。

（李　干）

【“煤改电”工程】全年“煤改电”工程建设于10月25日提前全部完成，全年共完成155个村、5.1万户“煤改电”配套电网升级改造。北京地区电采暖用户突破125万户，本采暖季累计用电量74.26亿kWh，同比增长10.23%。

（李　戎）

【电价管理】4月，根据国家发改委对《关于降低一般工商业电价有关事项的通知》（发改价格〔2018〕500号）》的最终政策解释通知，明确："实际最大需量方式相当于取消了40%下限"，公司调整实际最大需量用户基本电费计费规则，向目标用户逐一发放《两部制电价调整事宜告知函》，并将用户执行实际抄见需量起始月至2019年6月期间，实际抄见需量低于总容量40%时，但按总容量40%下限计算的基本电费进行追溯核算与退还，退还电费1350.36万元。

5月和7月，市发改委继续调整一般工商业用电价格，其中：自5月1日起将全市一般工商业用电的输配电价及销售电价，统一下调0.93分/kWh；自7月1日起将全市一般工商业用电的输配电价及除低谷时段电价外的销售电价统一下调2.63分/kWh。依据政策要求，公司制定"一类一策"电价调整实施方案与里程碑计划，有序组织、稳步实施，按期完成29.94万户抄表结算后付费用户（含市场化交易用户）的调价破月核算工作，以及16.47万户非居民预付费智能电能表内置电价调整工作。全年共计减收电费8.63亿元。

8月，市城管委公布第二批市场化交易用户名单，北京地区参与交易用户由198家扩大至846家。公司编制下发《市场化用户抄表与电费核算作业指导手册》，优化市场化用户电量及电费异常审核规则、用户缴费通知信息展示功能。全年用户交易电量达114.12亿kWh，减收电费4.03亿元。

12月，市发改委对本市居民生活用电的阶梯电价出台"一户多人口"阶梯电量政策，即：户内常住人口数为6人（含）以上的，第一档分档阶梯电量调增100kWh/户月。依据政策要求，公司编制并向外公示了北京市居民"一户多人口"阶梯电量政策的实施细则，调整营销业务应用系统相关功能，举办4期政策及操作方法的专题培训，编制"一户多人口"认定流程常见操作问题汇编。全年，申办执行"一户多人口"阶梯电量政策的家庭6938户，涉及居民7.54万人。

在电价管理方面，公司举办现行销售电价及行业分类标准、电费稽查方法等专题宣贯培训。结合历年内外部审计及检查工作重点，编制了《2019年电价专项稽查工作方案》，在营销系统中部署12大类142项电价异常在线监控报表，按月开展电价稽查工作，其中公司层级稽查2085户次，发现并纠正各类电价执行差错问题89户。

（黄　宁）

【电能计量管理】提升采集主站性能，优化采集主站购电下发逻辑与流程，提升购电下发效率，购电下发时长由年初的3.81min降至1.90min，持续提升客户服务水平。全面支撑泛在物联网建设、全面支撑HPLC推广应用；配合95598系统应用，完成电能表停电记录接口和继电器接口的功能改造，提升低压客户停上电事件应用水平，支撑营配贯通优化提升。开展老旧小区、三供一业小区应急服务保障，加强老旧小区用电负荷监测，开展有序用电客户的高频数据采集及传输，确保夏季大负荷期间客户供用电安全。

全面完成4G采集设备升级工作，更换2G信道采集设备和模块5.7万个，基本实现4G采集终端的全面覆盖，采集抄通率由年初的99.41%提升至99.65%。开展HPLC更换工作，2019年累计完成HPLC换装200万户，并实现停电事件主动上报、低压客户数据高频采集等高级应用，提升采集接入能力和数据应用成效。

开展计量专项稽查工作，对SG186营销信息系统、MDS计量资产全寿命周期系统、用电信息采集系统开展数据问题自查工作，重点针对系统智能电能表剩余金额异常、领出待装在途表、高龄库存、电能表倍率异动、主计量点非实抄表、时钟异常等业务开展专项稽查问题治理。截至11月底，共稽查数据443.85万条，发现问题数据154.57万条，整改完成151.57万条，整改完成比率98.06%，通过发现问题对系统功能进行完善，整改完善系统漏洞4项。

加强营销计量大数据应用，开展非计量功能深化应用，实现迎峰度夏期间2540个台区的低压客户电压监测。开展采集智能运维，采用GIS可视化，结合设备定位和人员定位，实现工单智能调度、运维全景视图的智能深化应用。

推进设备主人制有效落地，明确工作职责，以台区经理为计量装置的设备主人，负责开展计量装置的现场巡视、缺陷治理等工作；加强人员身份管控，通过现场移动作业终端应用人脸识别登录取代传统的键盘密码登录，解决人员身份管控问题；提高作业效率，利用移动作业终端采集电能表的精确定位信息，故障抢修及采集运维人员可通过地图导航快速到达现场，故障处理效率提升50%以上；质量核查优化，应用图像识别技术，系统快速识别全部巡检照片，分类输出故障设备信息，准确率达到90%以上，比人工记录准确率提升20%。

（董　宇）

【营销信息化建设】年内，完成网上国网App上线工作，全面覆盖原掌上电力App所有功能，实现交费、办电、能源服务等业务"一网通办"；建设电力微营业厅，推出一键报修、智能在线客服、用电消息精准推送等功能，收集43万客户信息，受理3万余件一键报修工单。

建设客户关系管理平台，实现客户信息汇集、客户标签、客户细分、主动服务等功能，形成以客户为中心的关系管理及服务体系。构建营销服务全景监控体系，初步建成涵盖客户诉求、服务工单、购电下发等重点服务场景的监控体系。深化供电服务指挥平台建设，对321个老旧小区进行负荷监测预警，保障顺利度夏。开展营销业务应用系统的分布式算费功能提升和一体化双通道改造，提升系统性能和可靠性。完成一般工商业电价调整、一证办电、一户多人口等功能改造，助力国家政策落实，持续优化电力营商环境。深化移动作业应用，完成9个移动作业微应用建设，在通州、朝阳、丰台供电公司等单位试点应用。

（姚　斌）

【稽查监控管理】全面落实总部营销稽查监控工作部署，快速响应总部要求，累计完成1705件总部下发问题稽查、整改与反馈。加强公司营销稽查监控职能引领，完善公司营销稽查监控工作标准和制度体系，开展营销稽查监控工作质量评价，健全稽查监控工作机制，提升专业参与度，促进专业融合，统筹推进稽查体系规范化运营。组织客服中心常态开展公司层面日常稽查监控运营，累计派发3.87万件专项稽查任务，查实问题0.87万件，跟踪督办问题闭环整改。提升各供电公司营销稽查业务执行能力，各供电公司按照公司发布的重点稽查主题，自主开展在线稽查监控工作，共计发现营销业务质量问题17.99万件。

（袁学重）

优　质　服　务

【重要活动保障】完成全国两会、“一带一路”国际合作论坛、亚洲文明对话大会、世园会、庆祝新中国成立70周年大会等203项重大活动相关重要客户用电安全服务保障工作，累计保障天数365天。确保会场驻地、城市运行等重要客户用电安全服务保障万无一失，实现了“设备零故障、客户零闪动、工作零差错、服务零投诉”的工作目标。

（李佳玮）

【营业窗口服务】截至年底，公司共设有营业窗口150个，其中A级营业厅15个、B级营业厅4个、C级营业厅115个、D级营业厅16个。全年公司共有6个供电公司15个营业厅完成了优化调整工作，其中：关停营业厅8个，涉及顺义公司3个、朝阳公司2个、丰台公司2个、延庆公司1个；等级及营业时间变更营业厅2个，涉及城区公司；迁址营业厅1个，涉及朝阳公司；新开放营业厅4个，涉及朝阳公司3个，房山公司1个。

（王　峥）

【便民服务】组织开展高新企业入企服务工作，采用党员服务队的形式，各单位领导带队深入辖区重要客户内部开展宣传工作，共计开展了46户高新企业入企服务工作。组织开展党员服务队进校园活动，举办电力知识大讲堂，宣传公司服务举措。在采暖季期间，多次开展“情系万家、电暖京城”“卫蓝暖心”“煤改电”服务日专项行动，在北京地区供电营业厅和“煤改电”村中共计设置413个宣传点，各单位共产党员服务队携手供暖设备厂家深入9450户居民家中开展服务宣传、提供供暖设施免费检修服务，共计发放宣传折页152178份。

（王　峥）

【95598热线】全年公司95598话务量累计509.06万通，同比下降20.31%，下派工单480058件，同比减少16.57%。其中，故障报修工单178445件，同比减少34.48%；业务咨询工单66件，同比增加407.69%；服务申请工单261809件，同比增加1.05%；意见36701件，同比增加21.75%；受理举报工单365件，同比减少16.86%。

全年公司95598受理投诉共计965件，同比减少66.84%。其中，服务类投诉203件（占21.04%），同比减少68.77%；营业类投诉170件（占17.62%），同比减少72.27%；供电质量类投诉367件（占38.03%），同比减少69.49%；停送电类投诉169件（占17.51%），同比减少51.30%；电网建设类投诉56件（占5.80%），同比减少42.27%。

（王　峥）

【履行社会责任】严格落实服务、通知、报告、督促“四到位”客户保障要求，完成1284户重要客户的用电安全评估工作。推进民生工程建设，完成136个非公司产权老旧小区度夏改造，惠及居民客户5.33万户，累计改造容量3.17万kVA。

（李佳玮）

科 技 信 息

科　技　工　作

【科技项目、成果和知识产权】全年公司在研究开发费投入方面为1.51亿元；4项牵头国网总部科技项目通过验收；策划牵头申报国网总部科技项目2项，参与申报国网总部科技项目8项。

在科技成果方面获得国网科技成果奖励15项，其中牵头获得奖励5项，获得中国电力科学技术奖励2项、北京市科技奖励7项。在知识产权方面围绕电动汽车、智能配电网等开展专利布局，全年共申请专利350件，其中发明专利申请243件；授权专利230件，其中发明授权113件。

（徐绍军　帅　萌　扈　晨）

【环境保护工作】加强建设项目管理，全年取得110kV及以上环评批复43项，水评方案批复25项。新开工项目全部取得环评批复。完成110kV及以上电网建设项目环保验收81项。

强化电网环保技术监督管理，全年完成158座在运变电站的环境监测，完成40座变电站外排废水监测；完成625.8kg六氟化硫气体回收再利用工作；开展建设项目全过程精细化环保技术监督。

大力开展环保宣传，组织所属单位配合地方环保部门开展电网环保宣传主题活动。6月5日世界环境日，公司举办了“公众开放日”活动，邀请社会公众走进北京电力，通过座谈交流、发放宣传手册，现场参观测试、亲身体验等方式，了解公司在推动绿色、低碳、清洁发展方面取得的成效。开展环保宣传进社区活动，以设置宣传展板、发放宣传手册、答疑解惑等方式对社区居民开展宣传。利用营业窗口开展环保宣传，采用播放宣传片、设置宣传展板、发放宣传手册等形式开展宣传。

（刘庆时　沈　琪）

信息化建设管理

【电力通信管理】公司骨干网通信光缆长度11822km，各类光缆条段1910条段，新增通信光缆366km，比2018年增长5.2%。公司骨干通信站点总计830个，骨干通信设备5725台，年度新增通信设备215台。完成全国两会、第二届“一带一路”国际合作高峰论坛、2019年北京世界园艺博览会、亚洲文明对话大会及新中国成立70周年等供电保障任务。成功申报“2019年工业互联网创新发展工程工业互联网企业内5G网络化改造及推广服务平台项目”（工信部项目）。率先在行业内实现供电保障5G+4K高清视频回传。完成天安门地区等重点保障区域通信系统升级改造。完成骨干传输网A平面、B平面（OTN）、通州传输网第二平面及数据通信骨干网4个专项项目初步设计、招标采购。完成公司行政交换核心网汇接迁移及局向号调整。建成通信电源方式管理常态机制，实现各级站点通信电源方式管理全覆盖。完成通信管理系统深化应用功能开发部署。

（温明时）

【网络与信息安全】高质量完成新中国成立70周年政治供电网络安全保障工作，执行历史“最严最细”管控模式，开展多轮次排查加固，做好最极端应急准备。在特级供电保障时段成功拦截公司互联网出口遭受的全部恶意攻击1257次，确保新中国成立70周年政治供电网络安全万无一失。稳步提升网络安全保障能力，构建“1+32”网络安全保障指挥体系，严格落实网络安全防护与信息系统建设“同步规划”原则，落实《中华人民共和国网络安全法》和公安部等级保护制度要求，开展公司信息系统等级保护测评。邀请国家电网有限公司专业机构、国家测量中心等第三方权威机构，对全部重点保障系统进行安全测评，确保公司全部系统可靠运行。开展全场景网络安全防护体系建设，推进“1+8”网络安全建设任务，完成态势感知、邮件检测等设备部署，提升网络边界的智能防护能力。初步建成北京市公共服务领域首家工控系统网络安全实验室，建成五大类业务场景仿真平台，开展新体系下的安全事件模拟、漏洞挖掘和实战攻防。

（王　磊）

【信息化建设】梳理年内信息化项目情况，实现全部项目预算执行情况全流程管控。全面开展 2016～2018 年项目规范性自查及互查工作，发现并整改问题 841 个。推进移动终端及应用整合，解决 11 家供电公司 88 个班组的一人多机问题。组织开展系统功能升级，消除数据重复录入。

（赵　飞）

党的建设与精神文明建设

党 建 工 作

【主题教育活动】聚焦中央部署、国网要求，制定落地“不忘初心、牢记使命”主题教育实施方案，建立“1+3+5”（1个“不忘初心、牢记使命”主题教育小组，综合组、材料宣传组、整改落实组3个工作组，学习教育、调查研究、检视问题、整改落实、专题宣传5个方面）组织体系，严格执行领导小组办公室例会制度，定期协调推进重点任务；成立6个指导组，紧盯关键环节，严把工作质量，累计深入基层指导136次；分别制定领导班子和党支部任务清单，将责任明确到人、任务细化到周，确保各项措施有序推进。两级领导班子带头示范，逐段逐句、精读通读规定书目，及时跟进学习习近平总书记最新重要讲话和指示批示精神，累计集中学习研讨426次，党支部集中学习1409次，组织主题党日活动1292次，营造了浓厚的学习氛围。着眼解决实际问题，两级领导干部走进一线，察实情、听民意、办实事，累计开展调研2126次，有效促进了作风转变。严格对照上级要求，主动深刻检视自身差距，高标准、高质量召开对照党章党规找差距专题会议、领导班子专题民主生活会和支部专题组织生活会，实现主题教育不断向纵深推进。坚持以“整改不落实就是对党不忠诚”的政治自觉，统筹推进中央巡视反馈问题整改、边学边查边改和专项整治，扎实开展“抓整改、除积弊、转作风、为人民”专项行动。

（于宝来）

【落实党建责任】严格“三重一大”决策程序，全年共召开党委会24次。发挥党建工作领导小组办公室统筹作用，每月召开工作例会，研究推进重点任务，实现大党建部门议事常态化。逐级细化党建工作责任清单，全覆盖开展各级党组织书记抓党建述职评议考核，对标国家电网有限公司党建考核要求，优化考核指标，一贯到底执行国家电网有限公司党建制度，各级党建工作机制更加健全。落实“基层减负年”工作要求，优化设置党建量化计划指标体系，合并分解46项具体任务指标，全面实施党建工作量化计划管理，逐级开展党建工作绩效综合考评，党建工作质量进一步提升。

（于宝来）

【发挥党建引领作用】扎实推进“党建引领、内嵌融入”长效机制建设，发挥两级党委领导作用，党建工作领导小组及其办公室牵头抓总，定期研究推进党建引领重点工作；强化职能部门专业履责，组织制定党建内嵌融入重点任务130项，分专业实施“党建+”工程，实现党建引领从探索实践到体系机制的转化。建立党员“一带二、一带三”长效机制，每名党员与2～3名职工群众结对，分别制定党员领导干部、管理岗位党员、生产一线党员“一带二、一带三”任务。通过“带思想、带作风、带安全、带技能、带创新、带业绩”，形成共保安全稳定的强大凝聚力和战斗力。深化“三亮三比”活动，连续两年实施党员先锋行动，连续4年开展“卫蓝暖心”活动，组织广大党员争创责任区、示范岗，发挥先锋模范作用。

（于宝来）

【基层党组织建设】围绕重大保电任务，完善“组织建到一线、支部建到班组、阵地建到前端”模式，不断健全完善临时党组织体系；新中国成立70周年供电保障中，成立供电保障总指挥部临时党委、14个临时党总支、149个临时党支部。以组织建设实、组织生活实、作用发挥实为原则，明确临时党支部5项职责，通过“组织建到第一线、把好保电第一关、上好思想动员第一课”，引领党员干部立足岗位、履职担当，为万无一失完成保电任务提供了坚强保障。围绕新机场、冬奥会、优化营商环境等重点任务，与客户、政府等相关方广泛开展党务共建，发挥党建独特优势，协调推进重点工作。深入开展软弱涣散党组织专项整治，组织完成两轮全面排查摸底，着力解决党支部班子配备不齐、组织生活不规范等问题。

（于宝来）

【党员教育管理】高质量开展“不忘初心、牢记使命”主题教育，坚持以习近平新时代中国特色社会主义思想为主线，累计开展领导干部读书班123期，党支部集中学习933次。坚持将新中国成立70周年供电保障作为主题教育的生动实践，全覆盖开展“保电有我·有我必胜”主题党日活动，激发广大党员责任意识，汇聚保电强大合力。落实《2019—2023年全国党员教育培训工作规划》，制定2019年公司党员教育年度工作计划。依托公司党校，开展“全体党员回党校”系列培训。严把党员“入口”关，做好入党积极分子培训，全年发展党员 180 人。开展基层党支部书记、党务人员、新发展党员、入党积极分子培训，累计培训 957 人。制定并印发《进一步规范党员发展工作》《进一步规范党员组织关系管理工作》，优化党务工作流程，有效监督公司党员发展和党员管理的关键环节，提升党建工作意识与质量，降低基层党务工作风险隐患。

（于宝来）

思想政治工作

【员工教育】开展形势政策教育和先进典型学习，邀请国内知名专家学者，开展“机关大讲堂”3 期，全年下达并完成形势政策教育任务 8 项。围绕改革开放 40 周年大会精神、全国两会精神、《关于加强党的政治建设的意见》、纪念五四运动 100 周年大会精神和国网重要会议精神等开展学习宣贯，组织开展向张黎明、王娅、王进、马进伟和张富清、胡仁禄等系统内外先进典型的学习活动。坚持开展员工思想调研分析，准确掌握员工思想动态，确保员工队伍稳定。结合新中国成立 70 周年供电保障任务，开展专项调研，针对性做好思想政治工作。

（于宝来）

【精神文明建设】持续加强职业道德建设和社会主义核心价值观教育，深化“道德讲堂”活动，积极开展志愿服务及涉电类延伸服务。昌平供电公司王月鹏、朝阳供电公司王小宁荣获“最美国网人”称号。公司系统 14 家单位保持“全国文明单位”荣誉，28 家单位保持首都文明单位（标兵）荣誉。

（于宝来）

【企业文化建设】落实国家电网有限公司企业文化建设要求，组织发放《企业文化建设工作指引（2019）》3000余册，全覆盖开展以“三型两网”战略为核心的企业文化宣贯培训，加强企业文化传播、落地、管理工作。深入实施企业文化“百千万”示范点提升工程，推进企业文化建设专项整治工作，确保示范点始终保持先进性，持续发挥表率作用。落实项目化管理要求，以国网示范项目“北京城市副中心重大企业文化示范点建设”为带动，一体化推进 14 个企业文化“三级项目”建设，通过严把进度和质量关，实现各项目如期结项、高质量完成。

（于宝来）

纪检监察

【落实党风廉政建设“两个责任”】聚焦贯彻落实习近平总书记重要指示批示精神和中央重要部署实施抓监督，聚焦上级部署和公司党委决策要求抓监督。推进“不忘初心、牢记使命”主题教育发现问题整改落地，两级累计整改问题 1941 项。针对中央巡视反馈党建形式主义、“关联交易、靠企吃企”、领导干部经商办企业等，完成 32 项整改任务。紧扣公司改革发展中心任务，以作业指导书提高规范性，以整改督导提高实效性，完成 6 家单位巡察工作，累计完成 27 家单位。突出主责主抓和年度防控重点，细化领导干部 52 条履责要点。完善纪委书记月度报告机制，瞄准“三重一大”、八项规定、工程建设、业扩报装、集体企业等敏感领域和关键环节，组织各级纪委常态开展监督防控，各单位书面报告监督情况 444 次。完善履责约谈和任前廉政谈话机制，公司党委书记首次针对各单位党政纪负责人开展大范围集体履责约谈，公司纪委针对 21 名提职干部开展任前廉政谈话。

■ 12 月 17 日，公司召开党风廉政建设履责约谈会议。（李博　摄）

（门吉光）

【廉洁文化宣教工作】落实上级教育为先、预防为主要求，以“六大纪律”为核心，以新修订的党纪法规制度为重点，突出警示教育，充分运用“首善清风”App廉洁宣教平台，开展“廉洁安全周”专项行动。通过全覆盖播放专题宣教短片等形式，引导全体干部职工知高线、明红线、守底线，将纪律规矩记在心中、挺在前面。组织领导干部和重点岗位人员在线培训考试，开展纪检干部全员调考，共考廉3455人次；全年开展两级廉洁教育共669场次，受教育达10.3万人次。

■ 3月21日，国网北京通州供电公司开展廉洁安全周活动。

（西雪松　摄）

（门吉光）

【重点对象监督管理】突出权力制约，深化领导干部“七廉”（学廉、讲廉、研廉、促廉、守廉、述廉、评廉）活动，督促各级履行“一岗双责”，牢牢把住业务廉洁风险第一道防线，公司两级班子成员带头讲廉课116人次，人资、财务、物资、工程、营销等业务负责人开展“业务风险我来讲”67人次。超前防控“职低权实”重点岗位从业风险，深化拓展廉洁从业重点岗位人员监督管理规定，落实交流轮岗实施意见，以在同一岗位满6年必须交流轮岗为硬约束，完成交流轮岗487人。

（门吉光）

【专项监督管理】落实中央八项规定，严明“十个严禁”纪律要求，聚焦关键少数，紧盯节假日等敏感时段和关键环节，以公车私用、办公用房、业务招待等职务消费为重点，抓苗头、抓预控，做到防微杜渐、防患未然。坚持不懈查纠“四风”，以群众关心的问题为重点，开展专项整治行动，运用《形式主义、官僚主义定性量纪参考指引》，遏制“四风”反弹。公司两级开展常态监督检查830次，抽查会议费、业务招待费、差旅费、法人管理费等共计7330笔，抽查车辆12448辆次。推进“抓整改、除积弊、转作风、为人民”专项行动，实施10方面35项改进举措，同步建立动态反馈和销号背书机制，作风行风持续改进。加强对权力运行的制约和监督，既强化日常监督，又抓好重点监督，实施廉洁办奥、业扩报装等专项监督，提升制度执行的严肃性和流程运作的规范性。在廉洁办奥监督方面，围绕12项配套工程，综合运用巡察监督、审计监督等方式，深入开展工程建设、物资采购、资金使用等重点环节检查，提升大监督效能，促进责任到人、防控到位。

（门吉光）

【信访案件查办】加强对信访举报、审计监督等各类重要线索的集中管理、动态研判和执纪审查，始终保持高压态势。针对十八大以来办结案件的党政纪处分决定情况，特别是涉黑涉恶信访举报，开展“拉网式”盘点，切实做到重遏制、长震慑、零容忍。严肃执纪问责，准确运用“四种形态”，认真落实“三个区分开来”，使咬耳扯袖、红脸出汗成为常态。全年完成对6家单位的巡察，全年纪检系统收到并核查各类问题线索46件，共给予党政纪处分20人，其中处级9人、科级6人、一般人员5人；给予批评教育、诫勉谈话等第一种形态处理36人，其中处级3人、科级20人、一般人员13人。注重制度治本，推动业务部门从制度、流程上堵漏洞、补短板、化风险，促进公司运营管理更加规范。

（门吉光）

宣　传　工　作

【党的宣传】以党的宣传为统领，唱响主旋律。把学习贯彻《中国共产党宣传工作条例》作为一项重要政治任务，各级党委理论学习中心组、机关基层各党支部集中学习研讨全覆盖。12月，印发《关于进一步加强和改进宣传工作的实施意见》，切实将《中国共产党宣传工作条例》的要求落实到位。深入开展形势任务宣传，专题开展“不忘初心、牢记使命”主题教育宣传，结合落实国家电网公司新时代发展战略，结合服务首都新时代发展，结合推进首都电力“安全稳定年”重点任务，结合激励干部员工守正创新、担当作为，结合加强公司党的建设，展示公司在学习教育中的丰硕成果。组织开展“庆祝新中国成立70周年——身边最美国网人”主题宣传活动，以主题宣讲月的方式组织公司基层单位广泛宣讲身边员工感人事迹、征集“微记录微感动”朋友圈作品等，传播奋斗之美、奉献之美、品德之美，汇聚强大精神力量。

（李　超　王若溪）

【意识形态工作责任制】健全完善意识形态工作责任制体系，将意识形态工作纳入党委重要议事日程、纳入党建工作责任制、纳入干部管理工作体系、纳入党的纪律监督检查范围。公司所属各单位党委（总支）落实主体责任，多专业齐抓共管，加强宣传阵地管理和网络信息排查，加强舆情风险防控，确保意识形态领域安全。

（张　画）

【品牌传播】以责任担当为亮点，展现国家电网公司履责形象。以首都电力“安全稳定年”为工作主线，围绕新中国成立70周年等4次国家级政治供电保障、北京电网发展成就、冬奥会配套电网工程建设、优化营商环境等进行宣传。2019年，公司对外集中新闻发布66次，与国家电网公司总部联动发布13次，传播重点议题42项；在各类媒体发稿共计2800余篇次，其中中央主流媒体发稿250余篇，《人民日报》66篇，新华社62篇，中央电视台播出时长134分钟。

（李艳娜　宣丽娜　王莹彬　孙　璐　李　博）

工　会　工　作

【民主管理】进一步加强组织建设，完成建设咨询公司工会、电缆公司工会建会工作，完成机关工会换届选举工作。严格落实职代会制度，畅通职工参与企业管理渠道，认真办理职工代表提案，公司第三届四次职代会代表提案办结、答复率百分之百；三届五次职代会征集代表提案共77件，其中合并立案8项（包括17件提案），列为意见56项、转交基层受理4项；广泛征集合理化建议156条，产生优秀合理化建议40条。开展“一句话建言献策”征集活动，征集建议971条、上报国家电网有限公司321条，参与5039人次。组织董事长联络员走进阿里巴巴集团、京东集团开展专题调研。

（王　婧）

【女工工作】鼓励女职工岗位成才，持续开展“巾帼建功”活动，引导女职工投身公司重点工程、重要任务、重大课题，为推动公司发展发挥“半边天”作用。城区供电公司孙艳飞荣获国家电网有限公司劳动模范；公司财务部张钺、经济研究院白小会、朝阳供电公司路素平荣获国家电网有限公司巾帼建功标兵；延庆供电公司史文娟、信通公司谭静分别荣获国网北京市电力公司劳动模范、电网工匠称号。三八妇女节期间，组织“建功新时代　巾帼绽芳华”女职工主题文化交流活动，在后海和梨园两个职工文化中心举办4场12项体验活动，中华全国总工会领导到场并慰问女职工。持续开展女职工主题读书活动，采用女职工易于接受、乐于参与的方式，引导女职工在日常工作、生活、阅读中发掘灵感和提高创作意识，公司荣获全国“书香三八”活动优秀组织奖。修订《女职工权益保护专项合同》《国网北京市电力公司集体合同》，做到同步协商、同步审议、同步签订、同步报批、同步履行、同步监督检查、同步向职代会报告履行情况，切实维护女职工权益。

（王　茜）

【职工文体】建立和完善公司12个文化体育协会、5个活动小组，修订相关章程和管理制度，形成公司工会牵头组织、各文体协会具体承办、活动分项开展的常态化职工文化建设运转机制。开展“国网印吧”活动，普及推广大众篆刻知识，协助国家电网有限公司编辑出版“国网印吧”丛书。在公司两会上组织职工文化成果展示活动。开展“平凡孕育伟大，劳动奉献光荣”主题教育活动，举办劳模先进事迹座谈会，学习和宣传先进模范。组织开展职工文学创作活动，2名职工作品入选《我和祖国共奋进·诗歌集》，分获国家电网有限公司职工文学创作一等奖和二等奖。组织参加“劳动筑梦”全国职工演讲比赛，荣获银奖。组织职工大讲堂活动，作品《大家一起去奋斗》荣获中华全国总工组织的“网络正能量微课征集”活动二等奖。参加中国能源化学地质工会组织的讲好中国故事活动，2 个作品荣获优秀作品称号。围绕庆祝新中国成立 70 周年，承办国家电网有限公司职工书法篆刻美术主题作品展，公司获优秀组织单位。承办国家电网有限公司主题歌会等活动，激发广大职工爱国之情和兴企之志。

（于　磊）

【服务职工】开展“建家工程”，优化基层职工生产生活环境。新建、扩建职工之家、文体中心 13 个，职工小家 107 个，建设完成“五小”乡镇供电所 138 个。实施“暖心”工程，加大慰问帮扶力度，组织职工子女暑期托管、中高考政策解读、职工疗养等服务项目，精准服务职工需求。实施“文化工程”，组织公司职工文化成果展示，丰富职工文化生活。

（王　婧）

【劳动保护与劳动竞赛】围绕公司 2019 安全稳定年重点任务，持续推进全员劳动竞赛活动，提出“比成绩、强激励、重宣传”，营造“干到最好、做到最优”氛围。全年共产生红旗单位 261 个、竞赛之星 435 人。组织公司第六届供电服务之星大赛，选拔服务之星 20 名。参与组织上海合作组织国家职工技能大赛北京部分文化交流活动，来自 14 个国家的 41 名代表参观了电科院计量中心自动化表计检定流水线，体验了后海职工文化活动中心的传统中华文化活动，公司荣获优秀组织奖。组队参加京津冀地区电缆专业技能竞赛、华北电网继电保护专业技能竞赛和国家电网有限公司第七届供电服务之星大赛。深入开展“安康杯”竞赛活动，职工技术技能水平和岗位履职能力显著增强。

■ 7 月 26 日，公司举办第六届供电服务之星劳动竞赛决赛。

（王建超　摄）

（刘清华）

【先进、劳模评选工作】规范先进、劳模选树机制，落实民主推荐程序，将公司重大工程建设、重点工作任务、重要政治供电保障和劳动竞赛作为培育队伍、选树典型的熔炉和学校，选树一批符合公司发展特质的先进典型。房山供电公司袁卫东、电缆公司魏世岭获评中央企业劳动模范；延庆供电公司何彦彬获评首都劳动奖章；昌平供电公司王月鹏获评国家电网有限公司特等劳动模范；公司本部王小峰等 3 人获评国家电网有限公司劳动模范；通州供电公司城市副中心高端智能配网工程班、大兴供电公司北京大兴国际机场供电服务中心荣获全国工人先锋号；通州供电公司地区调控室、大兴供电公司客户经理室荣获国家电网有限公司工人先锋号；城区供电公司荣获首都劳动奖状。

■ 大兴公司大兴国际机场供电服务中心荣获“全国工人先锋号”。

（陆子昂　摄）

（刘清华）

【职工创新工作室建设】持续推进职工创新工作室建设，指导各基层工会完善现有劳模（职工）创新工作室建设，通州供电公司徐向东创新工作室被评为市级示范性创新工作室。完善创新体系，强化引导激励，鼓励众筹众创，组织开展创新成果孵化。全年共征集成果转化意向 68 项，通过深入沟通，核实研发需求，确定可转化项目 19 项，扶持转化资金 32.83 万元。组织参加全国能源化学地质系统优秀职工技术创新成果大赛，18 项成果荣获“优秀职工技术创新成果奖”。

（刘清华）

共青团工作

【“号手岗队”创建】依托“号手岗队站”创建、“青年五四奖章”评选等创先争优活动，大力挖掘选树具有示范性的青年集体和个人，发挥青年生力军作用。照明中心华灯班、华商三优公司运维服务中心通州分部、海淀供电公司配电运营指挥室、房山供电公司电力调度控制中心、房山供电公司供电服务指挥中心、顺义供电公司输电运维室荣获“北京市青年安全生产示范岗”。组建青年突击队、保障队、服务队，在全国两会、新中国成立 70 周年等重大政治供电保障和首都核心区、城市副中心、新机场、电能替代等重点工作中贡献青春力量。

（于宝来）

【青年志愿服务】持续打造青年志愿服务品牌，完成新中国成立 70 周年群众游行、北京世园会等重要活动服务工作；连续 16 年开展“青春光明行”志愿活动，参与青年 1000 余人。朝阳供电公司王小宁荣获团中央第十二届中国青年志愿者优秀个人。深入开展团员“双报到”工作，全部完成团员到社区青年志愿服务站报到，积极参加社区志愿服务活动。

（于宝来）

【青年创新创效】着力引导青年深入学习、纵深研究、深度参与泛在电力物联网建设。全面加强青年创新阵地建设，3 个青年创新阵地获评北京市青年创新工作站。联合国网客服、许继集团等 8 家兄弟单位发起成立“泛在电力物联网”青年创新工作联盟，开展创新合作。在国家电网有限公司第五届青年创新创意大赛中荣获 2 金 4 银 1 铜。加强创新成果孵化、推广和交易，推动项目向产品转化、向生产力转化，点燃青年创新创造动能。

（于宝来）

【团组织建设】严肃基层组织生活，坚持“三会两制一课”制度，推行团组织负责人向党组织、上级团组织和团员青年定期述职制度。推进制度建设，认真落实共青团中央《关于加强新时代团的基层建设　着力提升团的组织力的意见》和国家电网有限公司各项团组织工作制度，指导各级团组织准确领会上级政策，高质量开展团青工作。严格落实团干部选任和考评机制，加强团干部政治理论教育培训，打造能力强、敢担当、作风硬、严自律的团干部队伍。通州供电公司刘动荣获国家电网有限公司杰出青年岗位能手，大兴供电公司刘世辰、电科院宋玮琼荣获国家电网有限公司青年岗位能手。

（于宝来）

供电公司

国网北京市电力公司城区供电公司

【概况】国网北京市电力公司城区供电公司（简称城区公司）是国网北京市电力公司（简称公司）直属大型重点供电企业，负责首都核心区（东、西城两个行政区）93km^2、32 个街道、200 万人口、91 万客户的供电服务保障，肩负着确保党政军首脑机关、重大国事外事活动和城市运行安全可靠供电的光荣使命。城区公司内设职能部门 11 个、业务机构 9 个（其中“营配合一”城市供电服务中心“5+1”个）、受托管理集体企业 1 家。

城区公司辖区内有 220kV 变电站 6 座、容量 3840MVA，110kV 变电站 32 座、容量 5452MVA；110kV 线路 101 条、均为电缆线路；10kV 配电站室 657 座（开闭站 146 座、配电室 511 座）、公用变压器 7449 台、总容量 4301.1MVA；10kV 电缆线路 4575km、架空线路 231km，电缆化率 94.56%。

城区公司地处首都核心区，供电服务“三多一大”特点突出。一是重要客户多、责任压力大。辖区内二级及以上重要客户 287 户，其中中南海、人民大会堂等特级客户 16 户，中纪委、中宣部等一级客户 113 户，占公司近 1/3；常态化客户 98 户，占公司 70%，其中常态 B+类（首长住地）客户 38 户。国家部委、国际金融、国企总部大都汇集于此。二是政治活动多、保电任务重。随着首都“四个中心”功能定位不断深化，国事外事活动频次、保电级别标准逐年提升。近年来，平均每年完成全国“两会”等上级下达政治保电任务 80 项、220 天，承担中南海、人民大会堂等重要机构常态保电任务 2400 项、340 天，基本实现政治保电“全天候、全时段”。三是差异需求多，服务标准高。辖区内分布着历史文化保护区、各民族居住区、高端商业区及疏解腾退区，还有 28 万户平房“煤改电”居民、43 个集中供暖单位，客户差异化需求多、维权意识强，对办电时限渠道、用电感知体验、冬季供暖保障以及服务信息主动告知、故障停电快速恢复、综合能源服务等都有较高要求。四是负荷密度大，城市占比高。负荷密度达到 2.59 万 kW/km^2，约是北京市平均水平的 20 倍，其中第三产业和居民负荷占比高达 96%，居全国首位。

城区公司获评首都劳动奖状、北京市筹备和服务保障中华人民共和国成立 70 周年庆祝活动先进集体、国家电网有限公司先进集体；城区公司党委荣获国家电网有限公司红旗党委，团委荣获国家电网有限公司五四红旗团委；调控中心配电运营指挥室获评全国青年安全生产示范岗，孙艳飞荣获国家电网有限公司劳动模范。

地址：北京市西城区西直门南小街 174 号
邮编：100034
电话：010－63128718

【人力资源】城区公司全口径用工 896 人，其中主业全民职工 497 人，集体企业工 48 人、集体企业直签工 351 人。研究生及以上学历 115 人，本科学历 237 人，专科学历 90 人，高中及以下学历 20 人；高级职称 80 人，中级职称 103 人，初级职称 155 人。

完善干部梯队建设，调整干部 3 批次 25 人次、管理技术岗位 4 批次 31 人次。接收新入企、交流竞聘大学生 31 名，引进 6 批次、58 名人员，重点补充至一线岗位，缓解缺员压力。落实青年员工“第一个十年”培养，制定“双导师+云导师”实施方案。精简绩效考核指标体系，引入申诉机制，突出企业负责人关键业绩和年度重点任务导向。组织开展管理、技能人员培训 23 轮次，完成 9 个工种 62 人次技能等级评价、2 个专业 40 人次员级和助理级职称评定认定，队伍综合素质不断提升。

【电网规划与建设】紧密围绕首都核心区战略定位，形成“1 报告+8 附图+4 清册”网格化配网规划成果，推动 2035 年规划 10 座 220kV 变电站、47 座 110kV 变电站在新版控规中落地。专项定制金科新区高可靠电网规划，有效支撑高端客户入驻用电需求。

加快主网工程建设，110kV 红桥变电站竣工投产，菜市口—宣武门 110kV 线路工程按期送电，望坛、赵登禹 110kV 输变电工程前期有序推进。积极融入城市环境治理，加快西城区支路胡同架空线入地，通过建设、生产、服务多专业联合发力、协同作战，确保工程组织、计划安排、文明施工规范有序，圆满完成 8 个片区 84 条胡同 22.3km 改造任务，拔除电杆 123 基、撤线 33.9km；开展电力设施“三化”治理，试点完成雍和宫大街、煤市街等 6 条道路 35 台设备改造。全面梳理老旧站室、油纸电缆等风险隐患，形成配网提升项目259项，可研评审110项，取得核准备案24项，形成电网基建项目100项、1.32亿元。加快遗留工程处置，2018年76项架空线入地工程全部结决算，42项续建配网改造及“国际一流”工程决算22项。规范退运和废旧物资报废流程，超额消纳剩余物资9512.56万元，创历史新高。

■ 5月1日，城区公司员工在110kV法华寺新建变电站安装变压器（林峰　摄）

【经营管理】深入开展经营指标、基础数据、管理现状对比分析，找准城区公司和电网发展薄弱环节，制定针对性提升措施。积极争取政府财政支持，全年落实外部资金3781.93万元。高效完成工程决算转资214项、18.5亿元，创历年之最，有效夯实资产价值，对新一轮监管周期核价起到积极促进作用。

强化对标分析管控，企业负责人业绩考核连续保持A段。攻坚治理15类5834个专业问题，核查线路531条、台区2798个，分线、分台区线损合格率达到95.18%、75%，较年初分别提升47个、14个百分点。城区公司降损幅度达1.43个百分点，挽回损失电量1.65亿kWh，贡献利润1.22亿元。

加强集体企业规范管理，健全完善招标采购、合同管理等16项规章制度，构建“精准聚焦、明责减负”安全管控体系，择优引进技术人才，完善薪酬绩效体系，塑造良好对外宣传品牌，激发企业发展活力；紧密对接金科新区等客户推广智能运维模式，全年签订代维合同136项、承揽工程98项，“智慧能源管家云平台”新增10座站室上线，实现产值6.53亿元、利润245万元，完成经营指标目标。

深化依法从严治企，建立重大决策合法性审核机制，专项整治超期履行合同，依法维权、全额回收庄胜公司拖欠电费违约金109.9万元。取得首例知识产权纠纷案件胜诉，避免经济损失100余万元。完成拖欠民营企业账款专项清理。创新构建“红黄蓝”监督预警问责体系，下发风险提示单五批次25份，推动落实“主责主抓”。

强化协同监督管控，班子成员立项实施项目9项，开展领导干部亲属所办企业等监督检查4项。完善常态化迎审机制，完成国家电网有限公司经济责任后续审计、人力资源专项审计等7项任务，确保43项问题全部整改到位。成立生产车辆服务中心，推行物业专业化管理，显著提升后勤服务水平。

【安全生产】将新中国成立70周年供电保障作为首要政治任务，坚决落实“五个最”标准要求，确保实现“四个零”最高目标，得到社会各界广泛好评赞誉，收到央视、新华社等多家用电单位致信感谢，王朴作为优秀代表得到习近平总书记集体接见。全年完成全国“两会”、“一带一路”峰会、世园会、亚洲文明对话大会等保电任务105项、306天，实现政治供电全天候、全时段万万无一失。

深入开展“反违章工作年”专项行动，树立重奖重罚、一线倾斜导向，全覆盖检查作业现场3577个，查处违章199件，累计安全奖惩655万元，同比增加27倍。逐级压实安全责任，开展领导干部履责述职，制定部门清单45项、岗位清单806项。对24个班组、17家外施单位创新安全管理评价，督促整改问题773项，强化安全生产核心力量。扎实开展集体企业安全年等专项行动，排查治理隐患235项。加强重要客户运维，完成全部19户特级、117户一级客户246km电缆排查、数据录入，实施城市中心南、北、西等6座站室专项整治工程。

夯实设备运维基础，完成261路电缆试验、17座站室检修、8路架混线路综合整治等工作；组建100人电力设施安保巡逻看护队伍，实现配网故障压降43%，其中外力故障大幅压降60%。与检修公司带电中心合作，创新履带自行式绝缘作业平台应用，累计完成带电作业152次、减少停电时户数7373时户。借助西城区政府战略合作项目，更换什刹海、新街口等地区老旧破损墙地箱1592台。落实消防安全提升三年行动计划，完成69座站室气体灭火装置、89处重点站室沟道灭火弹、13453延米老旧隧道防火隔板加装及4548座智能井盖改造升级。

加快配电自动化“一体双核”主站建设，接入终端6407台、处置缺陷3756起，整体在线率、关键节点覆盖率提升至93.26%、89.97%。积极应对极端天气挑战，滚动发布风险预警278项，治理重过载、低电压等台区44个，加装47套溢水报警装置，接收24座“三供一业”配电站室，改造和平门、官书院等5个老旧小区，确保度夏度冬安全平稳。

■ 12 月 6 日，城区公司运行人员雪天巡线。（林峰 摄）

【营销与优质服务】深化“三零”服务举措，促请政府掘路审批政策支持，完成小微企业报装接电 1284 户、平均接电时长 5.03 天；远颐地产案例作为公司唯一案例接受央视采访；全力配合世行专家数据采集和磋商，助力“获得电力”指标取得第 12 名佳绩。稳步推进高压业扩改革，完成 8 个临时用电“三省”项目送电。

■ 3 月 28 日，城区公司打造远颐地产“三零”案例现场。（林峰 摄）

首创重要客户定向服务标准，落实高端分层级对接机制，累计走访调研 336 户次，建立服务信息台账，解决用电需求 16 项；联合客服中心创新“双同时”服务模式，高效完成中组部、故宫博物院等重点工程送电，协调全国政协加装 3 台 SSTS；邀请中纪委、医管局等集团要客，举办“携手电力、共赢未来”高端论坛交流座谈会，充分展示服务特色亮点。

制定优质服务奖惩方案，客户投诉、95598 话务量、12345 工单数量同比下降 67.42%、23.85%、35.96%。多措并举采集客户基础信息，实现 29.1 万户停电信息精准到户。深化社区经理“网格化”服务，创新“一个引领、三个联动”机制，实现辖区 32 个街道、423 个社区全覆盖。大力推广 HPLC 技术应用，成立工作专班，更换台区集中器 99.97%、户表模块 95.05%，广安门内试点区域购电下发平均时长缩短至 59s。持续深化电能替代，有序推进国瑞商城、全国人大 2 项充电桩群新建项目前期办理，与 3 家客户达成站址合作意向。积极推动实验中学能源托管、张自忠路 3 号院全电厨房改造，完成综合能源业务收入指标。

【科技与信息化】创新研发政治供电保障全景智能平台，实现天安门广场区域高低压设备环境量、电气量泛在物联、实时监控，实现重大活动综合指挥监控能力跨越式提升。全新打造供电服务指挥中心，实现硬件设备、人员力量、职责标准、管控手段“四个提升”，形成“多专业、一元化、全流程”指挥新优势。深化“一库、四创新”建设，荣获公司及以上奖项 31 项，其中行业级 2 项、国家电网有限公司级 5 项、北京市级 6 项，提炼对标管控典型经验 8 篇；获得国家发明专利授权 1 项、实用新型授权 1 项，发表核心论文 2 篇。激发青年创新创效热情，荣获国家电网有限公司青创赛金奖 1 项、公司青创赛银奖 1 项、铜奖 2 项。

■ 12 月 6 日，在城开公司召开“携手电力，共赢未来”营商环境重要客户座谈会。（林峰 摄）

深化多维精益管理变革，完成负债类科目转换、人工成本多维分析试点。制定 10kV 及以下扩展性改造初设评审批复等实施细则，确保“放管服”有效承接落地。积极探索泛在电力物联网建设，同华为、联通、信通产业集团等多家互联网企业、通信运营商交流研讨，完成特定区域 5G、无线专网覆盖，极大提升配网监控及应急保障能力，管理创新成果荣获国家电网有限公司特等奖。卓越绩效综合评价得分在公司排名第一，达到一级、卓越水平+等级。

【党的建设与精神文明建设】以学习贯彻习近平新时代中国特色社会主义思想为主线，把牢“十二字”总要求，高质量开展第二批“不忘初心、牢记使命”主题教育，组织集中学习108次、专题党课25场，征集意见建议227条，检视整改问题84项，切实做到学深悟透、融会贯通、真信笃行。重点整治共产党员服务队形式主义问题，拓展6项电力延伸服务，确保实质实效。持续深化“党建引领、内嵌融入”、党员“一带二、一带三”长效机制，党组织战斗堡垒和党员先锋模范作用在重点任务攻坚中充分发挥。严把党员入口关，规范有序发展党员12人、转正12人。扎实开展“抓整改、除积弊、转作风、为人民”专项行动，认真做好漠视侵害群众利益“明察暗访”，行风作风持续改善。聚焦关键领域，约谈中层干部、重点岗位194人次，建立“廉洁风险防控”卡片，分析排查风险点98项。

营造积极向上文化氛围，鼓励全员参与劳动竞赛，夺取红旗30面、竞赛之星29个，位于公司红旗总榜排名第一。关心关爱职工生活，举办职工子女暑期托管班，组织8批次202名职工驻地疗养，新建宣武、城开公司2个职工小家，举办“美食节”等特色活动，完成崇文西开闭站、金鱼池抢修点等15处综合维修，不断提升职工归属感、幸福感。强化意识形态管理，突出宣传主题策划，塑造责任央企品牌，在各级各类媒体发表报道525篇。

■ 9月24日，东长安街团队在劳动人民文化宫开闭站开展党支部活动。 （林峰 摄）

（李 根）

国网北京市电力公司通州供电公司

【概况】国网北京市电力公司通州供电公司（简称通州公司）成立于1958年，2015年12月国家电网公司将通州公司升格为大型重点供电企业，是北京市电力公司（简称公司）授权经营的区域供电企业，主要负责通州地区906.28km^{2}的电网规划建设、运行管理、电力销售和供电服务。共设有9个职能部门、6个业务支撑机构及10个乡镇供电所。

通州公司区域内共有变电站48座，其中500kV变电站1座（容量240万kVA），220kV变电站8座（容量360万kVA），110kV变电站31座（容量345.2万kVA），35kV变电站8座（容量20.5万kVA）。35～110kV线路495.9km，10kV线路5135km，配电变压器8609台。

全年，通州公司完成售电量68.81亿kWh，同比增长2.81%；营业收入41.81亿元，同比增长4.34%；资产总额43.17亿元；综合线损率5.62%；电费回收率100%。地区电网历史最大负荷158.1万kW，发生于2019年12月30日20时31分。

2019年是新中国成立70周年，是市级机关正式入驻副中心的第一年，也是通州公司落实国家电网有限公司电力互联网战略的开局之年。通州公司上下坚决贯彻上级决策部署，真抓实干、锐意进取、主动担当，保障了城市副中心的平稳运行，确保了公司“安全稳定年”圆满收官。同时，各项工作取得新成效，在业绩考核排名第一，劳动竞赛以25面红旗位列第二。地区调控室荣获国家电网有限公司“工人先锋号”；获评电力行业卓越绩效（AAA）企业。高端智能配电网创新成果获得国网科技进步二等奖，实现通州公司省部级科技成果零的突破。

地址：北京市通州区滨河中路甲10号
邮编：101101
电话：010－63666277

【人力资源】截至年底，通州公司共有全口径用工1248人，全民职工385人，其中博士生1人，研究生学历

101 人，本科学历 183 人，专科学历 67 人；高级职称 42 人，中级职称 84 人；高级技师 146 人，技师 55 人，高级工 37 人，中级工 31 人。通过持续努力，通州公司干部队伍结构进一步优化，科级干部原始学历大学本科以上占比 66.67%，研究生占比 39.39%，80 后占比 66.67%，逐步向高知化、专业化、年轻化方向迈进。

以人才分级分类管理为主线，实施“2315”人才培养工程，坚持“全员培训、终身教育、久久为功”，坚持“立足岗位、创新实干、成长成才”，构建培训资源建设、培训项目运营、培训保障评价三个机制，抓好十五项重点任务，不断完善人才培养体系，提升职工素质，推动人才培养系统化、培训管理集约化、培训运营体系化、培训考核科学化，为企业发展提供坚强人才保障和有力支持。

优化薪酬激励机制，强化专项奖励力度，巩固一线队伍稳定。运用组织绩效手段，合理分配月度、季度、年度考核绩效奖金，促进通州公司各部门及其员工聚焦重点指标和重点工作任务完成情况，并对获得国网技术能手、专家人才、一线员工给予薪酬倾斜。更具针对性和目的性地开展专项奖惩工作，加大对在安全稳定、劳动竞赛、政治保电、重点任务方面做出突出贡献的部门（个人）的激励力度。

高质量完成薪点积分调整工作。全面深化公司绩效工资制度，落实薪点积分调整政策，扎实做好与职工的政策宣贯和沟通辅导，细致开展年度薪档积分核定和公示确认。围绕上年度的绩效考核结果、专业技术等级、职业技能等级、后续学历、人才称号、竞赛调考、各类创新专业成果、人才交流及个人荣誉，完成年度薪档动态积分调整工作。自实施岗位薪点工资制以来，截至年底，已有 300 余人实现岗位薪档晋升，有效激励员工立足岗位成才、拓展薪酬晋升空间。

持续加强绩效管理工作创新。6 月创建“1+4+6”现代企业优秀绩效经理人培养体系，被国家电网有限公司绩效管理工具箱收录并在系统内推广；9 月以“上下同欲　多措并举　营造浓厚绩效氛围”为题在公司人资绩效片区会上就绩效管理措施进行汇报。参加国家电网有限公司管理机关绩效管理课题编写工作。年底结合通州公司实际编制全员绩效实施细则并通过职代会集体审议，形成集主业、供电所、产业于一体的统一体系，试行月度绩效考核打分与年度结果强关联，明确各层级绩效基础，打破员工身份界限，彻底解决层级倒、身份差异等问题，为通州公司今后的绩效考核管理打下了坚实基础。

【电网规划与建设】按照“十三五”地区电力规划要求，稳步推进变电站及廊道设施建设，全力服务地区经济发展需求。

紧密对接副中心控规落地进展，全力推动重点输变电工程建设。运河商务区 220kV 运河站、110kV 岳庄站相隔一个月连续投产，文化旅游区田府站开工建设，为重点功能区建设提供坚强电力支撑。110kV 驸马庄站提前 9 个月投运，极大缓解热点区域用电紧张局面。主动融入地区审批制度改革，推动副中心工程办建立电力工程专题调度机制，形成前期工作合力，500kV 北京东、通州北两项工程取得政府前期资金 2.3 亿元；220kV 梨园站争取到建设用地 39.5 亩。克服环境复杂、交叉作业等难题，完成龙旺庄老旧小区整体改造和 8 个老旧小区紧急增容，加快补齐老城区供电短板。主动对接地区发展重点工程，北京学校小学部、黄城根小学、南区周转房等项目全部按需送电。高效实施 10kV 配网迁改 48 项，保障了城市绿心三大建筑、副中心交通枢纽、广渠路东延等重点工程顺利推进。

全年投产 6 项重点输变电工程，新增变电容量 76 万 kVA；落实 75 条主要道路管线需求，满足地区主配网运行要求；完成行政办公区、文化旅游区、城市绿心等多个重点项目主配网规划，有效推进地区主配网规划建设。

紧密围绕商务核心区、文化旅游区等重点区域建设，完成 110kV 输变电工程及扩建工程 3 项，投产 30 万 kVA，线路 13.19km。

■ 12 月 11 日，通州公司 110kV 岳庄变电站发电启动。
（高鹏超　摄）

【经营管理】全年固定资产投资项目下达 255 项，投资计划 4.02 亿元，资金计划 7.22 亿元。全面加强固定资产投资计划的全流程管控，超前谋划下一年度项目储备工作，落实“放管服”要求，强化可研内审，指导工程组织部门规划前期工作推进，提升项目储备质量；制定固定资产投资项目里程碑计划，对 11 个关键节点进行过程管控，采取隔周调度、月度通报、重点项目工程加强管控等方式，促进投资计划完成。

适应改革监管要求，配合完成输配电价成本监审资料填报，开展多维精益管理体系建设，推动经营管理转型升级。坚持清存量和控增量相结合，持续推进线损常态治理，分线、分台区合格率分别提升至 96.2%、93.6%，基本完成负损台区消除。持续提升物资管理，通过跨省跨单位调拨、内部利库等方式压降剩余物资 7022 万元，完成年度指标的 127.67%，报废物资回收资金排名属地公司第一。聚焦成本项目、物资管理等重点领域开展 4 项自主审计，编制常见问题风险防控手册，指导业务部门查漏补缺，从源头提升合规管理水平。

建立多维度前期协调模式，推动破解前期难点。巩固通州区政府“区电力设施建设协调会”工作机制，并与副中心工程办建立电力工程建设调度例会，形成市、区、委办三级政企协调平台，推动 500kV 通州北等工程区财政前期资金 2.3 亿元等工作取得重大进展。纵深推进多维精益管理体系变革，坚持“共商共建共享”，以业务数据精细反映和管理信息全链条贯通为目标，以管理规范和信息标准为准绳，细化业务方案和技术方案，扎实有序推进多维变革。在 3 月底和 5 月底分两批全面开展数据清理，提高业财信息数据质量。7 月底，实现多维报表信息功能的实时输出应用，出具多维报表，推动公司管理转型升级。开展多轮次多维体系变革系统培训，提高业务人员操作能力，确保系统按时高质量上线。

■ 10 月 1 日，通州公司在新中国成立 70 周年庆祝活动保障期间开展重点输电线路特巡。 （姜珊　摄）

【安全生产】始终秉持“以人为本”的安全管理理念，坚守安全红线和底线，将抓安全生产责任的有效落实作为安全监督管理重要手段，重点强化对保证现场安全关键人员履职管控。成立多专业联合巡检组，组建二级安全监控中心，全口径管控施工作业计划管理，严肃风险审核和工作任务执行倒追检查机制。保持安全监督高压态势，实现 3989 个作业现场巡检和视频监控 100%全覆盖。将安全工作纳入绩效考核，2019 年度兑现各类奖励 454.191 万元，考核处罚 14.11 万元。常态化驻所跟班，深入一线班组参加安全日、班前会、班后会，指导班组开展风险分析和完善管控措施，切实夯实班组安全基础管理水平。落实安全生产责任制，严格执行全岗位安全责任清单，全面推行领导干部安全述职制度，加大安全奖惩考核力度，层层压实安全责任。坚持聚焦一线、重心下沉，加强产业单位、外协单位安全同质化管理，现场检查数量同比增长 253%，现场作业违章率同比下降 20%。强化电网风险防控，22 项度夏工程、13 项度冬工程均提前投运，保障电网平稳应对负荷屡创新高、极端天气频发等诸多挑战。持续提升设备管理，实施 10 座变电站文明生产达标整治，退运 35kV 马驹桥站、宋庄站，完成 149 条架混线路故障自愈功能投入，配网和低压故障同比降低 45.2%、23.5%。发扬首都电力优良传统，昼夜奋战、连续作战，圆满完成新中国成立 70 周年庆祝活动、驻华使节招待会等 92 项重大保电任务。

【营销与优质服务】截至年底，公司营业区域内拥有客户 69.81 万户，其中第一产业 0.27 万户，第二产业 0.65 万户，第三产业 4.55 万户，居民客户 64.33 万户。累计完成高压接电容量 70.44 万 kVA，完成“三零”服务 7722 项，节省客户投资 3137 万元，其中小微企业接电 515 项。完成“三省”服务送电 16 项，收入 345 万元，节省客户投资 206 万元。全面推广客户线上报装，160kW 及以下低压报装全部下放供电所办理，实施低压“一站式”1+1 双经理团队服务模式，试点应用业扩报装移动作业终端，节约客户办电成本。

顺利完成通州农村生活污水治理工程送电，涉及 9 个乡镇 70 个村庄、98 台变压器，为改善周边人居发展环境和保护河流发挥了重要作用。积极支持中心城区和城市副中心行政办公区重要通道的建设，顺利完成广渠路东延施工临电项目送电 14 项、8560kVA。顺利完成通州 21 条道路约 35km“有路无灯”的供电问题，方便了广大居民的安全出行。示范引领绿色出行，完成行政办公区 270 台充电设施建设，推进环球主题公园 861 台充电设施前期工作。完成综合能源收入 770.74

万元，与运河商务区商务园洽谈智慧能源管家平台及智能代维。对接北京学校、友谊医院通州院区，针对大楼 CPS、智能代维等项目进行洽商。

强化供电服务指挥中心建设，集约监控配网抢修、业扩流程等 6 类 15 项业务，实现工单一级直派、过程督办、精准预警，全年客户投诉、95598 工单数量同比下降 75.4%、22.9%，万户投诉率（由少到多排名）进入公司前 3 名。深化“三零”“三省”服务，创新开展低压报装“双循环”模式，高压临电、低压客户平均接电时长分别降至 12.4 天、3.3 天，接电总量 49.2 万 kVA。落实国家一般工商业降价政策，为 2.27 万客户减少用电成本 3300 万元。实施 23 万户 HPLC 改造，超额完成 48 万客户信息采集，为户变关系识别、停电主动上报等精准服务提供基础支撑。重组重要客户供电服务中心，正式入驻行政办公区实体化运转，进一步提高服务便捷度和品牌影响力。

作为公司三家试点单位之一，完成 186 个台区、2 万户 HPLC 改造，同步完成改造工作经验总结、全面推广工作方案编制，并配合公司完成系统功能优化。10 月起大规模推广，完成 2200 个台区，28.5 万户 HPLC 改造。在已完成调试区域内初步验证了购电快速下发（平均时长 0.92min）、台区户变关系自动识别（台户关系识别准确率 99.95 以上）、停电事件主动上报功能（上报正确率 100%）。

完善供电所指标评价体系，执行“7+14”项指标评价和考核机制。以《“全能型”乡镇供电所业务指导手册》为基础，编制到人到岗工作手册，推进供电所日常工作例日化。全面推进定置化建设，每月开展供电所综合管理现场检查评价，实施台湖、漷县、西集、永乐店等供电所改造项目，完成供电所综合管理类废旧物资处置。持续提升人员综合素质，分层次组织开展台区经理、专业技术人员、管理人员培训和全员安全技术培训。

■ 9 月 26 日，通州公司“1+*N*”客户保障团队对客户内部开展巡视检查。（洪雷　摄）

【科技与信息化】完善科技创新体系，攻克核心技术，发挥科技的支撑、服务和引领作用，为建设安全、清洁、高效的北京城市副中心电网提供技术支撑。“城市副中心高可靠智能配电网关键技术、成套装置及工程实践技术”科技成果荣获国家电网有限公司科技进步二等奖，取得历史性突破。构建协同创新体系，与电科院开展战略合作，对应用技术研究、新技术示范应用等方面的 18 项科技项目开展联合攻坚，选派 2 名专家参与公司科技项目申报指南编制。

规范创新管理模式，按照“规划、储备、立项、实施、评审、激励、转化”全链条闭环管理流程，针对 2 项科技项目和 2 项群创项目，落实项目责任制，创建以项目负责人为主体的柔性攻关团队，全方位、多途径引入外部智力，集中力量开展技术攻关和示范工程建设。培育重点科技项目，设计建成合环运行的“双花瓣”拓扑配网，形成了包含主干接线、上级外电源追溯、开关容量负荷控制、继电保护配置的新型配网网架的典型设计方案。统筹推进综合管廊、网格化配电网架、开关站智能监控、“一体双核”配电自动化、应急供电系统、电动汽车充电设施的规划建设，建成能源互联网综合示范区。

【党的建设与精神文明建设】坚决贯彻国家电网有限公司党组和公司党委决策部署，扎实推进党的建设“旗帜领航·三年登高”计划，积极探索党建工作新路径，进一步强化党建引领，突出内嵌融入，持续深化“1+3+*N*”党建工作体系，确保党建工作系统化、规范化，党建和干部工作在引领通州公司高质量发展中呈现新气象、取得新突破、实现新提升。以学习贯彻习近平新时代中国特色社会主义思想为主线，深入开展“不忘初心、牢记使命”主题教育，党委理论学习中心组全年集中学习 22 次，领导班子每周开展形势政策研讨，推动理论学习更加常态化、制度化。牢固树立“争

■ 9 月 18 日，通州公司党委开展主题教育专题学习研讨。（洪雷　摄）

创党建工作标杆”目标，扎实开展“强榜样、共进步”“防风险、送关爱”活动，规范党支部标准化建设，推动基层党建更加系统化、规范化。与区委办局、驻通部队等广泛开展党建共建，构建优势互补的区域化共建模式。从严从实抓好党风廉政建设，扎实推进主题教育发现问题整改，开展业扩报装、招标采购等重点领域专项监督，坚决杜绝靠电吃电、吃拿卡要等漠视侵害群众利益的问题。落实纪检监察体制改革要求，设立纪委办公室（合规审计部），压实“管业务必须管监督”的管理职责。强化“职低权实”岗位监督，梳理风险点 282 个，制定防控措施 607 条，进一步筑牢廉洁防线。

（王宇曦）

国网北京市电力公司朝阳供电公司

【概况】国网北京市电力公司朝阳供电公司（简称朝阳公司）成立于 1987 年，是北京市电力公司（简称公司）直属供电企业，负责朝阳地区 470.8km^2 范围内的电网规划建设、运行管理、电力销售和 165.8 万客户的供电服务工作，肩负着为约占全市三分之二的星级饭店、外交驻华使馆区、奥运中心区、中央商务区、大型商业区、工业、农业、涉外企业及居民生活和重大政治活动和城市运行安全供电的使命。共设置 9 个职能部门，3 个业务支撑机构，51 个班组、4 个供电服务中心、4 个全能型供电所。

共负责输电通道 156 条，总长 426km；10kV 线路 1760 条，总长度 9210.76km（其中电缆线路 1413 条、7196.02km，架空线路 347 条、2014.74km，电缆化率 78.13%）；10kV 配电站室 3377 座（开闭站 267 座、配电室 2014 座、箱式变电站 1096 座），配电变压器 11470 台、总容量 6326MVA。实现全年安全生产无事故目标，累计安全生产长周期 3960 天。

全年完成售电量 187.75 亿 kWh，同比增长 0.41%；综合线损率完成 5.65%；完成接电容量 141.18 万 kVA；电费回收率达到 99.989%；城市供电可靠率为 99.993%；综合电压合格率达到 99.999%；全年最大负荷 389.5 万 kW，历史最大负荷 401.8 万 kW。

朝阳公司蝉联“全国文明单位”“首都文明单位标兵”荣誉称号，并荣获国家电网有限公司“先进集体”“庆祝新中国成立 70 周年供电保障先进单位”称号，所属奥运中心区供电服务中心获评“第五届中国最美供电所”。

地址：北京市朝阳区百子湾西里 300 号
邮编：100124
电话：010－63232273

【人力资源】截至年底，共有全民职工 472 人，其中研究生及以上学历 97 人，本科学历 234 人；高级职称 65 人，中级职称 110 人；技师及以上职业资格 281 人，高级工 60 人，中级工 17 人。

不断优化供电服务中心建设，完成供电服务中心和供电所（简称新八区）的机构融合建设，打破了 10 多年来营配分开的模式，实现了机构变革的历史性突破。不断深化供电服务指挥中心建设，业务范围不断完备，实现配网运维闭环管控、全口径工单集中办理、安全监控全天候覆盖，形成了朝阳公司对内、对外统一的配网调度、供电服务和运营指挥机构，提高了生产运营效率。创新开展智能配网支持中心建设，加快智能配网建设，全面提高生产数据维护应用、自动化、状态监测等工作水平，作为践行智能电网和电力物联网建设的“先行机构”，紧密对接“能源互联网”战略目标。同时，结合公司新的“内设机构设置标准”和要求，进一步优化了组织体系和编制结构，完成了《公司机构设置及人员编制总体方案》。

持续深化人才培养工作。在“3+4”人才培养体系建设全景图的指导下，编制完善了《公司人才培训培养组织体系》《公司青年人才培养工作方案》两个文件，明确了“青葵筑基”“发展成熟”“菁英领航”各阶段的重点培养举措。常态化开展师带徒培养，开展青年讲堂 19 期。组织协同北京朝阳电力实业开发有限公司完成了包含调控、计量、配电、电缆、线路、有限空间作业、多媒体教室等较全专业的实训基地建设，完成《实训基地运行管理办法（试行）》的编制，并依托实训基地，超前完成了年内 6 个专业 50 人的首次初中级技能等级评价培训和考试。结合新八区建设，完成一线专业核心岗位“人才培养路径”的修订和完善（线路经理、台区经理），完成人才培养评估重要工具，即员工职业生涯积分工具的开发。

持续优化全员绩效管理工作。结合企业改革，及时修订新八区绩效考核指标体系；基于劳动竞赛，创新建立月度重点工作任务分享激励机制；精准细化 B 层级画像；参加公司绩效交流会，作为绩效管理标杆示范单位进行工区绩效管理经验汇报；承办公司绩效管理分片交流研讨会，并作为示范单位分享汇报绩效经理人培训经验。参与公司绩效管理政策研究、青年人才培养管理创新 2 个项目，获得“队伍建设”流动红旗两面。

【电网规划与建设】完成朝阳电网规划优化方案编制，推动 1 座 500kV、14 座 220kV、62 座 110kV 变电站纳入分区规划。主动推动 CBD 500kV 输变电工程建设，变电站建设方案取得市政府批复，顺利完成变电站环评稳评公示公参工作，取得市城管委稳评登记意见；郎家园站和 CBD 移动站等项目获得政府补贴资金 2.3 亿元；国会、焦化厂等 5 项 110kV 工程取得立项核准。

全年在建 110kV 工程 7 项，投产 5 项。CBD 郎家园变电站顺利投产，同步投运了一座国内容量最大、电压等级最高的车载移动式变电站，初步缓解了 CBD 核心区用电紧张的局面，为中国尊、正大等 6 个用户解决了过渡用电需求。冬奥会配套的速滑、奥体 2 项工程如期投产，为冬奥场馆及配套设施提供了可靠电源支撑。常营扩建工程成功扩容，彻底解决区域长期重过载问题。政府全额投资的架空线入地工程进入建设周期，完成“两区一路”11 条道路 7.7km 入地任务，储备了 5 个区域“多规合一”试点工程。

【经营管理】主动应对电价持续下调、售电量增速趋缓等影响，深入开展经济活动分析，千方百计提质增效。成本费用精益管控不断加强，年末可控成本预算完成率 100%。完成多维精益管理体系建设，积极参与“四个一”价值精益管理专题研究试点，班组质效评价体系初步形成。降损增效劳动竞赛成效显著，综合线损率完成 5.65%，同比下降 0.72 个百分点，创近 10 年最低值；10kV 分线、分台区合格率分别达到 92.39%、88.04%，较年初提升 42.71%、17.93%。初步建立了完整的物资仓储管理体系，极大提升了物资标准化、信息化、智能化管理水平。

落实合规管理工作要求，完成“工程物资合规管理专项课题成果”编制。推进合同管理常态纠偏。强化依法维权，主动起诉案件 12 起，应诉案件 5 起。创新开展“法治工作日”，累计开展专项活动 22 期，全员法治意识显著提升。完成竣工决算及物资内控管理、生产大修技改、集体企业“三力”管理、国家电网有限公司人资资源专项审计迎审工作。自主开展冬奥配套工程项目、19006 项目全过程跟踪审计及物资管理专项审计。

集体企业开展各项工程 6405 项，圆满完成各项指标。成功申报市政工程总承包三级资质，完成承装（修、试）电力设施许可证续期，为朝阳公司承揽业务提供有力保障。代维业务持续拓展，累计代维用户 1378 户，代维新签率 91.24%，续签率同比提升 5.02%，签订合同金额同比增长 132.36%。

【安全生产】完成“一带一路”峰会等五项特级供电保障任务。在新中国成立 70 周年供电保障中投入保障人员 3068 人，占北京公司总量的 1/5。在亚洲文明对话大会中，率先实践政治供电保障“设计建设服务一体化”的新模式，精心打造“鸟巢”服务保障团队，创新运用流媒体等先进技术手段，政治供电水准再创新高。全年完成保电任务 67 项、保电天数 217 天。

■ 3 月 4 日，朝阳公司党员突击队在国家体育场进行保电动员誓师，并现场开展电缆敷设工作。（罗希　摄）

■ 4 月 22 日，朝阳公司“1+*N*”保障团队在国家会议中心开展延伸服务。（罗希　摄）

■ 8月27日，朝阳公司“1+N”保障团队在国家游泳中心讨论篮联世界杯开幕式供电保障细节。（罗希 摄）

智能安全管控体系更加完善，实现3400个作业现场安全巡检、视频监控全覆盖。现场监管更加严谨，两级督察队伍累计巡检现场8552次，下发违章通知单26张，违章率同比下降30.53%。隐患排查更加周密，持续开展两轮次“百日安全”活动，委托第三方开展专项消防督查，排查并整改各类隐患952项。应急处置更加高效，编制“一岗一案”120项，通过应急保障多媒体系统，实现指挥部对处置现场的“零距离”指挥调度，指挥效能全面提升。

搭建电力监控系统网络安全平台，实现自动化主站运行实时监控。输电通道运维管理体系不断完善，创新绩效考核积分制及“一线一案”管理，实现输电通道运维保障管理常态化。配网运维质量不断提高，实现“三减少三提升”，即配网整线故障减少62.9%、异常台区减少57.3%、重载设备减少31%，带电作业率提升至65.2%、供电可靠率提升至99.993%、自动化终端在线率提升至95.2%。

■ 9月2日，朝阳公司员工对度夏防汛重点线路工体路开展特巡。（张昊 摄）

【营销与优质服务】 坚持推广低压报装“三零”服务，完成“三零”服务6210户，平均接电时间5.13天。积极探索高压临电报装“三省”服务新举措，创新高压报装“1+2”服务模式，完成温榆河公园等“三省”服务项目19项，平均接电时长16天。全年完成接电容量141.18万kVA，同比增长19.21%。

完成新八区CBD、双桥等5个新建营业厅建设。组建优质服务管控组，建立工单分析、服务监督、信息收集闭环管控机制，全年受理95598工单10万件、12345热线转派工单4647件、投诉168件，分别同比下降11.08%、5.76%、64.1%。社区经理网格化服务不断完善，精准收集47万客户信息，社区经理公示信息在社区及街乡覆盖率达到91.53%，服务群众“最后一公里”能力显著提升。主动开展冬奥场馆电力服务前期工作，完成国家速滑馆、国家游泳中心《冬奥一体化合作协议》签订工作。

■ 11月18日 朝阳公司组织开展“煤改电服务日”，现场了解客户用电情况。（张昊 摄）

计量基础管理有效提升，购电下发平均时长由年初的6.41min压降至3min以内，完成HPLC覆盖32.7万户。营销工程建设稳步推进，完成白家庄等4个老旧小区改造及送电工作，止损电费128.36万元；完成4个公交外电源项目、3个恒大有序充电试点小区的工程建设任务。

【科技与信息化】 泛在电力物联网建设初见成效。全面落实国家电网有限公司“三型两网”战略部署，率先编制完成泛在电力物联网建设方案。以重点项目为抓手，积极开发方案设计一体化系统（PDA），打通营销、生产系统专业壁垒，实现数据实时交互、信息泛在互联。积极探索综合能源服务，与北京环境交易所签署战略合作协议，为客户低碳绿色发展需求提供了资源共享平台。完成251户客户的智能代维，综合能源数据平台接入客户206户；完成储能、冰蓄冷、光伏、空气源热泵试点项目数据接入，储备了国寿、垂杨柳医院等12个综合能源项目，预估总合同金额8000万元。

积极开展管理及科技创新，公司"'智绘'营商—业扩报装'三零'服务云效管理平台"项目获得国家电网有限第五届"青创赛"金奖；朝阳公司党建经验"党务共建聚合力　企业创新促发展"获得2019年全国电力行业优秀党建成果。

【党的建设与精神文明建设】主题教育取得实效。深入学习贯彻习近平新时代中国特色社会主义思想，严格按照"守初心、担使命、找差距、抓落实"的总要求，扎实开展第二批"不忘初心、牢记使命"主题教育。组织开展中心组学习25次，领导干部带头讲党课28次，开展晨读活动32次。班子成员深入基层一线开展专题调研76次，开展谈心谈话43次，收集意见建议200余条；梳理各类问题51个，制定整改措施83项。领导班子专题民主生活会得到国家电网有限公司第一巡回指导组、公司第三指导组充分肯定，6个党总支、30个党支部圆满完成主题教育各项活动。

党委领导作用充分发挥。切实履行党建主体责任，坚持把落实主体责任、发挥领导作用放在突出位置。定期分析研判意识形态领域情况。严格执行"三重一大"决策制度，全年召开党委会52次，审议议题190项。深化党建内嵌融入，结合新中国成立70周年供电保障重点任务，成立临时党总支2个、党支部35个，认真落实"148"("1本手册"记录工作进度；"全面领导工作、管理服务党员、彰显先锋作用、确保团队稳定"4项责任嵌入中心业务；"相互佩戴一次党徽、全员做一次谈心、建立1个微信群、支部1张合影照、给彼此提一次意见、和群众结1个对子、给亲人送1封家书、给战友祝一次平安"8个活动过好组织生活)工作方法。坚持党务共建"两个走出去"战略，与人民日报等9家单位开展党务共建工作，为业务发展搭建优势平台。

党风廉政建设不断深化。制定《公司领导班子成员落实全面从严治党要求加强党风廉政建设和反腐败工作履责要点》，现场检查廉洁风险防控及"八项规定"落实情况9次。组织各部门各单位梳理廉洁风险69项，制定措施112项。修订2019年履责约谈工作方案，党政纪负责人约谈中层干部57人次，分管领导约谈所属部门负责人、重点岗位人员47人次。深化"七廉"活动，领导班子集体学廉14次、讲廉7次、研廉26次。动态梳理廉洁从业重点岗位人员117人，开展重点岗位人员交流66人。组织开展业扩报装、招标采购及廉洁办奥等专项监督工作。

群团合力更加彰显。积极宣传报道朝阳公司各项重点工作，全年朝阳公司网站发稿1489篇，外媒及公司上稿134篇，"朝阳好图"累计发布近8000张。完成各类新闻预警及处置52次。完成团委、团支部换届选举。举办第二季"朗声朝阳"培训班，持续开展"心关爱、心动力"职工心理关爱等活动，开展"五小建设"，不断满足基层职工文化需求，职工获得感、幸福感不断提升。

（朱锦标）

国网北京市电力公司海淀供电公司

【概况】国网北京市电力公司海淀供电公司（简称海淀公司）成立于1987年，是国网北京市电力公司（简称公司）的直属供电企业，负责海淀地区430.77km^{2}范围内的电网规划建设、运行管理、电力销售和90.5万客户的供电服务工作。

截至年底，共设置9个职能部门、3个业务机构和30个班组。辖区内开闭站137座，配电室1216座，箱式变电站368座，电缆分界室1484座；架混线路260条，总长1408km；电缆线路1123条，总长6007km；配电变压器6136台。配电自动化覆盖率100%。

全年，海淀公司完成售电量150.49亿kWh，同比增长3.2%；累计线损率5.55%，优于年度指标0.11个百分点；完成固定资产投资6.35亿元，计划完成率100%；完成营业收入111亿元。所属产业公司完成营业收入6.5亿元。获评公司业绩考核A级。

年内，海淀公司获得获评国家电网有限公司庆祝新中国成立70周年供电保障先进集体；党委荣获公司红旗党委荣誉称号；"同期线损——泛在电力物联网建设的先行者"入围国家电网有限公司泛在电力物联网建设2019年最佳实践案例；三星庄110kV输变电工程获得国家电网有限公司2018～2019年度第三批输变电优质工程银奖。

地址：北京市海淀区常青路6号院
邮编：100195
电话：010－63232633

【人力资源】截至年底，海淀公司共有全口径用工1007人。其中，长期职工430人，集体职工20人，产业公司直签员工378人，产业公司派遣人员21人，华商电灯公司员工158人。海淀公司与培训中心达成合作协议，结合公司发展及员工个人成长，通过“双导师”“三跨”及创新开展倒班制员工休息日培养等措施，系统性、针对性开展员工培养培训工作，队伍素质显著提升。充分发挥绩效考核激励约束作用，努力营造“业绩是干出来的，工资是挣出来的”良好氛围。

【电网规划与建设】全力启动“三年强网”行动计划，统筹多专业搭建全链条，开展18项实施内容的159项工作任务。做优地区规划，完成“网格化规划”等5项规划编制，2035年各层级99座变电站及电力隧道资源等分区规划取得市政府批复。海淀北部规划19座变电站落地问题通过区政府审议全部得以解决。圆满完成规划前期任务48项。创新采取“四方”协议新模式，调整跃进等难拆迁问题站址4处，新增永丰变电站址1处，解决站址用地指标缺口5800m²。攻坚香山、中科院、北体大等变电站选址，签订东埠头等6座变电站用地协议，协定落实土地达3万m²、争取外部投资达4.3亿元，其中北沙滩110kV变电站较常规投资增加1.4亿元并额外获取3000m²办公用房，成功打造变电站协议新样本。以智慧城市建设为契机，设立海淀科学城北智慧电网试点，搭建0.4～500kV各电压等级系统性目标网架，创新提出10kV柔性双螺旋网架结构，延伸智慧能源数据中心。

充分利用绿色通道，压缩办理周期，冬奥重点工程首体变电站3天内取得施工登记函（三函），于6月如期开工。投产五路居扩建、玉河输变电工程，地铁16号线电力隧道穿越、翠湖东路配套电力管道工程，新增电力隧道9.28km。统筹协调，力促停工近三年的稻香湖工程于3月全面复工；玉渊潭220kV输变电工程于年底完成电气安装。创新建立由区属企业承接输变电工程前期赔偿的“1+2+3”模式。高效开展结余物资处置，梳理形成剩余物资“一本账”，采取调拨、对外销售和库存物资报废等多种渠道，完成8007万元工程结余物资动态利库处置，超额完成公司下达指标。高效推进配网工程建设，切实解决万泉河开闭站重载、中关村展示中心不同方向电源等重点问题；组织三轮次现场梳理，推动108项“三供一业”改造工程进场施工。

■ 4月21日，海淀公司香山架空线入地现场。（王洋 摄）

【经营管理】注重提质增效，在非首都功能疏解力度不断加大的背景下，主要经营指标稳中向好，积极争取并落实外部支持资金4.04亿元。治理负损线路台区940个，分线、分台区线损合格率较年初分别提升39%、23%，综合线损率达5.55%。增强预算安排针对性，全年非生产性成本开支压降22%，提质增效效果明显。多措并举推动新型资金管理体系顺畅运行，实现现金流预算“按日排程”，全年安排资金支付10.3亿元，现金流预算执行率达98%以上，资金管控精准度切实提升。清理长期挂账在建工程58项、2.7亿元。开展超期合同治理，履行完成23份、6075.52万元。妥善处置全部32笔、893万元民营企业账款清理工作。

完成国资委“三重一大”决策系统上线工作，启动海淀公司合规管理体系建设，全面提升企业法律风险防范水平。通过“首善清风”App深化应用、与海淀看守所开展企地联建等措施，提高广大党员干部廉洁从业意识、拒腐防变能力。迎接国家电网有限公司

■ 8月29日，海淀公司联合城市管理综合行政执法局严厉打击窃电工作现场。（康琦 摄）

人力资源等3项审计，开展海淀公司冬奥电力项目、“三供一业”项目等4项内部审计，完成历年及当年审计问题整改56项，整改率达98.25%。打造北京市首例电力公司联合城市管理综合行政执法局严厉打击窃电示范案例，全年累计查处违约及窃电用户148户，追补电费及违约使用电费999.04万元。

出色完成新中国成立70周年等重大活动后勤保障工作，再树重大活动服务保障新标杆。紧密对接海淀公司发展和一线需求，改善双榆树、配电专业、五路居等7处办公环境，完成上庄供电所新址搬迁工作。深化“智慧健康食堂”创建，创新开发应用“智慧海电”后勤平台，完成四季青办公区地下车库智能化改造，推出理发室等便民措施，服务职工举措更加贴心丰富。

集体企业创新搭建C21电力施工企业战略伙伴合作平台，转型发展取得新突破。落实“3+*N*+*X*”核心岗位建设，自有人员电力资质支撑率达到100%，综合实力进一步提升。全面融入优化营商环境“三零”服务、香山及周边架空入地、红馆外电源建设等重点工作，积极助力地区发展，《海淀报》整版报道产业公司2019年亮点工作。承接国管局宿舍小区、人寿研发中心、北京大学肖家河教工住宅等电力配套设施建设任务；积极参与阜石路、阜成路架空线入地及国管局潘庄三期等工程，“第二梯队”支撑作用充分发挥。

【安全生产】将新中国成立70周年庆祝活动供电保障作为全年工作的重中之重，以高度的政治责任感和历史使命感，超前部署，细致谋划，精心筹备近一年、昼夜奋战一个月，累计投入25819人次，出动车辆5710余台次，巡视线路行程近10万km，落实“五个最”要求，实现“四个零”目标，夺取了政治保电的全面胜利。全年圆满完成全国“两会”、“一带一路”论坛、亚洲文明对话大会、世园会、国际男篮世界杯等政治保电任务151项。

9月27日，海淀公司员工进行香山公园新中国成立70周年供电保障巡视。（王洋　摄）

面对施工现场点多面广、安全风险持续增加等诸多挑战，扎实开展“安全生产大讲堂”专题讲座、“一把手”讲安全、有限空间作业安全培训、十八项电网重大反事故措施培训、领导人员安全述职等一系列活动，层层压实安全责任。加强作业现场安全管控，安排现场巡检1173次，检查各类施工任务1015次，发现制止各类违章行为50项，下发蓝色违章通知单11张，黄色违章通知单4张，红色违章通知单5张。全面推进隐患排查治理，发现各类隐患130项。分层级开展安全专项检查151次，完成整改9项。深化同质化安全管理，完成产业公司28家分包单位安全“双准入”资格审核及20家战略合作伙伴单位安全性评价。

加强电网特性分析，密切跟踪燃气供应情况，科学安排电网运行方式，采用多种技术手段加强对重过载设备的监测检查，大幅缩短特巡看护周期，确保电网安全运行和电力可靠供应。稳妥应对335.5万kW夏季最大负荷、278.7万kW冬季最大负荷以及各类恶劣天气考验。深化运检管控体系运转，应用智能管控平台、班组移动作业等技术手段，全面提升主配网管控水平。提前完成3250台自动化终端切改至“一体双核”主站工作任务，实现度夏期间配网设备全监控。完成40座配电站室、20座分界室消防系统试点安装，实现全部224条架空线路配电自动化自愈功能全覆盖。全年发生输电故障1起（与2018年持平），10kV配网故障78次，较2018年同期减少74次，降幅49%，实现连续三年大幅下降。

【营销与优质服务】营商环境举措创新。联合政务服务管理局、不动产登记事务中心推出“用电过户+不动产过户同步办理”新举措，让客户体验“一签即成”的高效服务，进一步提升客户“获得电力”感知度。推出营商环境政策“每时一看”“每日一听”“每期一讲”普及推广活动，不断强化营业厅人员政策解读与业务办理能力，斩获公司营商环境“千人千题”团体第一。创新培训媒介，承办公司“2019优化营商环境北京电力在行动”260余家施工企业培训。完成“三零”服务项目4059户，同比增加152.89%，平均送电时间3天。打造“三零”掘路典型案例4项，其中北京禾谷园餐饮公司“三零”项目接受国家能源局督导组及华北能监局领导现场调研指导，获得高度评价。完成“三省”送电项目15项，容量1.1万kVA，平均送电时间12个工作日。

强化“以客户为中心”的服务理念，深入推进社区客户经理“网格化”服务，实现全区 674 个居民小区、52 个村委会全覆盖，打通客户用电服务“最后一站”。针对“三供一业”移交小区，采取领导包干负责方式，编制 88 份一户一册、一户一案，确保地区百姓平稳度夏。完成 1453 个台区，19.71 万户高速载波采集设备换装工作，实现覆盖范围内平均购电时长缩短至 1.69min，采集成功率 99.47%。组织 20 家合作单位开展“合作伙伴无投诉”服务承诺书签订活动，严格履行服务标准和责任。实施精准化投诉管控，实现客户诉求分级分类、高效处置，实现投诉压降 62.16%。

■ 4 月 12 日，海淀营商环境政务大厅“用电过户+不动产过户同步办理”工作现场。（张昊 摄）

推进综合能源服务，实现业务收入 1137.66 万元。完成公司首个有序充电试点——八里庄 97 号院建设任务。上庄三嘉信苑有序充电项目推广建设工作顺利通过国家能源局视察及验收。加快推进公共楼宇空调负荷精准控制试点工作，完成华熙 LIVE 楼宇空调数据接入。全年完成接电 71.85 万 kVA，位居公司第二。

【科技与信息化】全年申报创新实践 12 项、发明专利 9 项，创历史新高。获得公司 7 项管理创新、6 项科技创新成果，为历年之最。在第五届青年创新创意大赛中，4 个项目荣获公司银奖，夺历届头筹。遴选优秀创新项目，编写出版了《海创先锋——国网北京海淀供电公司创新、创效、创造成果集》第二辑。

【党的建设与精神文明建设】深入学习贯彻习近平新时代中国特色社会主义思想，严格按照“不忘初心、牢记使命”主题教育工作统一部署，牢牢把握根本任务和“十二字”总要求，紧扣“五句话”目标，精心制定“1+4+1”工作方案，明确“路线图”，细化“任务书”，制定“时间表”，严格将“学习教育、调查研究、检视问题、整改落实”贯穿始终，推动主题教育落地落实。抓住“关键少数”，领导班子以上率下，组织完成为期 6 天的主题教育读书班。各基层党组织同步结合“三会一课”，引导党员通读《论述摘编》，累计开展学习 63 次。结合“一线工作月”等活动，开展调研 117 次，形成调研成果报告 8 份。

持续深化“党建引领、内嵌融入”、党员“一带二、一带三”长效机制，党组织战斗堡垒和党员先锋模范作用在新中国成立 70 周年等重大政治保电攻坚中充分发挥。积极应用“党建+”模式，完成“‘党建+政治供电保障’的探索与实践”课题计划。制作“学习强国”微信表情包，借助新时代互联网传播渠道激发党建文化新活力。开展党支部创新实践交流，推动基层党建亮点的总结提炼和推广提升。强化党内监督，制定出台党风廉政建设“两个责任”清单，确保主体责任、监督责任逐级落实到位。依法合规落实好离退休人员相关政策，加强维稳保密工作，保持和谐稳定局面。

《学习时报》整版刊发《创新海电　党建先行》，介绍海淀公司党建工作情况并提出建设性指导意见。立足地区红色资源，组建香山革命纪念馆义务讲解队，筑牢思想根基，传承红色基因。推进五路居办公区、上庄供电所企业文化建设，全面更新海淀公司文化阵地。完成国家电网有限公司同期线损管理系统建设应用现场调研等 83 项、承接承办国家电网有限公司多维精益管理体系变革座谈研讨会等公司及以上会议 13 次，充分展示海淀公司形象。

（左若冲）

国网北京市电力公司丰台供电公司

【概况】国网北京市电力公司丰台供电公司（简称丰台公司）成立于 1987 年，是国网北京市电力公司（简称公司）直属供电企业，负责丰台地区 305.87km^2 范围内的电网规划建设、运行管理、电力销售和 94.99 万客户的供电服务工作，肩负着为丰台地区党政军重要机关、重大政治活动和城市运行安全供电的光荣使命。

截至年底，共设置 11 个职能部门、3 个业务支撑与实施机构，下设 46 个班组、6 个供电营业所、3 个农村供电所。

共负责 110kV 变电站 37 座，主变压器 92 台，容量 4550MVA；35kV 变电站 0 座；110kV 线路 89 条，长度 291.7km；35kV 线路 2 条，长度 17.9km；10kV 架空线路 231 条，长度 1147.83km；10kV 电缆线路 696 条，长度 4299.63km。实现全年安全生产无事故目标，累计安全生产长周期 4830 天。

全年完成售电量 89.78 亿 kWh，同比增长 2.65%；完成线损率 6.13%；完成业扩报装接电容量 74.37 万 kVA；电费回收率 100%。供电可靠率达到 99.992%，电压合格率为 99.999%。最大负荷 200.4 万 kW。

荣获全国文明单位、首都文明单位标兵、市级交通安全先进单位、国网北京市电力公司先进单位、国网北京市电力公司红旗党委、国网北京市电力公司 2019 年度优化电力营商环境突出贡献单位、国网北京市电力公司年度三场重大活动供电保障先进单位等荣誉称号。

地址：北京市丰台区丰北路 117 号
邮编：100073
电话：010－63663600

【人力资源】截至年底，丰台公司共有全民职工 376 人，其他职工 653 人（含农电工和集体企业用工）。其中研究生及以上学历 86 人，本科学历 330 人，专科学历 340 人，中等教育及以下学历 273 人；高级职称 67 人，中级职称 112 人；技师及以上职业资格 244 人，高级工 345 人，中级工 115 人。

加强职工队伍建设。建立员工“契约化”管理模式，明确岗位职责及退出条件。加大薪金向绩优人员倾斜的力度，充分激发队伍活力。优化青年员工岗位胜任能力评价体系，为青年员工搭建建功平台。全年获得劳动竞赛红旗 21 面，28 名职工获得劳动竞赛之星称号。

【电网规划与建设】发挥电网规划的发展龙头作用。在减量发展的政策背景下积极争取变电站用地稀缺资源，推动 2035 年总体规划中的 39 座变电站落实在分区规划中，总规层面站址落实率达到 100%。开展丰台“网格化”配网滚动修编，细致完善新卢沟桥站新建、郭公庄站扩建等重大项目规划，为“十四五”期间地铁 16 号线车辆段运营、花乡地区新增负荷接入等地区发展重大项目奠定基础。

■ 5 月 8 日，丰台公司营销部现场沟通“方庄海底捞气改电”示范工程建设。（刘畅　摄）

政企联动推进两个前期。取得 110kV 层面电网基建项目环评、水评等各类规划前期手续 6 项。办理完成丰益变电站等 3 项在施工程 15 项工程前期手续。实行“多规合一”政策后，协调区发改委、规划分局创新项目审批机制，疏通立项办理流程，“三供一业”108 个重点改造项目单批次立项核准仅用 20 天，项目涉及资金 13.39 亿元，为提高接收设备的健康水平奠定了基础。

依法合规实施电网建设。110kV 北铁营、万泉变电站新建投产，110kV 小井、樊家村扩建工程送电；配套 10kV 切改工程投产 4 项；完成丽泽地区隧道建设工程 3 项、“三供一业”改造工程土建施工 7 项。依法办理项目部用地临时规证，完善项目部组建手续。有序推进 110kV 张郭庄输变电工程、110kV 云岗变电站扩建工程开工进场，着力提升河西地区的电网支撑能力。

【经营管理】同期线损工作成果显著。供服中心同期线损“专席”常态化运作，分线、分台区线损合格率达到 99.78%、91.40%。治理负损线路 86 条、负损台区 474 个，实现了负损线路、台区数量清零。线损展示中心建成开放，成为丰台公司对外展示、交流经验的新平台。

提高经营管理水平。清理长期挂账工程 45 项，减少经济损失 116.4 万元；退出尚未使用的工程物资 600 万元。争取政策支持、多渠道筹集资金，“三供一业”、老旧小区改造等外部资金到账 2.21 亿元。完成工程退出物资消纳 9112 万元，超额完成公司目标任务。郭公庄物资仓库在公司仓库标准化检查中排名第一。

突出依法治企服务保障功能。开展“送廉、送法”

活动到基层15次、青年员工“走进法庭”3次，营造浓厚法治氛围。妥善处理诉讼案件3起，避免和挽回经济损失276.04万元。强化审计工作实效，2019年工程项目审计问题数量下降15%。

■ 6月21日，丰台公司办公室、监审部、联合开展“送廉、送法至职能部室”活动。（刘畅 摄）

【安全生产】政治保电体系日臻完善。丰台公司上下把做好政治供电保障作为讲政治、顾大局的首要任务，逐步形成了组织领导坚强、设备运维可靠、防恐应急周密、后勤保障暖心的高水平政治保电体系；打造出一支不分寒暑日夜，召之即来、来之能战、战之能胜的保电铁军。在新中国成立70周年庆祝活动中表现突出，得到了上级领导和兄弟单位的高度认可。全年完成保电任务75项，保电天数205天。

■ 9月21日，丰台公司综合服务中心人员筹备党的十九大供电保障餐饮。（刘畅 摄）

安全生产管控有力。完善安全履责信用评价体系，确保全员安全责任有效落实。组织丰台公司主业、产业334人参加“三种人”及一般电气人员考试，总体平均分86.34分，在16家属地公司中排名第一。强化以两级安全巡检组和监控中心为主体、以基建和营销专业巡检组为补充的多层次多维度安全监察体系。在1342个施工现场查处违章行为124项，下发蓝色违章通知单25张，取消7人工作负责人资格，现场违章行为数量同比下降16.21%，巩固了安全生产良好态势。

大负荷应对平稳有序。深入分析电网风险，合理调整运行方式，稳妥应对夏季200.4万kW最大负荷，实现多次停电小区数量下降21.74%。入冬以来，丰台电网负荷攀升至171.77万kW，创历史新高。密切跟踪天气情况，提前部署抢修人员和物资开展延伸服务，出动抢修人员1200余人次，协助处理用户内部故障引发的较大面积停电事件2件，确保了电网安全稳定运行和4.2万“煤改电”居民温暖度冬，赢得了人民群众的“点赞”。

■ 12月16日，丰台公司一线运维人员迎峰度冬期间线路巡视现场。（刘畅 摄）

全方位开展设备运维。常态化开展通道异物隐患大排查大清理行动，全年输电外力故障零发生。高质量开展配电设备运维，配网故障次数同比下降60.87%。持续开展异常台区治理，对135个台区实施分换装，全年异常台区数量同比下降36.76%，首次实现度夏期间重过载台区数量为零。治理配电站室、办公用房、物资仓库等各类场所消防安全隐患226处，政企联动消除输配电环境消防隐患5处。

供电可靠性大幅提升。统筹全年599次施工停电和1026次计划检修，合理排定停电计划1276项。通过提高自动化设备在线率和投入线路自愈功能，实现配网故障就地隔离，全年故障停电1330h•户数，累计故障平均停电时间6.54min/户，综合供电可靠率达99.991 8%。

【营销与优质服务】截至年底，丰台公司共管理营业客户949872户。其中抄表收费客户29661户，卡表客户49户，本地费控表客户920021户；110kV客户8户，35kV客户7户，10kV客户4040户，低压客户945812户。全区共有重要客户126户，其中一级客户46户，二级客户80户。

持续优化电力营商环境。完成“三零”服务1203项、私人充电桩报装2482项，累计为用户节省资金4481.72万元。完成“三省”服务送电18户，累计接电容量8600kVA，平均接电时长19天。助力我国“获得电力”指标排名升至12位。作为试点单位投运用电报装咨询管理系统，全年完成高压业扩接电287户，接电容量49.12万kVA，平均接电时长仅19.77天。

以人民为中心延伸用电服务。与43个老旧小区的物业、居委会和街道办建立供电应急处置联动机制，提供应急移动箱变、发电车接入服务。持续推进老旧小区供电设施改造的前期工作，解决大负荷期间小区停电限电难题。推动2017年立项的晓月苑老旧小区改造工程开闭站和3个配电室完成土建施工，进入电气施工阶段。义务开展大井社区等部分居民区内部的树线矛盾治理，消除人民群众用电安全隐患。

提高营销管理和技术服务水平。依托电力社区客户经理增强客户黏性，把供电所打造成“有求必应、即接即办”的用户综合诉求处置中心。实现95598工单量、投诉量同比分别下降10.5%和65.5%，服务指标排名公司第二。推广HPLC高速电力线载波技术，累计更换HPLC集中器1524台、模块21.38万块，整体工作进度在公司排名第二，用户购电下发时长大幅压降到1.36min，并为探索台区线损治理新模式创造了条件。

以指标为抓手统筹综合能源服务。推广全电移动服务车租赁业务和电锅炉改造业务，提供中央空调柔性调控设备安装服务。全年节约内部电量2726.39万kWh，电能替代量2.84亿kWh，圆满完成公司下达的各项指标。

【科技与信息化】创新项目成果显著。“基于‘互联网+’的党建‘泛在物联’构建与实践”获得公司管理创新成果二等奖；“电缆试验车安全检测系统”取得群众技术创新成果二等奖；“供电企业‘三减一提升’业扩报装创新实践”获得北京市第三十四届企业管理现代化创新成果二等奖；“不入户式串户排查仪的研制”获得全国电力职工技术创新展示三等奖；“10kV分线线损分析治理算法的研发”项目获得北京市QC成果三等奖。全年新获得专利授权5项。

【党的建设与精神文明建设】筑牢思想教育根基。将高质量开展“不忘初心、牢记使命”主题教育作为首要政治任务，成立5个指导组，量化绩效考核内容5类15项，科学有序、闭环推进“周督办反馈”机制。统筹推进四项措施到位，相关工作获得国家电网有限公司第一巡回指导组肯定。丰台公司典型经验在国家电网有限公司主题教育简报刊登，并被推荐为国家电网有限公司落实全覆盖要求先进单位。

夯实党建工作责任。细化党建工作责任制清单，深化党建工作联系点和中心组周调研，动态优化支部季度量化积分检查体系。深化临时党组织建设，建立工作看板4类14项。建成自动化、数据治理党员责任区，提升党建内嵌融入水平。

突出党建引领创新。深化“红色丰供”双系统建设，探索党建数据价值挖掘。打造特色企业文化长廊，以书法、绘画、篆刻为载体，创新传播内容途径。坚持党建带团建，获得国家电网有限公司第五届“青创赛”银奖1项，获得公司“青创赛”金奖、银奖各1项。

■ 7月31日，丰台公司参赛项目《“配网最强大脑”——基于大数据的智能化供电服务指挥系统》获得国家电网有限公司第五届“青创赛”银奖。（刘畅 摄）

强化党风廉政建设。明确领导班子党风廉政工作履责要点，巩固廉政4级约谈机制，加强对79个重点岗位、107名重点岗位人员的监管。严格落实中央八项规定，坚决杜绝“四风”问题发生。调整相关部门管理职责，夯实党风廉政“一岗双责”。

打造优质品牌形象。掌握意识形态工作主动权，正确引导舆论导向，积极树立丰台公司形象，在新华社、北京电视台等主流媒体和《国家电网报》、电网头条等行业媒体刊登宣传稿件32篇，在公司级媒体刊登新闻报道149篇，全年累计发稿1256篇。

职工服务保障全面。有序开展供服中心、马家堡供电所等办公场所装饰装修，持续改善职工办公环境。组织开展5批次职工疗养，对4个职工小家和3个乡镇供电所进行设备设施的翻新完善，充分彰显“以人为本”的职工服务保障理念。计量工区职工小家获公司示范“职工小家”称号，心灵驿站被评为市级心灵驿站。依法合规落实好离退休人员相关政策。

（李　放）

国网北京市电力公司石景山供电公司

【概况】国网北京市电力公司石景山供电公司（简称石景山公司）成立于1988年，是国网北京市电力公司（简称公司）直属供电企业，负责石景山地区84.38km^{2}范围内的电网规划建设、运行管理、电力销售和25.60万客户的供电服务工作，肩负着为辖区内重大政治活动和城市运行安全供电的光荣使命。

石景山公司共设置9个职能部门、3个业务支撑与实施机构，下设21个班组、4个供电营业所。管辖范围内共有10kV开闭站54座，配电室244座；10kV架混线路37条，长度184.07km；10kV电缆线路167条，长度1052.71km；配网容量849MVA。实现全年安全生产无事故目标，累积安全生产长周期5349天。

全年完成售电量20.15亿kWh，比2018年增长0.36%；110kV及以下线损率5.49%；完成接电容量35.20万kVA；当年电费回收率为99.99%；城市供电可靠率99.997%；供电电压合格率99.999%。最大负荷46.9万kW，为历史最大负荷。

年内，石景山公司获得首都文明单位标兵、公司首钢新园区配套电网建设特别贡献单位等荣誉称号。获得公司劳动竞赛红旗10面，竞赛之星17人次。

地址：北京市石景山区鲁谷路59号
邮编：100043
电话：010－63664123

【人力资源】截至年底，石景山公司共有全民员工196人，其中硕士及以上学历54人，本科学历87人，专科学历30人；副高及以上职称24人，中级职称50人；技师及以上职业资格48人，高级工54人，中级工13人。

石景山公司根据“放管服”改革要求完成部分机构职责优化调整工作。优化绩效管理体系，制定《2019年度单位及企业负责人业绩考核奖惩方案》。完成首轮内部技能等级评价，共14个专业46人次参加了初、中级技能等级评价。创新实施人才“三跨”培养，依托在建输变电项目，派出25名青年职工到工程公司、检修公司进行实践培养，为石景山公司“二次创业”做好充分的人才储备。

【电网规划与建设】将5座220kV及21座110kV变电站纳入《石景山分区规划》并取得正式批复。突出规划引领和问题导向，高水平完成《石景山公司2019年“网格化”配网规划》《石景山区输配电管廊规划设计方案》《石景山区配电网规划设计方案研究》编制。全年共取得各类重要前期手续23项，在公司范围内首次实现“函转证”。取得110kV苹果园、北辛安站的项目核准。全年同步实施电网基建工程7项，实现220kV冬奥、新首钢站，110kV金顶街、群明、刘娘府站等新建扩建工程投产。地区220kV变电容量新增72万kVA，110kV变电容量新增30万kVA。在工程建设中涉及的OTN信息系统、电缆终端平台、单臂掘进机等技术应用均为公司首次。完成7座开闭站、8个制约性高户、69条10kV馈线、“三供一业”4.2万户接入，首钢电网于2019年6月21日顺利实现退运，解决了“两张电网”的百年历史遗留问题，赢得大量配电市场，为冬奥会首钢滑雪大跳台场馆建设扫清障碍、提供保障。完成21个小区、43处配电设施“三供一业”应急分换装工程，实现平稳度夏。

■ 3月19日，石景山公司举行首钢电网并入公网100天誓师大会。（马炎　摄）

【经营管理】制定《国网北京石景山供电公司2019年同期线损常态化工作管理方案》，深化同期线损管理应用，分线、分台区线损合格率分别达到92%、82%，较年初分别提升32%、15%，同步在新首钢园区开展石景山区同期线损可视化监控中心建设工作。推进“两金”压降、民营企业清欠、长期挂账工程清理等专项工作。盘活闲置房产资源，实现资金收益323.3万元。外部资金累计到账1.12亿元。与保险产业园签订北京地区首个综合管廊免费入廊协议。消纳工程退出物资1101万元，处置废旧物资1420万元。累计查处违约及窃电用户13户，追补电费及违约使用电费126.2万元。完成国资委“三重一大”决策系统上线工作，启动公司合规管理体系建设，建立重大决策合法性审核机制，出具审核报告6份。完成5项内外部审计迎审工作，制定审计发现问题整改工作考核评价办法，存量问题整改销号完成率达到100%。集体企业实现营业收入3.8亿元。

【安全生产】扎实开展安全教育培训，严格安全奖惩方案执行，创新电话预巡检等管控手段，确保全员安全责任落实落细。完善风险会商机制，组织风险会商会35次，分析风险437项，有效防范各类安全风险。加大现场安全管控力度，严格生产现场作业“十不干”，开展现场检查740次。开展隐患排查治理，发现并治理隐患94项。开展配电网改造，带电作业102次，带电作业化率达94.96%。主动突破产权界限，协助政府、企业处置多起“三供一业”及老旧居民小区停电事件，得到了政府和群众的肯定。圆满完成习近平总书记视察冬奥会筹备情况、中芬冬季运动年开幕式、新中国成立70周年庆祝活动、冬奥会全球志愿者招募、沸雪世界杯等供电保障任务56项，保电天数260天。

■ 12月，石景山公司完成2019沸雪世界杯比赛供电保障任务。
（马炎　摄）

【营销与优质服务】持续优化营商环境，为1655户客户提供“三零”服务，累计为客户节省资金394.3万元，平均接电时长2.5天；为16户客户提供临电“三省”服务，累计接电容量9745kVA，平均接电时长17.56天。推进社区客户经理“网格化”服务全覆盖，建立街道居委会信息共享机制。开展“电力讲堂”进社区20余次，发放居民安全用电知识手册和便民服务卡10万张。实现“12345”工单联系处置率100%，回访满意度100%。在居民客户增长25%的客观因素下，“95598”投诉总量下降58%。在金融街长安中心安装北京地区首个空调负荷柔性控制系统，实现用户对空调负荷精准控制。完成1项公交外电源工程，新建59个汽车充电桩，全年实现替代电量8614万kWh。完成高压业扩接电140户，接电容量38.05万kVA。完成“三供一业”资产移交协议签订，非居民表计换装347块。完成420个台区7.68万户HPLC设备换装，HPLC设备覆盖范围内平均购电下发时长缩短至1min，采集成功率99.77%。

【科技与信息化】开展管理创新工作，“基于新首钢园区规划建设的特色园区供电服务模式创建”项目获得北京市级管理创新成果二等奖1项；“基于物联网技术和北斗卫星定位的室外配电网通信设备、光缆标识管理系统”“基于新首钢园区综合能源服务管理平台的园区用能服务新模式创建”两项成果荣获公司“青创赛”三等奖。全年共取得专利授权4项。加强信息化制度建设，强化学习培训，提升职工信息化应用水平。加强弱口令、违规外联的检查力度，全年未发生信息安全类事件。

【党的建设与精神文明建设】扎实推进“不忘初心、牢记使命”主题教育，按照“守初心、担使命、找差距、抓落实”的总要求，结合一线工作活动开展调查研究28人次，形成调研成果报告8份，组织开展7次集中研讨，4次中心组学习，研讨发言49人次，开展谈心谈话72次，累计征求意见59条，完成整改97.6%，圆满完成第二批主题教育。制定“党建引领、内嵌融入”重点任务计划，分专业深化长效机制建设。实现全体党员“一带二、一带三”全覆盖，发挥党员先锋模范作用，1名同志荣获国家电网有限公司优秀共产党员称号，1名同志荣获公司电网工匠称号。集中整治违反形式主义、官僚主义问题，设立问题台账，逐一整改销号，有效遏制“四风”问题反弹。聚焦涉奥项目建设、资金使用、物资采购等重点领域环节，通过协同监督、专项监督，确保实现“廉洁办奥”目标。营造廉洁环境，筑牢思想防线，举办“廉洁文化周”活动，组织重点岗位参加首善清风App廉洁考试59人次，签订廉政承诺书37份。围绕冬奥会、首钢电网退运、政治保电、优化营商环境等重点工作，在各类媒体和平台刊发报道600余篇。完成《京西记忆2019》编制，展现石景山公司在“二次创业”第一阶段中的新作为、新气象。开展“初心传承、冬奥使命”暨“最美国网人”“七一”主题党日、“奋进新时代，创业绽芳华”精神宣讲会等活动，振奋职工精神，鼓舞队伍士气。策划拍摄老、中、青人物作品“三部曲”，彰显石景山人创业奋斗的光辉形象，“兄弟”短视频获英大传媒年度优秀电视作品三等奖，“小马”短视频获全国电力行业优秀电视作品二等奖。开办第三期暑期职工子女托管班，解决职工后顾之忧。深化保密、信访维稳与舆情防控，未发生失泄密事件、负面舆情和信访案件，继续保持和谐稳定局面。“走进国家电网·官方合作伙伴助力北京绿色冬奥”主题日活动在新首钢园区成功举办。

■ 2019年暑期，石景山公司成功举办暑期托管班。（马炎 摄）

（赵 飞）

国网北京市电力公司亦庄供电公司

【概况】国网北京市电力公司亦庄供电公司（简称亦庄公司）成立于1993年，是北京市电力公司（简称公司）直属供电企业，负责亦庄地区60km²范围内的电网规划建设、运行管理、电力销售和10.97万客户的供电服务工作，肩负着为亦庄地区党政军重要机关、重大政治活动和城市运行安全供电的光荣使命。

亦庄公司设置职能部门9个，业务支撑与实施机构2个，职能部门下设班组9个，业务支撑机构下设班组8个，设置供电服务机构2个（开发区中心供电所、南部新区供电服务中心），设置其他机构2个（重点工程办公室、数据运营管理中心），1个受托集体企业。实现连续安全生产5633天；完成售电量67.83亿kWh，同比增长7.28%，较公司整体增速高4.91个百分点；固定资产原值29.78亿元，同比增长48.04%；内部利润总额8.43亿元，超额完成公司下达指标2.23个百分点；城市供电可靠率99.9990%，在公司排名第一；地区线损率1.44%，在公司排名第一；实现全年电力服务“零投诉”，居全国地市级公司前列。亦庄公司全年累计取得劳动竞赛红旗8面、15名职工获评为“竞赛之星”，达到最好水平。

以“精精益求精”标准确保政治供电保障任务“万万无一失”。高质量完成举世瞩目、影响深远的新中国成立70周年重大保电任务；相继完成全国“两会”和“一带一路”高峰论坛等三场重大活动保电攻坚战，全面实现“四个零”工作目标；完成世界机器人大会、京台科技论坛、世界5G大会等5次具有亦庄特色的重大活动供电保障任务，保电天数、保障范围均创历年新高。

■ 8月20日，亦庄公司在2019年世界机器人大会开幕式保障现场。（张博宁 摄）

推进并完成亦庄新城战略合作协议签订前期准备工作。在公司大力支持下，进一步沟通政府部门，主动担当、突出作为，在原“十三五”协议基础上取得新的进展，涵盖亦庄新城225km²。建设投资方面，政府负责新城范围内220kV和110kV变电站进出线隧道建设，建成后无偿移交电力公司；对110kV输变电工程贷款提供贴息，同时对每座新建变电站奖励1000万～3800万元。土地征用方面，政府每年设立1亿元电力前期征拆专项建设资金，并免除变电站土地开发成本，无偿提供变电站建设用地。客户服务方面，对区内重点企业实行“一户一策”，政府出资实现用户红线外“零投资”。市场占有方面，原则上亦庄新城范围内不再新建 110kV 用户变电站，协议为亦庄新城电力发展争取了有力的政策支持。

代表公司承接国网同期线损“六全”样板试点。全面梳理地区用户档案，自主研发线损监测系统和小程序，加强营配贯通协同化和透明化。历经 5 个月的治理，累积下发工单 324 张，整改 2680 条异常数据，全面实现“六全”管理目标。将线损业务管理纳入供电服务指挥中心监控管理链条，全面提升线损作业效率，地区分线、分台区日均合格率稳定维持在 96%以上，居公司首位。

与开发区政府及大用户深度融合。选派优秀青年职工专兼职到开发区经济发展局、城市运行局、营商合作局工作，实现对政府重点项目及客户重点工程的统筹协调和统一推进。大力促成开发区政府全额投资 4.1 亿元，重点实施 T1 线切改工程、区内 39.8km 架空线入地工程，改造（新增）45 处市政箱式变电站，并在工程投产后将电力设施产权无偿移交电力公司，补齐低压电网短板，为打造开发区智慧城市奠定坚实基础。

（梁　勇）

【人力资源】亦庄公司全口径用工 227 人，其中全民职工 126 人、集体职工 97 人、直聘职工 92 人。全民职工 126 人，平均年龄 36.9 岁，其中本科及以上学历职工 117 人，占比 92.8%；中级职称级以上职工 68 人，占比 53.97%；技能等级高级工及以上职工 59 人，占比 46.83%。管理岗位人员 68 人，占比 53.97%；生产岗位人员 58 人，占比 46.03%。

激励机制不断完善。修订绩效考核实施细则，采取常规绩效、业绩考核和专项奖励相结合，建立指标库。从 8 月起每月召开绩效经理人例会，开展绩效沟通和评定，绩效意识不断增强，公平、公开的绩效气氛逐步形成。落实“放管服”要求，组织 27 人开展 9 个工种初、中级技能等级评价。鼓励专业骨干“走出去”，10 人次参与公司培训资源开发和授课，17 人获得考评员资格。加强实训基地各模块应用，与培训中心合作开展三个专业评价实操，度夏期间开展应急发电车接入、电缆接头制作等演习训练。举办青年员工一线班组公众开放日、安全生产早例会旁听学习、“泛在电力物联网”等特色培训。对 2019 年新入企员工形成“一人一案”，通过“导师制”促进技能培训与实际生产结合落地。

（霍心陶）

【电网规划与建设】规划前期有效落实。持续做好配电网规划修编，提前谋划“十四五”规划，积极推进电网规划成果纳入亦庄新城分区规划编制。配套改革措施落地。做实现场业主与施工“两级管控”，严抓全员安全责任清单执行，加强“智慧工地”应用。完成亦庄地区全部 11 座 110kV 变电站消防验收。重点工程加速推进。220kV 路南变电站、110kV 瑞新变电站竣工投产，为亦庄地区新增主变容量 46 万 kVA，10kV 出线 78 回，110kV 线路 41.35km。优化 110kV 瑞和站电源结构，形成双方向供电，有效增强地区大用户供电可靠性。同时，110kV 标厂站正式开工，110kV 华康站扩建工程前期手续办理完成。国网北京数据中心二期工程取得绿色工地评级并完成临电工程发电，有序推进本体及第三电源工程各项工作。

■ 12 月 21 日，亦庄公司负责建设的 110kV 瑞新变电站顺利送电。（张博宁　摄）

（杜　佳　姚志璋）

【经营管理】资产经营成效凸显。开展资产账卡物一致性清查，深度治理问题卡片 1115 张，金额共计 5415 万元。认真抓好审计监督。推进工程项目审计全覆盖，聚焦重点领域、关键环节和高风险事项，开展现场审计 39 项，下发风险提示单 6 份。做实做细物资管控。消纳处置工程退运、报废物资 786 万元，库存积压降低 87.33%。对双羊路仓储点进行标准化建设，历时一个月将大杜社库房所有物资搬迁至良乡库房。通过市内调拨，利库公司结余物资共计 1082.15 万元。确保集体企业安全稳定。大力拓展内外市场。全年实现营业收入 1.5 亿元，同比增长 48.62%，利润总额 521.36 万元。首家实现国网电商化交易平台三级专区上线，完成年度电商化交易 3000 万元。提高政治站位，集中梳理分包单位和设备厂家历年未结清款项 156 项，完成 5000 余万元集中支付。高效支撑主业建设。度夏前完成 220kV 路南站配套 10kV 切改和 11 项度夏解重载项目。新敷设电缆 26.4km，共计切改 12 路出线约 3 万

kW 负荷，大幅缓解博兴和泰河站重载压力，切实保障度夏工作平稳有序。充分展现综合能力。利用服务性优势做好开发区项目承揽“开工前、施工中、发电后”的全流程跟踪，得到区内用电企业的充分认可。继续加大代维护市场推广力度，多渠道渗透扩大影响力，塑造良好口碑，形成规模优势。全年新签代维合同金额 1758 万元，“智慧能源管家”云平台累计配变总容量达到 5.99 万 kVA。

（王哲华）

【安全生产】安全管理基础不断夯实。创新提出安全管理“九抓”（抓施工作业重点人、抓重点安全工器具和施工设备、抓重点工程现场、抓重点工作时段、抓典型违章、抓施工单位的分包管理、抓管理人员到岗到位、抓监理人员的作用发挥、抓消防安全管理要求落实）工作，细化 40 条具体措施，查处违章问题 200 余项；修订突发事件应急预案 5 项并开展全流程演练；全面应用安全生产风险管控系统和可视化智能安全管控平台，实现作业计划全接入、人员队伍全准入，确保工作现场风险管控、视频监控、移动作业 App 三大手段全覆盖。运维管控质量持续提升。度夏期间开展负荷分析研判和应对处置，累计实施 15 项方式调整措施，成功应对 117.1 万 kW 负荷新高。完成新一代 D5000 调度自动化系统功能上线投运工作，大幅降低人工干预操作。解决 60 余处树线隐患。研制应用输电通道声光报警装置 24 套，连续 4 年未发生输电通道原因引起的线路故障。完成南热开闭站家族性缺陷的消缺，完成 75 条重点线路 OWTS、介质损耗试验，同步对环网柜电缆终端进行开仓检查，及时发现并消除 16 处危急缺陷隐患。消防安全整治初见成效。完成地区 228 座配电站室消防隐患专项治理，704 座电缆分界室（箱）灭火器补充，开展全员消防技能培训，全年未发生火灾事故。

■ 6 月 10 日，亦庄公司组织开展防汛应急演练。（张博宁　摄）

（张立涛）

【营销与优质服务】营商环境显著优化。优质高效完成北京奔驰电池厂、京东二期、赛莱克斯、E9 建华学校、X88 幼儿园等重点项目。全年受理报装 52 户，完成接电 32.85 万 kVA（其中大客服受理 17.68 万 kVA），同比增长 11.7%。累计为 873 户客户提供“三零”服务，数量同比增长 47%，平均接电时长 4 天，为用户节省投资约 1300 万元。高效服务地区发展建设，完成“三省”服务 18 项，送电容量 1.15 万 kVA。加大新能源入网力度，累计接入风电、光伏等新能源 24 户，容量 2.87 万 kVA，同比增长近 4 倍。计量采集建设持续强化。组织实施 HPLC 改造工程，换装集中器 40 台、载波模块 1 万余个，更换电池欠压表 2500 余块。电费下发成功率达 100%，采集抄通率保持在 99.9%以上，平均下发时长由 3min 10s 缩短到 2min。电费基础不断夯实。办理市场化交易 61 户，为客户节省电费 3000 余万元，累计查处违约及窃电用户 3 户，追补电费 159 万元。为民服务更加精益。深入开展 32 个老旧小区隐患排查治理工作，形成“一户一案”及发电车“一点一案”，并接入供服系统。深化“网格化”服务，实现社区经理挂牌全覆盖。受理工单 6668 件，数量同比下降 20.61%，其中多户报修 133 件，同比下降 74.67%，创纪录实现全年电力服务“零投诉”。

（崔小磊）

【科技与信息化】全年获公司“青创赛”铜奖 1 项，职工在各项期刊发表论文 10 篇，取得专利 4 项。管理创新项目获北京市二等奖 1 项，公司三等奖 1 项；群众创新成果获公司二等奖 1 项；QC 成果获中国电力行业一等奖 1 项，北京市二等奖 2 项、三等奖 1 项，公司一等奖 1 项、三等奖 1 项；科技项目获电力行业一等奖 1 项，北京市二等奖 2 项、三等奖 1 项，创历史最好成绩。积极实践创新成果转化，应用 C 型环和喇叭口端子，有效解决电缆终端发热问题；加装分界箱夹层通风导管和百叶窗，凝露治理效果显著；标准化有限空间作业多维度智能管控平台在公司推广使用，填补井下监控盲区的空白。

（杜　佳）

【党的建设与精神文明建设】强化党委领导作用。高质量完成“不忘初心、牢记使命”主题教育工作。制定“1+4+1”主题教育工作方案，各党支部、各部门密切配合，按照要求一步一个脚印开展学习教育、调查研究、检视问题、整改落实的各项工作。在公司电子屏、电梯间小报等阵地制作专题展板，提升全体职工政治意识和思想水平。坚持党建引领内嵌融入。开展“党徽闪耀、情暖园区”党建共建工作，建立政府、企业和供电公司之间沟通和协作的平台。深化党员“一带二、一带三”长效机制建设，开展党员身边无投诉、党员身边无违章活动，进一步发挥党员先锋带动作用。持续开展党风廉政建设。强化监督整治，持之以恒正风肃纪。强化关键领域权力运行监督，开展廉洁宣教活动，营造廉洁氛围，依托首善清风 App，全面营造良好政治生态。内质外形全面提升。聚焦年度重点工作领域，开展“身边最美国网人”“保电有我·有我必胜”等多项宣传活动，在各类媒体发布稿件 400 余篇，视频播放累计超过 18 万次，在《中国电力报》《首都建设报》、电网头条公众号主题传播均实现突破，亦庄公司责任央企形象充分彰显。加大员工关心关爱力度，实施“职工小家”建设改造。精心组织为期 30 天的暑期托管班，解决职工后顾之忧。竭诚服务基层，为北环东路办公区购置洗衣机等用品，满足班组员工生活需求。

■ 6 月 16 日，亦庄公司参与开发区“防风险、除隐患、遏事故”主题安全宣传活动。 （张博宁 摄）

（何文英）

国网北京市电力公司昌平供电公司

【概况】国网北京市电力公司昌平供电公司（简称昌平公司）成立于 1958 年，是国网北京市电力公司（简称公司）直属供电企业，负责昌平地区 1343km^2 范围内的电网规划建设、运行管理、电力销售和 67 万客户的供电服务工作，肩负着为辖区内党政军机关、重大政治活动和城市运行安全供电的光荣使命。

截至年底，共设置 11 个职能部门、3 个业务支撑与实施机构，下设 26 个班组、15 个供电所。共有 110kV 变电站 33 座，主变压器 71 台，容量 3424.5MVA；35kV 变电站 5 座，主变压器 10 台，容量 172.6MVA；110kV 线路 51 条，长度 251.4km；35kV 线路 21 条，长度 110.3km；10kV 架空线路 239 条，长度 2126.1km；10kV 电缆线路 4781 条，长度 2291.0km。全年完成售电量 78.06 亿 kWh，同比增长 3.3%；完成线损率 6.11%；完成业扩报装接电容量 56.39 万 kVA；电费回收率 100%；供电可靠率达到 99.963%，电压合格率为 99.993%；最大负荷 158.1 万 kW。

荣获全国文明单位、首都文明单位标兵、国家电网有限公司新中国成立 70 周年庆祝活动先进集体、北京市委市政府新中国成立 70 周年庆祝活动先进集体等荣誉。

地址：北京市昌平区永安路 33 号
邮编：102200
电话：010－69742681

【人力资源】截至年底，昌平公司共有长期职工 364 人。其中研究生及以上学历 81 人，本科学历 1783 人，专科学历 71 人；高级职称 44 人，中级职称 81 人；技师及以上职业资格 180 人，高级工 78 人，中级工 22 人。

加强人才队伍培养，启动“十年成长登高”培养计划，制定与完善《青年员工岗位培养考核方案》等培养方案，针对性开展新员工入职教育和定向见习、青年员工岗位考核、师带徒“大讲堂”等活动。加强技能人员培训，初步建成昌平公司配电、站室、计量实训基地，配套开展专业实训 70 余人次。完成 9 个专业初、中级技能等级评价，评定员工 44 人。开展技能提升活动，90 余名员工分 6 大专业参加技能比武，进一步促进了一线员工技术水平和业务素质提升。加强干部队伍建设，坚持党管干部原则，落实干部选拔、教育、培养、考核等各项规章制度。严肃干部选拔程序，认真抓好调整动议、人员考察等关键环节，严把政治关、作风关、廉洁关，年度新聘任副科级干部 2 名，五级职员 2 名，科级干部转职员 1 名，交流正科级干部 5 名。扎实开展民主生活会，深入进行检视剖析，严肃开展批评与自我批评，相互提意见共计 84 条，红脸、出汗、动真格，切实增强团结、促进工作。加强干部作风建设，落实领导一线联系制度，全年领导干部深入基层开展“一线工作日”活动217次，倾听职工心声，出主意、想办法、解难题。加强干部队伍教育，开展政策法规、经营管理等专项培训13项，实施多岗位、多部门综合锻炼，让干部成为引领发展的行家里手。加强员工队伍建设。健全选人用人机制，积极引导优秀长期员工向职员职级岗位序列、技术岗位序列流动，拓宽员工成长通道，努力实现人才横向流动。加强员工纪律作风建设，召开《国家电网公司员工奖惩规定》等相关制度宣贯会，重点讲述员工奖惩的48条规定，特别强调奖惩条例的执行刚性，员工逐一学习签字确认，实现每名员工“知晓职责、尽职尽责”。持续深化先进典型选树，积极开展先锋基层党组织、优秀共产党员、“最美昌电人”评选，优秀人物和先进模范不断涌出，王月鹏荣获国家电网有限公司特等劳动模范、“最美国网人”称号，高明亮荣获公司电网工匠称号，佟凯作为服务保障优秀代表，得到了习近平总书记集体接见。

■ 7月16日，“昌电杯”安全生产技能大赛决赛现场。（李强　摄）

【电网规划与建设】深化地区电网规划专题研究，以现状问题为基础，优化前期工作时序，实现规划前期重大突破。促成回天行动3项输变电工程纳入市、区两级政府“一会三函”范围，基本完成项目全部前期手续。全年共取得35kV及以上项目核准4项，规划意见书及规划条件4项，累计完成前期节点任务29个，节点完成率位列公司首位。重点工程高效推进，信息港变电站配套切改工程、桃洼变电站扩建工程实现开工，阿苏卫并网工程、未来城至央企园送出工程等4项工程顺利投产，主网结构得到进一步优化。发挥属地优势，配合完成信息港220kV输变电工程、四家庄220kV输变电工程、500kV张昌Ⅲ回工程和柔直下送工程全部前期协调任务。提升工程项目管理水平，落实基建12项配套政策，强化业主项目部建设。发挥配网项目管理中心作用，优化设计、计划、物资、结算、转资等管控流程，项目推进更加高效、规范。加快推进配网建设发展，实施扩展性改造和“煤改电”工程46项、技改大修工程114项，其中38项多年受限未实施项目得以完成。

■ 7月25日，昌平公司“煤改电”配套工程现场。（李强　摄）

【经营管理】深化供电服务指挥中心建设，规范服务指挥业务与流程，深挖系统数据分析应用，启动“表计过零不跳”“同期线损异动”等数据监测预警，指导业务补齐短板。加强同期线损管理，细化专业职责分工，加强过程管控与激励机制引导，线损管理成效明显提升，10kV分线、分台区日损合格率分别达到97%、95%，较年初提升37和14个百分点。加强对标指标管理，深化“源头管控，分级落实”工作原则，51项指标达到指标基准值。增强财务与物资管理水平，以全链条管控平台数据为基础，建立预算执行进度通报机制，促进预算执行率有效提升。加强物资采购计划关键节点管控，规范库存物资“一本账”管理，基本实现“账卡物”一致，出入库平衡。开展废旧物资专项清理，积极用好用足政策条件，多措并举消纳及处置废旧物资6470万元。启动“三节约”活动，全面压降经营成本。深化供电所营配业务融合，健全网格化、片区化、一站式供电服务模式，276个行政村和261个小区实现客户经理挂牌服务，完成全能型供电所建设全覆盖。稳步推进集体企业发展，集体企业年度实现营业收入4.52亿元，利润4501万元，压降应收、预收账款3.03亿元。健全内控机制，修订内部制度20项，完善业务分包、物资采购等工作管控流程，企业经营创效与服务支撑能力进一步增强。加大“智慧能源管家”推广，依托属地供电所服务支撑，实现代维收入稳步增长。规范后勤专业管理，完成4处房屋土地确产确权，完成班组级食堂食品安全和消防安全全面检查。

【安全生产】安全生产保持稳定，政治保电体现使命担当，高质量完成160项新中国成立70周年保电筹备任务，昼夜奋战149天，实现了集中彩排和决胜期保障万万无一失。深化政治供电保障体系建设，全年共完成“一带一路”高峰论坛、世园会等保电任务78项。加强安全履责能力建设，对各类安全事件施行奖惩。开展安全管理“三个一”活动，高质量组织完成“昌电杯”安全生产技能大赛，营造了“人人讲安全”的良好氛围。以落实安全责任清单为抓手，深化安全管理标准化建设，对36个基层班组、34家外施单位，开展2轮次安全检查，发现整改问题43项。加强作业计划管控，深化安全管控App和视频终端应用，全年检查作业现场1486个，发现并纠正违章行为128项，违章数量同比下降49.2%。加强电网运维管理，促请区政府启动“除隐患、保安全、迎大庆”电力设施反外力暨环境隐患治理专项行动，开展12轮次隐患排查治理，消除各类隐患1365项。启动消防隐患专项排查，累计治理消防隐患158项，开展消防安全培训和应急演练，消防意识和能力进一步提升。加强电网风险管控，编制发布电网风险与应急处置预案156份，开展季节性反事故演练43次。配网设备质量与网架结构显著改善，全年全口径配网故障396次，同比降低37.2%，异常台区226台次，同比降低68.4%；低压抢修工单1.6万件，同比降低25.9%。

■ 10月1日，庆祝中华人民共和国成立70周年昌平供电保障指挥部现场。（李强　摄）

【营销与优质服务】截至年底，昌平公司共管理营业客户67.25万户。其中，220kV客户1户，110kV客户5户，35kV客户20户，10kV客户5221户。全区共有重要客户34户，其中一级客户21户，二级客户13户。

营销服务稳步提升，持续改善电力营商环境，优化业扩报装工作流程，明确内部职责与环节时限，全面提升各类报装服务效率，全年接电容量56.39万kVA，同比增长26.4%，高压客户平均接电时长42.05天，“三零”客户平均接电时长2.33天。在迎接世行评价、“千人千题”竞赛等工作中取得优异成绩，在昌平区优化营商环境评价中位列第一。夯实营销服务基础，充分发挥供电所属地优势，针对“老赖用户”制定“一户一策”催缴方案，电费回收达到历史最好水平。加大反窃电及违约用电检查力度，全年追补电费及违约用电484.36万元，同比增加77.9%。提升用户服务感知，建立优质服务积分管理制度，加大责任投诉考核力度，健全接诉即办快速响应机制，客户投诉、95598话务量、12345工单数量同比下降79.1%、7.17%、31.1%。完善采集系统，更换HPLC集中器536台，与通信公司建立通信问题快速处置机制，购电下发平均时长压降至2.82min。积极推动民生工程，促请政府部门加大前期问题解决力度，完成老旧小区改造工程7项，土建完工6项。完成“三供一业”改造工程9项。加快充电网络布局，签订兴延高速充电站建设协议，取得6项公交外电源项目可研批复及上店服务区公共充电站全部前期手续。全面落实居民度夏供电保障新要求，建立日碰头和领导班子划片分区工作机制，完成全区居民用电问题梳理，针对问题突出的37个小区制定应急处置“一户一案”，争取多方资金对43个危急小区实施紧急分换装变压器82台，安排45人、56台发电车，分别部署于三个抢险重点区域，全面保障居民夏季供电安全稳定。

■ 6月4日，昌平公司共产党员服务队开展“安全用电进校园“主题活动宣传现场。（李强　摄）

【科技与信息化】搭建职工创新平台，深化劳模创新工作室建设，激发全员创新动力，“‘双创体系’建设与实践”“煤改电综合数据智能云平台的研发”“大功率充电站安全诊断水平提升关键技术及应用”等项目荣获电力行业、国家电网有限公司、北京市级一等奖1项、二等奖1项、三等奖2项，荣获公司级二等奖1项，三等奖3项。“基于物联网技术的配电室智能门禁系统项目”入选公司泛在电力物联网最佳实践案例集。大力提升电网管控自动化、智能化水平，完成38座变电站76台网络安全监测装置改造及2座变电站监控服务器更换工作。完成地区电网备调系统建设升级，应急管理处置能力有效提升。落实“电网排雷”行动部署，组织完成4座变电站单元接线、5座变电站智能合并单元、1座变电站变压器保护缺陷改造，升级故障记录装置34台，实现全部变电站继电保护装置二维码标识管理。稳步推进配电自动化建设应用，完成2600台自动化终端数据迁移，实现66条配网架空线路的自愈功能。更换电压型负荷开关232台，完成17座配电站室配电自动化终端安装，完成459套“二遥”故障指示器安装。保持常态缺陷处理机制，累计处置“不在线、定值错误、控制器损坏”等缺陷3000余次。年度累计实现全自愈功能投入227次，完成率100%，远程定值调阅升级862台，完成率87.25%。配网架空故障自愈正确动作262次，正确率87.02%。强化网络和信息管理工作，完成网络安全与信息运行风险预警整改13次，累计整改IP地址存在恶意域名访问行为178次。

【党的建设与精神文明建设】全面加强党的建设，深入开展“不忘初心、牢记使命”主题教育，制订“1+4+1”教育实施方案和党委、党支部两级任务清单。领导班子带头学习研讨、调查研究、检视问题、整改落实，累计征集意见建议222条，完成边学边查边改问题41个。践行初心和使命，全体干部员工在新中国成立70周年保电任务中展现了担当与作为。深化党建内嵌融入，围绕“八稳”工作目标，成立6个临时党总支（支部）和13支党员先锋队，高质量完成党员先锋行动项目28项，党组织战斗堡垒与党员先锋模范作用进一步凸显。深入推进党风廉政建设和反腐败工作部署，持续开展领导干部“七廉”和廉洁文化“四进”活动，推动廉政教育向基层深化。聚焦重点领域，项目化推进协同监督发挥实效。加大执纪问责力度，严查问题线索举报，对违规违纪行为零容忍予以查处。加强历年审计问题整改过程管控，累计完成审计问题整改36项。全面构建和谐企业，提升后勤服务保障水平。高效率完成新中国成立70周年保电后勤服务保障，保障模式更加成熟。基本完成文体中心建设，完成阳坊供电所、计量专业办公区升级改造，职工生产生活设施条件进一步改善。持续加强意识形态管理，围绕年度重点工作任务，提升意识形态正向引导力，开展系列化、体系化、持续性推广传播，在中央及市属媒体发稿43篇次，行业媒体发稿42篇次，《不忘初心》宣传片在人民视频网播出，《家的味道》纪录短片获英大传媒电视作品二等奖。凝聚职工向心力，完成14个“五小”供电所、12个职工小家建设。成立食堂管理、监督两个委员会，全面开展职工建言献策，服务职工与民主管理更加深入。举办文化大讲堂、重阳节慰问演出等活动，成立文学创作协会，开设书法、篆刻等兴趣培训班，组织职工参加文化艺术节、快乐健步走等文体比赛，全面营造昌平公司“热爱工作、热爱生活”的良好氛围。依法合规落实离退休人员相关政策，加强维稳保密工作，保持了和谐稳定局面。

■ 9月18日，昌平公司联合外省兄弟单位开展国庆保电宣誓主题党日活动。 （李强 摄）

（党 剑）

国网北京市电力公司门头沟供电公司

【概况】国网北京市电力公司门头沟供电公司（简称门头沟公司）是国网北京市电力公司（简称公司）直属供电企业，负责门头沟地区1455km^{2}范围内的电网规划建设、运行管理、电力销售和19.39万客户的供电服务工作，肩负着为门头沟地区经济社会发展和地区生产、生活安全供电的光荣使命。

截至年底，门头沟公司共设置11个职能部门、2个业务支撑与实施机构和1个产业单位，下设15个班组、7 个乡镇供电所。辖区内共有变电站 5 座，变压器 10 台，变电容量 140MVA；用户变电站 13 座，变压器 26 台，变电容量 91.7MVA。110kV 架空输电线路 7 条，共计 64.68km；35kV 架空输电线 26 条，160.69km；10kV 配电线路共 145 条，长度 1588km，其中架空绝缘线路 631km，架空裸导线 227km，架空绝缘化率 73.54%；电缆线路 637km，电缆化率 40.11%；配电变压器共计 3836 台，其中站用变压器 48 台，公用变压器 1904 台，其中投运年限在 20 年以上的共计 113 台，占总量的 5.93%，投运年限在 10 年以上的占比 17.91%；环网柜 1350 台，其中投运年限在 15 年以上的共计 87 台，占比 6.44%，投运年限在 10 年以上的占比 63.26%；柱上负荷开关 806 台，柱上断路器 498 台；开关站共 24 座，配电室 218 座，箱式变电站 350 座。截至 2019 年底累计实现安全生产长周期 5338 天。

完成售电量 12.30 亿 kWh，同比增长 3.73%。累计线损率 4.93%，同比降低 1.99%。主营业务收入 7.34 亿元，同比增长 1.27%。完成固定资产投资 1.1 亿元。获得公司劳动竞赛红旗 6 面。2019 年两批“煤改电”共 18 个村 2641 户在采暖季前全部完工。

连续 10 年蝉联“全国文明单位”荣誉称号、24 年保持“首都文明单位标兵”荣誉称号。自动化信息通信运维室被评为北京市青年安全生产示范岗，营销党支部被评为国网北京市电力公司“电网先锋党支部”，办公室、电力调度控制中心供电服务指挥中心被评为国网北京市电力公司先进集体，变电运维室、电费室被评为国网北京市电力公司工人先锋号。

地址：北京市门头沟区滨河路 66 号
邮编：102300
电话：010－69844354

【人力资源】截至年底，门头沟公司共有全民职工 184 人，其中研究生及以上学历 32 人，本科学历 110 人，专科学历 38 人；高级职称 26 人，中级职称 32 人；技师及以上职业资格 78 人，高级工 27 人，中级工 6 人。共有产业单位职工 9 人，农电用工（北京华商电灯有限公司）109 人，产业单位直签社会化用工 172 人，产业单位其他从业人员 2 人。配合公司第一批个人所得税税点改革试点工作，开展“一岗一标”岗位说明书撰写汇编工作，组织各部门员工开展岗位说明书编制。对党建和新闻专业机构设置进行优化调整。将党建工作部（工会、团委）与新闻专业合并为党委党建部（党委宣传部、工会、团委），对原部门人员进行了调整。

全年共开展员工培训 31 次，其中集中培训 24 次，现场培训 7 次，培训量达 1192 人天，覆盖营销、运检、调控、安全、新闻宣传、法律等多个专业，包含技术技能、班组管理、形势政策及职业发展等方向。新增中级及以上专业技术职称 18 人。

进一步完善绩效考核体系，做实做细重点工作任务评价、党建工作评价和综合评价，修订《国网北京门头沟供电公司绩效管理实施方案（试行）》，将安全过程评价纳入绩效考核体系，将绩效奖金与月度工作开展情况挂钩，实现量化考核，制定涵盖全员的专项绩效考核方案，共涉及安全奖惩、供电服务、配网故障管控、竞赛考试、新闻宣传等五大类工作。强化绩效经理人履职尽责，制定绩效经理人履职办法。

■ 4 月 12 日，门头沟公司组织开展思维导图与指标分解培训。
（张文静　摄）

【电网规划与建设】跟踪地区发展热点，开展“网格化”配电网规划修编工作，将地区规划提出的 3 座 220kV 变电站、13 座 110kV 变电站一次性纳入门头沟分区规划。与政府共同开展电网建设项目前期工作，取得上岸输变电工程—外电源工程开工证及变电站工程规证和斋堂 110kV 输变电工程立项核准，完成清水输变电工程可研编制；上岸 10kV 切改工程开工建设；上岸 110kV 输变电工程及王平 35kV 配套切改工程顺利投产；其中 110kV 上岸变电站占地面积 3730m²，为 110/10kV 两级电压地上户内型无人值守智能变电站。该站投运后可缓解门头沟新城地区供电压力，优化 10kV 电网供电结构，满足地区新增负荷的用电需求，有效提高地区供电可靠性。

持续推进基建改革配套措施深化落地，强化三个项目部关键人员和作业层骨干配置，有效加强现场项目管理和作业安全管控；加强基建管理信息系统和智慧工地系统应用，工程现场全天候监控，及时纠正现场违章行为 30 项。

■ 12月13日，门头沟公司110kV上岸变电站顺利投产。
（张文静 摄）

【经营管理】同期线损各项指标持续提升。发布《国网北京门头沟供电公司2019年线损管理工作方案》，明确了工作目标和工作计划。固化线损治理流程，完善联络单工作机制，持续开展线损视频周会商，组织相关部门、供电所编写并发布同期线损建设情况周报。开展面向供电所的同期线损应用实训，范围覆盖门头沟公司相关职能部门线损管理人员、各供电所线路及台区经理，参培人数达46人。10kV线路线损达标率提升至93.13%、台区线损达标率提升至91.64%。获得7月“降损增效”劳动竞赛红旗。

自主开展物资专项审计。从应急物资管理、废旧物资管理等8个方面入手，客观揭示物资管理的薄弱点与风险点，形成审计记录、下发整改通知并出具专项审计报告。按照“放管服”工作要求，对产业单位原负责人开展经济责任（离任）审计，对2015～2019年间经营管理的各方面内容进行全面审查，形成审计记录14项。践行“科技强审”宗旨，结合数字化审计技术与审计工作推进，建立审计模型、形成审计案例、分享经验体会、编制审计工作指引。全年共形成审计成果10余项，多项成果被推送至国家电网有限公司参评。参与国家电网有限公司及公司审计项目3次，撰写管理创新2篇。常态化整改审计发现问题，发挥汇报和整改督促机制作用，制定整改方案，全年的整改完成率提升至90%以上。

2019年完成竣工决算项目23个，已全部完成转资，涉及转资金额15838.48万元，接收京煤集团和中铁三局用户资产535.72万元。完成年度资金安全专项检查后评估工作，进一步加强了资金安全管理，防范资金安全风险，提升资金管控能力。

【安全生产】高标准做好政治供电工作。始终坚持“万无一失，精精益求精”的指导思想，按照“统一标准、精准部署、及时调整”的原则，强化保障人员前期培训，快速处置保障期间发现隐患，完成年内各项重大政治活动供电保障任务，未发生重大电网和设备事故，未发生人身安全事故，未发生重要用户停电及负面舆情事件。

■ 10月1日，门头沟公司对重要输电通道进行特巡，圆满完成国庆70周年庆典保电工作。
（杨天明 摄）

多措并举维护电网运行安全。建设通道反外力体系，提升视频监控的作用和力度，做到通道人防、技防相结合；强化政企联动配合，在重大活动保电期间共开展政企联动5次，共同治理3处顽固隐患。完成110kV上岸智能变电站、10kV西山天璟开闭站发电验收工作以及3项消弧线圈改造工程和两项直流系统改造工程；持续推进终端日常处缺工作，配电自动化设备终端在线率由94.32%提升至96.47%，实现3座变电站所带25条山区配电架空线路及7条电缆线路的自愈功能，实现故障自愈3次；制定《门头沟供电公司10kV设备定级标准》，首次开展10kV线路设备定级工作，结合秋检对10kV线路设备定级中评分较低的8条线路开展线路综合检修工作。滚动修订电网方式分析及薄弱环节分析，制定度夏、度冬、“煤改电一线一案”等专项预案20份，组织开展各类应急演练及后评估21次；处理地区电网故障137起；处理设备缺陷102项，执行监控操作票90张，执行调度操作票747张，操作步骤3384步，正确率100%。完成60套继电保护和安全自动装置年校计划，治理完成保护装置家族性缺陷31处。全年未发生信息安全事件，完成公安部“护网2019”网络攻防演习保障工作。成功进行31次国家电网有限公司网络信息安全预警处理，完成所有办公计算机新增漏洞的防护工作，完成地区配电通信网光缆图绘制工作，有效保障了信息通信系统的安全。

全面提升供电服务指挥能力，全方位管控配网故障、多户停电报修、台区异常工单、日常巡视工单及配电自动化缺陷工单，全年累计处理工单 12711 张。开展配网差异化运维指挥管理，开创频繁停电预警管理机制，累计发布频繁停电预警与抢修通知 342 条。

全面加强施工现场安全管控，实现现场作业视频监控全覆盖，现场巡检与视频监控双重检查，检查现场共计 1395 个，累计下发违章通知单 8 张。完成安全标准化手机 App 任务流程 1395 项，执行到岗到位检查 1338 次，飞行检查 511 次。全年累计发现各类安全隐患 882 项，已治理 829 项，完成率 94%。组织开展安全规程、典型违章行为、一线生产员工安全技能、新入企员工等 25 项安全培训，累计参培 2080 人次。开展各类应急演练 10 次，组织防恐、日常防火等宣传活动 5 次。

【营销与优质服务】持续开展优化营商环境重点工作。落实“三零”服务新要求，顺利完成门城物业占掘路典型案例打造。创新开展施工环节“交钥匙”和受理环节“零误判”工作模式，进一步压缩接电时限、优化审批流程；全面推进“三省”服务，完成送电 9 项，服务费收入 363 万元。规范业扩报装流程，推行前期咨询服务，惠及客户 5476 户，获评公司优化电力营商环境突出贡献单位。

深化“六个精准”服务举措，设置“网格化”社区经理 77 名，梳理社区经理应知应会制度标准 21 项，挂牌服务小区 138 个、村落 161 个。完成客户新增电话信息收集 2.88 万户，累计收集客户电话信息总数 10.96 万户。编制涉及 15 大项 46 小项服务标准的营业现场服务规范，完成辖区 1106 户高压用户的一对一上门服务，解决用户用电问题 62 项，用户满意度持续提升，获得公司 7 月份优质服务劳动竞赛红旗。实现累计连续 238 天无投诉，创历史新高。落实公司泛在电力物联网建设要求，2019 年换装 HPLC 集中器 380 台、表计模块 30128 个。

■ 4 月 30 日，门头沟公司召开营商环境客户交流会。

（杨天明　摄）

持续拓展电力市场。在采暖季前完成 18 个村 2641 户“煤改电”工程，获区财政拨付电费补贴，如期完成 11462 户“三供一业”用户表计换装工作，总客户数达到 21.5 万户。跟进北京绿色出行定位，完成 4 项公交外电源项目。

落实国家为企业减负降税要求，连续两次电价调整，共完成 3.03 万户次调价破月核算工作，调价过程平稳有序；承接抄表核算审核规则试点，工作成效获公司认可；组织开展供电所电压普查工作，累计确认核查对象 2485 户；加强购电下发管控力度，建立 7×8（7 天每天 8h）专人负责制和 7×24（7 天每天 24h）值班人员负责制，平均下发时长 2.36min，较 2018 年压降 0.07min；围绕“放管服”改革，营销部客户服务室完成高压客户全业务下放工作，开展“3+S”（日常系统监控、重点工作稽查、随机稽查、公司业务专项稽查任务类）现场稽查 8 次，日常稽查 300 余次，基础工作得到夯实。

持续提升供电所管理水平。编制供电所定制化管理手册，从功能区、管理区、资料区三个方面明确供电所管理标准，组织开展现场检查 5 次，发现、整改问题 17 项；充分发挥台区经理作用，集中解决疑难问题 12 项，随着 HPLC 换装工程的开展，台区线损合格率由年初的 60.63%提升至 90.85%，助力门头沟公司获得“降损增效”劳动竞赛红旗。

【农电工作】龙泉供电服务中心作为门头沟公司首个建成的二级指挥中心于 1 月 1 日投入使用，该服务中心打破以往的工作模式，将供电所作为 10kV 电网运营规划的主体，依托数字化服务平台，综合营销、运检、调度系统信息化管理手段，在故障处理、电费下发、巡视巡查等环节实现闭环管理，提高工作效率，充分发挥全能型供电所职责，进一步提升供电保障能力和优质服务水平，同时，各供电所总结、提炼并推广龙泉供电所五星级创建的经验和做法，充分发挥示范引领作用，加强学习交流，开展供电所帮扶，持续深化落实“全能型”乡镇供电所建设，有效提升供电服务保障能力和效率。年内完成龙泉、清水供电所综合性小修；妙峰山供电所新办公楼给水管线老化破损专项小修工作；10 月 15 日，永定供电所房屋及附属设施综合大修项目开工建设。

【科技与信息化】积极开展创新示范基地的建设，建立例会制度，加强过程管控，各项成果数量再创新高，全年共完成专利申请5项，申报群创成果3项，管理创新成果4项。其中参与完成的“电网封闭空间智能消防管理”获公司管理创新成果一等奖，“基于线上线下双重管控的合同管理实践”获管理创新成果三等奖；电费抄核收一体化系统项目获公司群众技术创新成果三等奖。

有效开展电力物联网项目建设。“基于多系统联合应用的分压分线线损治理成效提升”“降低计量采集装置故障抢修时间的应用”“基于大数据分析技术的企业债权风险防范与管理模型”三个项目入选公司2019年泛在电力物联网最佳实践案例，数据应用类项目“‘最强大脑’—基于5G通信及无人机激光建模技术的线路实时监控平台”获公司第五届青年创新创意大赛“银奖”；积极提高网络安全技术水平，获得公司第二届网络安全技能竞赛冠军团队和个人二等奖。

【党的建设与精神文明建设】高质量开展“不忘初心、牢记使命”主题教育，建立“1+3+5”组织体系，制定并实施“1+5”工作方案，确保规定动作全完成，自选动作有特色。高质量策划“初心使命”党员教育，各级党组织共计开展“一月一主题”特色党日132次，有效提升了政治引领力。

严肃党内政治生活，召开“不忘初心、牢记使命”主题教育对照党章党规找差距专题会议及“不忘初心、牢记使命”主题教育专题民主生活会。制定党委委员党建职责清单，规范党建工作领导小组及其办公室运行机制，严格落实“三重一大”决策制度，全年召开党委会研究党建工作33项；结合巡视整改，集中整顿软弱涣散党组织，重点管控党费使用、党员发展等关键环节，有效提升了基层组织力。

■ 11月29日，门头沟公司开展“不忘初心、牢记使命”主题教育活动。（杨天明　摄）

围绕重点保电任务，成立临时党支部4个，明确党建任务清单，划分党员责任区，确保政治供电保障万万无一失。持续开展党员“一带二、一带三”工作，聚焦重点任务和地区民生工程，开展“双融共创”项目攻坚，完成两级“党建+”项目29项，有效提升了价值创造力。

开展“担当新使命·展示新作为”宣讲会，分级按月实施星级集体、员工评选，打造先锋群体，传播榜样力量。围绕中心工作开展“文化+”专项主题传播，兴建“文化+服务”“文化+法治”“文化+廉政”等专业文化长廊，有效提升了文化感召力。

大力弘扬和践行社会主义核心价值观，建立健全党委、党支部两级道德讲堂活动机制，定期开展“爱、献、做”主题活动。聚焦员工关爱工作，成立“十大文体协会”、实施“建家工程”、建成“会员暖心驿站”、完成“五小”供电所建设、开展集体庆生活动，助力企业和谐发展。加强政企联动，主动对接政府机关单位、重要客户，搭建沟通交流平台，共同服务地区经济发展。

（姜冰倩）

国网北京市电力公司房山供电公司

【概况】国网北京市电力公司房山供电公司（简称房山公司）成立于1962年，是国网北京市电力公司（简称公司）直属供电企业，负责房山地区2019km² 范围内的电网规划建设、运行管理、电力销售和57.8万客户的供电服务工作，肩负着为辖区内党政军机关、重大整治活动和城市运行安全供电的光荣使命。

截至年底，共设置12个职能部门、3个业务支撑与实施机构，下设18个班组，14个供电所，共15个营业网点。共负责110kV变电站25座，主变压器50台，容量2780MVA；35kV变电站10座，主变压器20台，总容量167.25MVA；10kV变电站1座，主变压器2台，容量4MVA；110kV线路39条，长度209.1km；35kV线路44条，总长度约323.4km；10kV配网线路共384条，其中电缆线路123条，架空或混网线路194条，总长度约3781.89km。10kV开闭站35

座，配电室447座，箱式变电站394座，柱上变压器6087台。

全年完成220kV及以下售电量72.02亿kWh，营业收入42.4亿元，固定资产投资8.4亿元，区域综合线损率5.39%，连续37年电费回收率100%。实现全年安全生产无事故目标，安全生产长周期累计3526天。荣获北京市电力公司先进单位、红旗党委、政治供电突出贡献单位、优化电力营商环境突出贡献单位、国家电网有限公司同期线损管理十强地市公司和市级交通安全先进单位称号。供电服务指挥中心获北京市青年安全生产示范岗“榜样集体”。袁卫东被授予中央企业劳动模范称号。

地址：北京市房山区良乡镇广阳西路11号
邮编：102401
电话：63669123

【人力资源】截至年底，房山公司共有职工843人，其中，全民员工311人，集体企业员工176人（集体工8人，集体企业直签工153人，劳务派遣15人），农电用工366人。全民员工中博士生1人，研究生46人，大学本科201人，大学专科54人；高级职称42人，中级职称47人，初级职称175人；高级技师126人，技师60人，高级工27人，中级工15人。

常态化开展全员培训微讲堂，年度参培人员达232人次，成功搭建起技能学习及经验交流的平台。举办全能型供电所技能大比武，以“业务全能”为原则，打造一支综合素养高、专业能力强的一线供电所员工队伍。

【电网规划与建设】全年签订6项投资划分协议，争取外部资金3.3亿元，累计到位16.7亿元。投资模式实现新突破，110kV望楚输变电工程建设实现“零投资”。完成110kV望楚、长阳输变电、瓦窑头、南梨园、焦庄变电站扩建、长安站配套送出等六项规划前期工作，实现项目储备5.2亿元。中恩云数据中心配套110kV瓦窑头、南梨园主变压器扩建工程顺利投产。220kV广阳站配套110kV送出工程、220kV阎村北站配套切改工程按计划投产，双方向电源比例大幅提升至68%。“三供一业”配套110kV石化输变电工程完成外电源隧道部分，变电站本体建设有序推进。轨道交通配套110kV洪寺输变电工程、基金小镇配套110kV长沟北输变电工程按期建设。高质量完成网架结构优化等138项配网工程。65项“三供一业”工程全面开工，高效率完成3.31万户表计换装工作。

■ 10月30日，房山公司佛子庄乡陈家坟村可再生能源组塔现场。（李铮　摄）

【经营管理】同期线损精益化管理“房山实践”获国家电网有限公司肯定，参与国家电网有限公司首批配网“零负损”试点建设，10kV分线、低压台区线损合格率分别提升至99.48%、98.66%。建立健全物资管理预警机制，处置废旧物资663万元、工程剩余物资5100余万元。高效推进现代智慧供应链进程，完成大石河仓储点标准化建设，物资管理水平进一步提升。“三供一业”会战中心投入使用，构建“1+6”攻坚体系，统筹管控设计、施工、监理等关键环节，实现“沟通顺畅、决策高效、管理规范、创先争优”的工作局面。

积极配合推进技改大修等专项审计，整改完成率达98%。开展“三供一业”等重点任务跟踪审计和食堂经费专项审计，将“三零”服务材料审查纳入纪委督察范围。强化法律风险和诉讼案件管理，有效处置

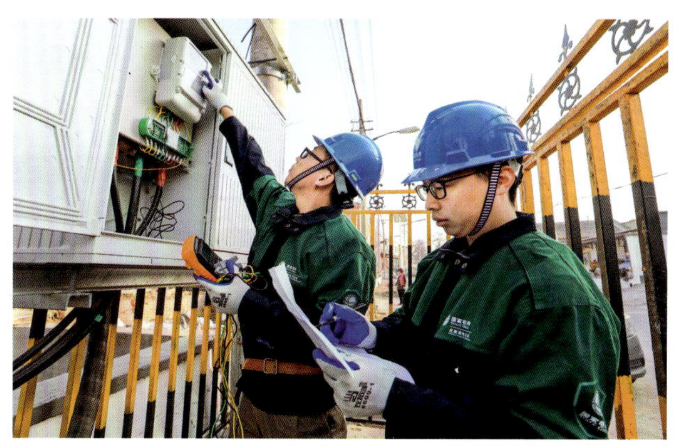

■ 11月20日，房山公司对长阳镇长阳街道同期线损台区异常进行治理。（李铮　摄）

案件 7 起。率先成功取得房山公司综合楼不动产登记证书。深化车辆管理系统应用，建立健全车辆监督体系，车辆成本费用支出同比减少 8%。

供电所管理实现劳动竞赛和对标指标双重管理，评选竞赛红旗 99 面，发放红旗及对标奖金 82.7 万元。集体企业实现产值 6.6 亿元、利润 625 万元，回收陈欠款 8535 万元。代维市场增加客户 143 户，合同金额突破 1200 万元，同比增长 94.39%。联合区新农办和财政局，创新设立电力企业专项资金共管账户，金额达 5.47 亿元，最大程度规避工程欠款回收风险。

【安全生产】圆满完成“庆祝新中国成立 70 周年活动”、“一带一路”高峰论坛、“世园会”和亚洲文明对话大会等重大活动供电保障，全年完成保障任务 89 个，保电天数 252 天，保障范围与保障时长创历史新高。深化电网方式分析，高效推动 20 项度冬度夏工程建设，平稳应对冬季大负荷冲击。率先实现变电站网络安全监测全覆盖，有效处置设备告警 711 次。创新提出在 10kV 母线侧安装小电流选线装置，有效解决接地故障判断准确率低问题，电网故障判断时间平均缩短 43min。对区内所有“三供一业”及老旧小区加装台区停电监测告警装置，实现实时监测，有效提升应急处置效率。警企、政企联合推动输电通道隐患治理，处理重大隐患 6 处，一般隐患 70 处，实现连续 618 天无输电通道外力故障。扎实开展变电基础运维，有效处置异常信号 4988 次。深化供电服务指挥中心应用，实现对故障处置、配网巡视等工作 24h 管控，有效缩短用户平均停电时间至 1.38h/户。建成数据中心，整合各专业优势资源，配电自动化动作在线率与动作正确率分别提升至 95%、90%。坚持“全面覆盖，重点突出”监督模式，将安全督察与工作计划严格匹配，强化高风险作业现场监管，累计执行各级现场把关 1025 次、现场巡检 4904 人次，在全年工作计划数量同比增长 89.7%的情况下，收到违章通知单数量达历史最少，违章行为同比下降 63.16%。对 623 户高压用户进行地毯式排查，督促整改安全隐患 3560 次，因用户原因引起的故障率同比下降 77%。

■ 11 月 5 日，房山公司对瓦窑头变电站进行改造。（高可心　摄）

【营销与优质服务】“三零”服务改革红利惠及地区 7296 户，节约客户投资 4570 万元；“三省”服务完成送电 6 项，容量 1.52 万 kVA。全面推行高压业扩客户经理制，新增接电容量 61.15 万 kVA，完成年度指标值 152.9%。在 702 个社区、村庄挂牌开展客户经理“网格化”服务，提高社区微信群的使用广度和深度。健全接诉即办等快速响应机制，客户投诉、95598 话务量、12345 工单数量同比下降 64%、15%、28%。推广线上便利服务，掌上电力、微信客户注册率分别达到 49%、33%，低压客户线上交费率达到 81.4%，智能表客户精准服务短信订阅率达到 89%，为 34.66 万客户开通停电信息主动告知服务。警企联动开展反窃查违专项行动，查处 38 起窃电行为、109 起违约行为，追补电费及违约使用电费 308.7 万元。高压表计开箱检查 4094 具，追补电量 6362 万 kWh，挽回经济损失 4453 万元。实施采集设备升级和 HPLC 采集设备换装工程，购电下发平均时长缩短至 1.5min 以内，同比降低 49%。稳妥执行一户多人口阶梯电价政策，准确完成两次电费降价工作，可靠开展 15 个市场化交易客户电费计收工作。完成深山区 12 个村 6802 户“煤改电”外电源建设，推进 10 个充电站、45 个充电桩和 1 个公交场站外电源建设，与恒大集团试点建设 77 个有序充电桩。拓展综合能源业务，实现营业收入 1132.22 万元。

【科技与信息化】配网数据中心实现常态运转，实现不同系统间数据的统一性、联动性和共享性。“降低电流谐波测试 CT 二次线破损率”QC 课题荣获国际质量管理成果金奖。“配网最强大脑”“降损增效‘北京方案’”两项成果荣获国家电网有限公司第五届青创赛银奖。

【党的建设与精神文明建设】房山公司党委联合部分驻村“第一书记”，邀请梁家河张卫庞老先生讲述总书记知青岁月点滴，坚定党员初心使命。高质高效开展中心组学习 8 次，开展基层调研 56 次，对 87 项问题清单逐一督促整改，推动学习教育走深走实。制定房山公司党委和领导班子党建责任清单 45 项，梳理支部班子履责清单 27 项，量化明责考责问责。开展支部党员党课宣讲 112 人次，营造以讲促学的浓厚氛围。不断深化电采暖联合党支部建设、探索党建共建为民服务机制，共建经验入选中共北京市委党校培训案例材料。高质量完成公司第二巡察组反馈的 83 项问题整改落实。扎实开展“抓整改、除积弊、转作风、为人民”专项行动，行风作风持续改善。逐层压实“两个责任”，全覆盖约谈中层干部和重点岗位 111 人次。完成 4 项协同监督项目，有效防控廉洁风险。组织开展“七廉”系列活动，营造浓厚廉洁文化氛围。成立书画篆刻协会、健身操协会，丰富中医义诊、暑期托管等服务举措，依法依规落实离退休人员相关政策。

■ 3 月 28 日，房山公司职工到三岔村义务植树。（高可心　摄）

（邓　洁）

国网北京市电力公司大兴供电公司

【概况】国网北京市电力公司大兴供电公司（简称大兴公司）成立于 1956 年，是国网北京市电力公司（简称公司）直属供电企业，负责大兴地区 1036km^2 范围内的电网规划建设、运行管理、电力销售和 56.6 万客户的供电服务工作，肩负着为大兴地区党政机关、重大政治活动和城市运行安全供电的光荣使命。

截至年底，大兴公司共设置 11 个职能部门、3 个业务支撑与实施机构、1 个供电服务中心、1 个供电营业所、14 个乡镇供电所。

共负责 110kV 变电站 36 座，主变压器 78 台，容量 3732MVA；35kV 变电站 1 座，主变压器 2 台，容量 20MVA；110kV 线路 59 条，长度 313km；35kV 线路 5 条，长度 39km；10kV 架空线路 275 条，长度 2871.74km；10kV 电缆线路 312 条，长度 2238.97km。实现全年安全生产无事故目标，累计安全生产长周期 4524 天。

全年完成售电量 60.3 亿 kWh，同比增长 2.88%；完成线损率 5.96%；完成业扩报装接电容量 98.12 万 kVA；电费回收率 100%；固定资产投资 6.3 亿元；最大负荷 134.1 万 kW。

大兴公司继续保持全国文明单位、首都文明单位标兵、国家电网有限公司文明单位荣誉称号，荣获公司先进单位、公司庆祝新中国成立 70 周年供电保障先进单位、公司 2019 年三场重大活动供电保障先进单位、公司首都电网高质量发展先进单位荣誉称号。北京大兴国际机场供电服务中心获评“全国工人先锋号”。

地址：北京市大兴区兴政街 1 号

邮编：102600

电话：010－63670268

【人力资源】截至年底，大兴公司共有全民职工 346 人，供电服务员工 324 人，产业单位直签员工 325 人；其中，研究生及以上学历 94 人，本科学历 283 人，专科学历 278 人，中等教育及以下学历 339 人；高级职称 28 人，中级职称 101 人；技师及以上职业资格 173 人，高级工 405 人，中级工 143 人。

围绕大兴公司重点工作要求，按照以“市场为导向、以客户为中心、前端营配深度融合、后台支撑保障有力、队伍全能专业高效”的原则，持续优化北京大兴国际机场供电服务中心职责及人员配置；完成互联网办公室的设立及安全督察队的组建。全年开展管理能力提升系列培训 3 期 136 人次，提升管理者的管理沟通和情绪管理能力；学习德国标准、工匠精神，组织管理人员、一线员工开展中德能源电力企业专业技术技能人员高级培训班 6 期 183 人次，向国际一流电力企业看齐，适应企业发展要求；开展“职工大讲堂”15 讲，“班组微讲堂”12 讲，通过“人人当学员、个个上讲台”，促进职工素质全面提升；持续创新“师带徒”人才培养机制，61 对职业导师、专业师傅与徒弟签订师徒协议，选拔 7 名“星级师傅”，为新时代“工匠精神”的传承保驾护航；打造北京大兴国际机场供电服务中心技术技能人才培养双高地，加速青年员工成长成才；开展新员工入职培训，帮助新入企员工快速、顺利地实现从学生到社会人、国家电网人的角色转变。

■ 6月21日，大兴公司召开“师带徒”启动会暨拜师仪式。（赵迪 摄）

【电网规划与建设】规划前期成效突显。紧密对接地区发展需求，推动电网资源有效落地，“4+20+97”（即亦庄南等4座500kV变电站、兴亦等20座220kV变电站、综保区等97座110kV变电站）电网规划成果顺利纳入大兴区分区规划并正式发布。多轮沟通攻坚，取得新航城500kV变电站用地预审，完成诸葛营110kV等3项输变电工程项目前期手续办理，有力推动工程进展。全面强化可研管理，大力推进综保区、新建村等5项110kV工程可研编制，助力电网发展质效提升。

电网建设稳步推进。大兴机场配套“1+2+2+2”（即1座500kV变电站、2座220kV变电站、2座红线外110kV变电站及2座红线内110kV变电站）共7项输变电工程全面竣工，“500kV双枢纽电源，220、110kV双链式，10kV双环网”的坚强网架结构正式形成，供电可靠性达到国际一流水平。持续挖掘工期管控潜力，集中攻坚工程关键制约点，罗奇营送出等3项工程按期投运。完成军航净空区等12项电力迁改工程，为地区重点工程建设保驾护航。

配网项目规范管理。不断规范客户外电源工程业务流程，全面管控建设质量，顺利组织完成277个业扩外电源项目发电任务。强化配网改造和迁改项目全过程监督管理，全年完成26个老旧小区改造任务，完成新机场北线、机场净空区迁改等15项工程和永兴开闭站解重载等11项配网改造工程。

【经营管理】提质创效成果显现。深化同期线损管理，“日监控、日分析、日治理、日消除”，公司10kV分线、分台区线损达标率分别达到90.14%、92.76%，分别提升40.58、42.81个百分点。全年落实外部资金3.1亿元，将4项220kV输变电工程5亿元外部资金纳入2020年政府投资计划。集中开展财产保险培训，强化保险意识、提升专业能力，保险理赔额度较2018年增加127%。

依法治企持续加强。持续强化全员法律意识，开展中心组学法、“法治五进”等活动14次。严格执行“三重一大”决策要求，全年召开党委会43次，审议议题154个。高标准推进巡视问题整改，94项整改措施落地见效，整改完成率100%。常态化开展廉政及履责约谈，涉及中层干部及重点岗位人员76人次，各层级党风廉政建设主体责任得到进一步夯实。

产业单位发展稳步推进。首兴安成公司全年实现营业收入6.51亿元。勇挑大兴机场高端智能配电网建设重任，新建10kV配电站室12座、电缆62路。在大兴机场积极拓展综合能源和代维市场，承揽南航、东航等5家驻场单位代维代运行业务。全年承接各类工程188项，金额12.61亿元，其中新签业扩工程合同金额6.32亿元，同比增长324%。落实产业单位经营活动分析机制，找准经营管理薄弱环节，不断夯实管理基础，可持续发展能力稳步提升。

【安全生产】政治供电再创佳绩。共完成保电任务82次，累计195天。其中全国两会、“一带一路”高峰论坛、亚洲文明对话大会、世园会等三场主场外交和新中国成立70周年，共5次特级保障任务，其余为高考、大兴西瓜节开幕式和其他各级重要活动、会议等共计27次一级、50次三级保障任务。大兴机场建设和运维是常态化政治供电保障的主要和重要内容，大兴公司各专业与机场动力能源公司主动对接，认真协同编制重要用户供电保障方案，做好相关施工、各项演练、首航、投运仪式和通航的保障工作。

■ 9月24日，大兴公司重要用户保电团队深入客户内部，做好用电安全服务保障。（赵迪 摄）

持续强化安全监控中心实体阵地建设，突出人防、技防相结合，实现1649个生产作业现场巡检全覆盖，累计发现并纠正违章问题31项。严格执行安全奖惩举措，全年发放安全奖励107万元、处罚14万元，做到了奖惩分明。

强化电网运行分析，动态管控电网风险，及时准确发布风险预警14类123项。针对电网运行薄弱环节，高质量编制方式调整措施，有力保障电网安全。

突出变电设备安全管理，高质量完成38座变电站308站次的红外测温及1855面开关柜的超声波、地电波带电检测工作，全年完成各类缺陷及异常处理40余次，6次获得公司专项奖励。加强输电线路巡视管理，累计安装视频在线监控装置333套，及时纠正巡视看护问题150次。强化供电服务指挥中心建设，深化配电自动化建设应用，配网整线故障数量同比降低48.7%，异常台区、多户报修数量分别下降38.2%、27.1%。

扎实开展消防隐患专项排查治理工作，及时发现并消除火灾隐患24项，实现火灾防控“零死角”。有序推进消防安全项目，全年完成变电站电缆夹层防火隐患治理、消防水池大修等项目72站次，督办项目完成率达100%。

【营销与优质服务】规范受理、勘察、验收、送电各环节流程，累计为5480户低压用户提供“三零”服务，其中小微企业81户，节省客户投资5781.12万元，成功打造3个占掘路典型案例。积极推广临电“三省”服务，惠及企业24家，送电容量2.2万kVA，增加营业收入887万元，节省客户投资787万元，接电数量、容量及合同额均位列公司第1名。强化高压业扩项目管理，高质量编制355个业扩供电方案，供电容量34.2万kVA，有效缩短客户接电时长，精细把控建设进度及质量。

如期完成大兴机场48个项目送电工作，在45座用户配电室开展智慧能源管家安装及代维工作，投入建成充电桩400台、分布式光伏电站12座，试点HPLC低压载波技术，跨省绿电交易5827万kWh，助力大兴机场成为全球绿色机场标杆。有序拓展市场新业态，将综合能源服务、代维服务与业扩报装、客户沙龙服务有机结合，与多家客户达成智慧能源服务合作意向。大力拓展充电服务市场，建设4项公交外电源工程，在大兴机场区域内建成400台充电桩，打造星级充电示范项目。有序拓展市场新业态，将综合能源服务、代维服务与业扩报装、客户沙龙服务有机结合，与天科合达、悦康制药等多家客户达成智慧能源服务合作意向。

圆满完成大兴机场通航服务保障，深化集团要客定向服务，实现“四零”工作目标。常态化开展客户沙龙，惠及客户45家。落实“六个精准”居民服务举措。设置“网格化”社区客户经理80名，精准服务社区567个，全年新增采集客户信息9.2万户，客户投诉量同比下降54.68%，话务量同比下降17.08%，“接诉即办”12345热线转派工单1930件。主动对接重要客户，提供上门服务，出具定制化改造方案，有效提升客户用电可靠性。

强化电价电费精益管理，积极对接区政府相关部门，促请6617万元“煤改电”电费补贴如期拨付；对7552户开展电价专项稽查，发现并订正档案221户；发放3户陈欠电费用户律师函，有效回收陈欠电费1.15万元。深入落实台区经理责任制管理体系，强化台区线损日监测管理，台区线损合格率由年初的90.18%提升至95.93%，提升合格台区607台，289台负损台区全部清零。不断提升计量采集业务水平，完成3.37万具HPLC设备安装，更换电池欠压表计2.3万具，全年累计下发购电288.13万笔，平均下发时长由3.39min缩短至1.81min。

【科技与信息化】大兴公司在第五届“青创赛”中获得国家电网有限公司铜奖，获得公司1金1银1铜的优异成绩。大兴公司优秀QC成果参加北京市质量协会QC小组成果发布会，荣获二等奖1项、三等奖2项。全年完成专利申报7项，取得专利授权3项。

全年组织信息化建设项目实施4项。开展信息核心机房UPS系统改造项目、老旧交换机更换工程，确保核心网络设备运行正常；开展北京大兴国际机场智慧能源综合服务平台建设，整合大兴公司电网侧系统平台、用户侧智慧能源管家平台、机场动力

■ 自9月25日大兴机场投运以来，大兴公司创新应用智慧能源综合服务平台，加强对大兴机场内电力运行监控。

（赵迪　摄）

能源公司监控平台及 AOC（机场运行控制中心）营运控制平台的数据和业务，统一接入管理智能巡检、智能安防、在线监测、可穿戴智能终端等智能物联设备信息，综合应用三维数据建模等可视化运维技术，为大兴机场电网运维保障工作提供技术支撑。

【党的建设与精神文明建设】深入开展“不忘初心、牢记使命”主题教育活动，组织集中学习 14 次、专题党课 54 场，整改各类问题 47 个，85 项措施有效落地。针对新中国成立 70 周年政治供电和大兴机场通航供电保障，组建 8 支临时党组织和 14 支“1+*N*”保障团队，125 名党员冲在最前线、守在最关键岗位，确保了保障工作“万万无一失”，党员先锋作用得到有力彰显。

■ 12 月 2 日，大兴公司党委召开“不忘初心、牢记使命”主题教育专题民主生活会。（赵迪 摄）

强化主题策划、挖掘工作亮点，加大信息汇报和传播推广力度，向两级政府、国家电网有限公司、公司报送各类信息材料 20 余件；组织召开新闻发布会、记者采风会 40 次；在新华社、人民日报、中央电视台等高端媒体发稿 44 篇，充分展示大兴公司高质量发展成效。组织开展“电靓新国门　追梦新时代”系列活动，进一步激发职工干事创业热情。开展“工会一线服务月”活动，在供电保障、重点攻坚任务期间，深入一线了解职工需求，解决难点问题。试点开展“五小”建设，新建职工小家 4 个、小菜园 4 个、职工书屋 20 个，让“家”文化温暖职工。

集中开展“讲三种话”（讲真话、讲实话、讲高质量发展的话）思想教育活动，以上率下、示范带动，激励和引导全体党员干部把对党忠诚转化成保障大兴公司安全稳定发展的责任担当。广泛开展企业文化专题学习，利用办公场所、文化长廊、宣传栏板等载体，通过党务干事培训、党支部“三会一课”、新入企员工培训，全面开展新时代企业文化宣贯传播。推进企业文化长廊建设，梳理完善原有企业文化长廊 9 个，新建西红门供电所、旧宫供电所企业文化长廊。实施企业文化年度项目建设，“弘扬卓越企业文化 塑造新国门供电服务新形象”被列为公司储备项目，有序推进实施，顺利完成结项。

（张　蕾）

国网北京市电力公司平谷供电公司

【概况】国网北京市电力公司平谷供电公司（简称平谷公司）成立于 1963 年，是国网北京市电力公司（简称公司）直属供电企业，负责平谷地区 950.13km^2 范围内的电网规划建设、运行管理、电力销售和 19.28 万客户的供电服务工作，肩负着为地区党政军机关、重大节日活动和城市运行安全供电的光荣使命。

截至年底，共设置 10 个职能部门、2 个业务支撑与实施机构、10 个供电所、1 个产业公司。

共有变电站 17 座。其中，220kV 变电站 2 座，容量 903MVA；110kV 变电站 12 座，容量 921MVA；35kV 变电站 3 座，容量 80MVA；220kV 线路 4 条，54.388km，110kV 线路 20 条，长度 153.203km；35kV 线路 2 条，长度 11.37km；10kV 架空线路 89 条，长度 1650km；10kV 电缆线路 232 条（含支线），长度 481.69km。实现全年安全生产无事故目标，截至 2019 年底累计安全生产长周期 3145 天。

完成售电量 17.04 亿 kWh，同比下降 1.90%；完成业扩报装接电容量 15.62 万 kVA；电费回收率 100%；最大负荷 40.15 万 kW。

平谷公司荣获“一流供电企业”、北京市“首都文明单位”标兵、国家电网有限公司文明单位、平谷区公共服务行业“五好单位”“全国五一劳动奖状”“首都劳动奖状”“全国文明单位”“首都绿化美化式花园单位”等荣誉称号。

地址：北京市平谷区新平南路 239 号
邮编：101200

电话：010－63671123

【人力资源】截至年底，平谷公司共有全民工241人，集体工17人，华商人员201人，产业直签人员109人。全民工职工中：研究生及以上学历19人，本科学历168人，专科学历37人；高级职称50人，中级职称47人，初级职称108人；高级技师84人，技师53人，高级工14人，中级工12人，初级工2人。

积极推动青年人才上下交流，有效开展青年员工“三跨”培养。持续提升核心岗位长期职工配置率，进一步优化人才分布结构。强化绩效管理工作，绩效体系运转不断完善和巩固。绩效管理在深化改革、提质增效、激发组织和员工活力方面发挥的作用不断显现。实施金海湖实训基地硬件升级改造，完善培训功能，进一步满足平谷公司各类技术技能人才培养需要。加快人才培养，不断提升职工队伍素质。积极组织开展各类培训，提升员工业务能力和技能水平。

【电网规划与建设】平谷公司电网中长期规划及2035电网空间布局规划纳入平谷区总规。通航、平和、大华山—巨各庄110kV线路工程、东高村—夏各庄110kV线路工程等4项工程通过审核并签订投资划分协议。利用工程措施解决35kV英城站、赛门特站及相关输电线路退运问题，解决35kV峪隆二小中支老旧线路退运问题。完成2019年平谷公司“网格化”配电网规划编制工作，针对主配网存在的主要问题，提出未来5年配电网发展和建设重点，全面提升地区配电网供电能力和地区供电可靠性。“十四五”期间，规划主网建设220kV变电站1座，110kV变电站3座，梳理配网工程项目238项。基建质量管理水平再上新高度，陆港110kV输变电工程在公司标准工艺竞赛中取得变电站第二、送电工程第三的好成绩。

7月31日，平谷公司工作人员在10kV政府线02－03号杆更换变压器。（张强　摄）

【经营管理】完成资金安全后评估与成本监审工作，有效执行“放管服”任务，多维体系变革财务信息数据准确率达100%。全年工程竣工决算完成100%，非生产可控成本压降10%。圆满完成供电服务指挥中心升级改造，为发挥供电服务“最强大脑”打下坚实基础。开展“降损增效”百日攻坚专项行动，精准治理负损线路台区352个，分线分台区线损合格率较年初提升23%，综合线损率达到6.27%。平谷公司首座主业仓储点按期完工投入使用，完成仓储建设任务。累计开展结余物资消纳2442万元，完成全年消纳目标的106.18%；完成退役资产报废3500余万元，回收处置资金共计369.9万元，实现全年处置目标的105.7%，有效降低库存积压，库存物资处置成效显著。全员法律知识水平得到有效提升，全年未发生平谷公司有责案件，挽回各类经济损失133万元。完成9项后勤非生产性项目建设，确保项目顺利投产。产业公司内部管控逐步夯实，自身素质和市场竞争力得到提升，大力开拓本区域和外埠市场，开展联合体运作模式，推广智慧能源管家服务，增加代维护服务质量及范围，产业公司全年完成经营指标2.2亿元。

【安全生产】截至年底，平谷公司未发生人身重伤、死亡事故，未发生五级及以上电网、设备事件，未发生火灾事故，未发生六级及以上信息系统安全事件，未发生本企业负主要及同等责任的重大交通事故，未发生突发事件、安全事件迟报、漏报、瞒报情况。

坚持“安全第一、预防为主、综合治理”的方针，开展隐患排查和风险管控工作，强化现场安全管控力度，实现本年度3个安全生产长周期。深入开展各类专项隐患排查及安全主题活动，加强反违章工作，管理人员开展飞行检查131次，到岗到位798人次，巡视检查453个工作现场，发现和制止典型现场违章行为13项，发出违章通知单7张；制定政治保电预案14项，计划检修风险预案51项，迎峰度夏、度冬预案135项；组织反事故演习及迎峰度冬演习148次，圆满完成各项政治保电任务33项。全年累计发现并消除各类隐患3200项，有效防止了人身触电事件发生；配电自动化实用化及运维水平显著提升，终端在线率、正确动作率均达到95%以上，配网故障率下降38%，供电可靠性实现 99.96%，电压合格率达到 99.997%；完成金海湖林场等山区线路防火改造工作，有效降低山区火灾风险。

■ 5月20日，平谷公司工作人员正在进行线下去树工作。（安晓静 摄）

【营销与优质服务】完成小微企业“三零”服务 975家，累计为小微企业节省投资约 682.5 万元；组织完成 10kV 临时用电“三省”服务接电项目，服务合同金额 22.77 万元，为用户节省投资约 30%。建立政务服务政企联动机制，探索并推广“不动产登记+用电过户一站式办理”业务。深化客户经理“网格化”服务，在 272 个行政村和社区挂牌开展服务；健全接诉即办等快速响应机制，全年客户诉求量及投诉量分别同比下降 27.2%、55.6%。稳妥推进电价调整工作，完成一般工商业两次降价调整。电能替代力度不断加强，完成电能替代电量 5490.5 万 kWh，节约电量 518.3 万 kWh。完成 641 台充电桩资产接收，建设完成公交外电源 1 项，完成充电电量 2229.6 万 kWh，同比增长 24.2%。持续开展重要客户差异化服务，高压客用户周期检查 726 户次，主动为客户提供安全用电技术支持。计量精益化管理稳步提升，完成 4917 台集中器、采集器升级及 405 台 HPLC 集中器、17355 具 HPLC 模块换装工作，有效提升购电下发成功率、缩短购电下发时长。台区线损治理成效显著，依托营销数据库资源，进行数据剖析整合，加大台区线损现场治理力度，梳理低压电源关系，台区线损合格率达到 97.1%。

■ 5月28日，平谷公司工作人员向桃农讲解安全用电知识。（黄晓东 摄）

【党的建设与精神文明建设】组织开展“铁肩担道义 电力暖渔阳”主题活动，保障春节期间供电安全稳定。开展“党建引领、内嵌融入”及党员“一带二、一带三”系列活动，全体党员干部身份意识明显增强，党建经验在《国家电网报》《中国电力报》发表，并被“首都电力先锋”头条转发。说唱节目《春风十里 桃花依旧》获得全国电力行业优秀影视作品一等奖、英大传媒短视频大赛铜奖。青年员工创新项目获北京市青年安全生产大师赛金奖。针对业扩报装及招标采购开展专项监督，42 项历年审计问题全部整改完成。对重点岗位人员名录进行重新梳理和界定，制定党风廉政建设约谈计划，年度累计约谈 130 人次。广泛开展职工文化活动，职工篆刻作品代表公司在国家电网有限公司职工书画篆刻展中进行展示，建成 4 个职工小家、2 个职工书屋和 8 个图书角，职工文化氛围得到显著提升。深入开展劳动竞赛，对准业务工作重点难点全面发力，全年获得劳动红旗 10 面，竞赛之星 19 名。

■ 8月8日，平谷公司共产党员服务队员在马坊村帮助村民更换漏电开关。（安晓静 摄）

（张 强）

国网北京市电力公司怀柔供电公司

【概况】国网北京市电力公司怀柔供电公司（简称怀柔公司）是国网北京市电力公司（简称公司）的直属供电企业，负责怀柔地区电网规划与建设、电力调度控制与运行监测、电网维护及抢修，承担着为怀柔地区经济、社会发展和城乡广大电力客户提供安全可靠电力供应的重要职责。

怀柔公司共设置11个职能部门、3个业务支撑与实施机构、14个农村供电所。共管辖110kV变电站16座；35kV变电站3座；10kV开闭站20座；10kV储能站1座；35kV及以上线路共34条，合计295.883km；10kV配电线路356条，合计2352km。地区共有用电客户18.8万户。

全年完成售电量20.57亿kWh，同比增长1.7%；实现营业收入12.84亿元；完成线损率6.53%；地区最大负荷达到47.78万kW。获得业绩考核第10名；获得劳动红旗13面、竞赛之星19名。荣获全国文明单位、首都文明单位标兵、北京市交通安全先进单位、怀柔区文明单位、国网北京市电力公司2019年三场重大活动供电保障突出贡献单位等多项荣誉称号。

地址：北京市怀柔区湖光小区36号
邮编：101400
电话：010－69653415

【人力资源】截至年底，怀柔公司共有职工604人，其中，全民员工246人，华商电灯公司213人，主业派遣2人，集体职工133人；全民人员中博士学历1人，研究生学历38人，本科学历149人，专科学历34人；高级职称人员38人，中级职称54人，初级职称74人；高级技师人员45人，技师84人，高级工52人，中级工6人。

优化全员绩效管理，制定年度绩效管理实施方案，实现绩效分级管理、全员覆盖，促进三项制度改革有效落地。建立健全激励约束机制，赋予各级绩效经理人考核权、奖金分配权。严格按照等级评价标准，确定C、D级具体数量。深化考核结果应用，实行轮岗交流60人次。制定“电靓怀柔，人才培养”计划，重点开展红色指引党员干部培养、领军领航专家人才培养、匠心匠人岗位技能人才培养及正青春、正能量青年员工培养四支人才队伍培养工作，完善管理、技术、技能人才梯队建设，实现精准用工配置。强化青年员工培养，利用工余时间，以课堂授课、研讨与考试相结合的方式集中封闭培训21次，现场培训12次。制定师带徒活动实施方案，组织39对师徒签订双导师协议。发挥专家人才作用，对抄表核算收费员、电力调度员、配电线路工等10个工种43人进行评价前的专业培训900余人次，助力职工职业技能晋升。

■ 12月12日，怀柔公司召开2019年度绩效测评会。
（赵艳阳　摄）

【电网规划与建设】聚焦地区功能定位，编制中长期电网发展规划，形成变电站布局整体方案，实现22座规划站址全部纳入分区规划。细致梳理电网薄弱环节，制定16项工程改造提升方案，有效满足区域负荷增长需求。开展网格化电网规划，首次将规划范围延伸至配网层面，统筹专业部门、供电所两级协同推进，形成配网提升改造项目清册。在公司率先实现以土地预审办理工程规证，形成可推广应用的怀柔经验。深度优化科学城配套电网规划，在原有16座规划变电站基础上，新增1座220kV预留站。完成科学城输电线路通道规划，结合综合管廊计划完善架空线路分阶段入地改造方案，同步测算投资规模。优化220kV罗山站选址选线，完成110kV永胜站及配套电力运行保障中心可研方案编制。加速配套电力工程实施，科学城西110kV输变电工程提前80天合规投产，科学城东110kV输变电工程开工建设。重点项目高效推进，全年推进40项主配网建设工程，建设规模再创新高。主网层面：10kV北房储能站作为北京首座电网侧储能电站竣工投产；南华 110kV 变电站扩建工程顺利送电，彻底解决单主变压器运行风险；汤河口 110kV 输变电工程竣工投产，为北部山区提供稳定电源支撑；喇叭沟门 35kV 输变电工程实现电缆隧道依法开工；黄坎 110kV 输变电工程稳步推进。配网层面：加大煤改电工程推进力度，改造线路 18 条，新投线路 4 条；10kV 黄花城路改造、渤海至九渡河联络线工程历时 2 年如期送电，西部山区 20 年用电紧张问题得到显著解决；辛八路小截面改造工程下钻长城顺利投运，有效解决局部地区供电能力不足问题，并拆除长城屹立 50 年电杆。

■ 7 月 5 日，北京首座电网侧储能电站——怀柔 10kV 北房储能站竣工投产。 （赵艳阳 摄）

【经营管理】加强资金安全管控，开展专项自查，不断推进责任落实、规范业务流程，有效防范和化解资金安全风险。开展线损治理攻坚专项行动，精准治理负损线路台区 97 个，分线、分台区线损合格率分别达到 90.93%、95%，较年初分别提升 32.84%和 24%。强化政企合作，累计查处违窃行为 60 起，追缴电费 72.5 万元，地区用电秩序不断规范。全面落实重大决策合法性审核，深入开展超期履行合同治理专项行动，排查整改 13 份超期履行合同。聚焦煤改电、产业承揽等重要工程，分阶段、分专题开展现场跟踪审计，发现风险问题 11 项，提出整改意见 11 项，18 项遗留问题全部整改完成。应用智能仓储系统累计消纳剩余物资 1758.66 万元，超额完成公司结余物资处置任务，代表公司参加国家电网有限公司物资竞赛调考，以满分成绩获得国家电网有限公司团体第一名。聚焦科学城核心区，强化顶层设计，布局区域清洁能源消纳、电动汽车充储交互、储能设施统一调度等尖端产业，综合能源服务领域一小一大示范工程形成初步方案。

【安全生产】修订全员安全职责规范，细化执行责任清单，压紧压实各级安全责任。修订安全奖惩实施细则，加大一线奖励比重，全年兑现安全奖励 420 万元。依托怀柔区安全生产实训基地，开展实操培训 378 人次。规范事前风险会商，审核并发布风险计划共 1084 个。加强现场作业安全管理，各级领导干部、管理人员累计现场督导把关 1043 次、飞行检查 856 次，违章率同比下降 76%。开展护网 2019 等专项排查行动，有效提升网络安全防护水平。充分应用智能化供电服务指挥、智能安防等平台系统，建立双巡查机制，并促请区主管领导督导树线矛盾等风险消除，累计治理隐患问题 235 处，输、配电故障同比下降 75%、12%，台区异常率降幅超 57%。加大配电自动化建设应用，完成 13 座开闭站自动化功能及 942 套终端接入，26 条线路实现全自愈功能投入，全年支线故障就地隔离 44 次，平均停电时长减少 18.7min，供电可靠性稳步提升。高效开展消防安全三年行动，结合重大政治活动保电，完成 13 个重点站室隐患消除，并率先在雁栖湖、会都变电站及 D 开闭站等保电站室加装七氟丙烷固定式气体灭火系统，实现消防管理和硬件水平双提升。应急保障坚强有力。滚动修编山区电网生命线清单，督导 5 项电网提升计划高效落地。不断深化 1+3 应急抢修体系建设，全年启动应急响应 44 次，度夏、度冬期间发布气象预警信息 74 次，强降雨期间快速恢复四季花园等 2 个小区电力供应，成功应对夏季持续大负荷及 47.78 万 kW 历史最大负荷考验。

■ 8 月 5 日，怀柔公司杨宋暴雨应急抢修现场。 （赵艳阳 摄）

【营销与优质服务】不断优化营商环境，主动对接 212 家客户，编制 3 项典型案例并入选《北京政务服务局培训教材典型案例》。积极落实“三零”服务要求，累计 6112 户居民、192 户小微企业受益。精准对接科学城区域客户，大力推广“三省”服务，受理报装 8820kVA，完成怀柔科学城高能同步辐射光源等 10 个临电项目送电，节约客户投资 660 万元。服务水平持续提升，深入落实2019～2020年供电服务提升计划，在289个村庄和社区挂牌开展客户经理网格化服务，健全接诉即办等快速响应机制，投诉、95598工单量分别下降68.06%、5.67%。制定12345工单处理流程，成立精准服务工作小组，及时解决客户诉求，工单数量环比下降14.7%。加强计量管理，完成高速载波采集设备换装618具，更换计量模块18万个，购电下发时长平均2.76min，同比降幅超过48%。强化计量业务监控，全年更换时钟超差等表计1.48万具，处缺2500台次，管理基础有效夯实。电能替代全面推进，落实蓝天保卫战三年行动计划部署，完成北房、八道河等30个村1.09万户“煤改电”工程建设任务，累计完成改造147个村4.95万户，实现平原地区100%、山区43.31%村庄无煤化，怀柔公司已成为地区不可或缺的供暖单位。

■ 11月15日，怀柔公司开展“煤改电”服务日活动。（龚雅　摄）

【科技与信息化】全年形成科技创新项目18项、管理创新项目7项。编制怀柔公司创新实践成果手册，创新孵化能力持续提升。“适用于大型城市电网的多场景电网侧储能应用关键技术研究及示范”获得公司科技进步二等奖，“智能对线器制作”获得公司群众技术创新成果三等奖；“配电自动化系统调控深化应用”获得公司2019年度管理创新成果三等奖；“输电线路通道环境管控平台的研制”获得公司2019年度QC小组活动成果二等奖；“多功能杆号牌的研制”获得公司2019年度QC小组活动成果三等奖。

全年组织网络信息安全培训4次，签订网络安全责任书25份，签订全员网络信息安全书619份，对网络与信息系统安全专门开展3轮次隐患排查，迎接怀柔区公安局网安中队2轮网络信息安全检查，完成21次网络安全与信息运行风险预警排查。搭建网络安全管理平台，在110kV会都等13座变电站安装网络安全监测装置26台，对110kV雁栖湖变电站和会都变电站开展等级保护测评和安全评估。全年累计排查终端1万余台次，处理感染恶意病毒终端14台，关闭高危端口11个，有效提升网络与信息系统的健康运行水平。

【党的建设与精神文明建设】以首善标准开展不忘初心、牢记使命主题教育，围绕学习贯彻习近平新时代中国特色社会主义思想，组织各级党组织集中学习78次，班子成员深入一线调研48次，逐项落实问题整改11个。逐级完善党建责任清单，深化党建工作联系点机制，开展书记抓党建述职评议考核，明晰支部工作事项68项，不断夯实党建基础。深化内嵌融入，实施党建+特色创建，设置10支共产党员先锋队。围绕公司重点工作任务，成立10个临时党支部、5支党员保障队。创新采取“六个一”形式，深入开展共产党员“一带二、一带三”活动，充分发挥党组织战斗堡垒和党员先锋模范作用。扎实开展抓整改、除积弊、转作风、为人民专项行动，深入推进漠视侵害群众利益问题专项整改。落实纪检监察体制改革部署，通过赋予监察权等方式，“三转”工作不断强化。加强党风廉洁建设，强化两个责任落实，重点岗位履责约谈覆盖率达到100%。坚持巡视巡查一盘棋，建立挂牌督办、过程反馈、销号背书机制，高标准完成26项问题整改。集中整治形式主义、官僚主义，实现会议、文件总量分别压降40.02%、37.68%。深化实体和“互联网+”两个文化阵地建设，以五讲形式推动党内政治文化引领企业文化建设。落实意识形态工作责任制，强化专题宣传策划，全年累计在公司及行业媒体发稿239篇，市

■ 3月27日，怀柔公司在雁栖岛开展“一带一路”供电保障誓师大会。（赵艳阳　摄）

属及以上媒体发稿16篇，入选国网故事汇2篇，广泛传播怀柔公司履责担当、推动发展的亮点举措和工作成效。落实离退休人员两项待遇，加强维稳保密工作，保持了和谐稳定局面。

（杨海霞）

国网北京市电力公司密云供电公司

【概况】国网北京市电力公司密云供电公司（简称密云公司）是国网北京市电力公司（简称公司）直属供电企业，负责密云地区2229.45km²范围内的电网规划建设、运行管理、电力销售和26.17万客户的供电服务工作，肩负着为密云地区党政机关、重大政治活动和城市运行安全供电的光荣使命。

截至年底，共设置职能部室9个、班组23个，受托管理集体企业1家。

共负责35kV及以上变电站26座，变电容量145.68万kVA，输电线路411.56km。其中，220kV变电站1座、110kV变电站13座、35kV变电站12座。10kV配电线路2974.81km，其中架空线路2349.95km，电缆线路624.2km。

全年完成售电量22亿kWh，同比增长1.66%；实现营业收入12.83亿元，同比增长1.2%；完成固定资产投资2.55亿元，资产总额达到43亿元，同比增长6.6%；累计线损率5.19%，同比下降2.98个百分点，提升效益4000万元；电费回收率100%。最大负荷51万kW（2019年12月31日）。

2019年，密云公司获得了全国文明单位荣誉称号，获5面公司劳动竞赛流动红旗；13名员工获得劳动竞赛之星称号。

地址：北京市密云区新中街3号
邮编：101500
电话：010－69042580

【人力资源】截至年底，密云公司共有全民职工230人，其中研究生及以上学历23人，本科学历116人，专科学历68人，中等职业教育23人；高级职称33人，中级职称33人，初级职称102人；技师及以上职业资格99人，高级工64人，中级工8人。

为提升管理人员队伍的综合素质，组织开展本单位中层干部、供电所所长、管理人员专项培训。组织开展本单位初级工、中级工技能等级评价及评价前培训；开展年度青年员工装表接电竞赛及配电自动化专业比赛及赛前培训；组织年度密云公司“师带徒”签订会、定期组织青年员工座谈会。每周组织开展“师带徒”周讲堂，累计20期，本年度已有30多位新员工对所学知识交流分享。组织新入企大学生供电所定向见习，帮助青年员工持续提升职业技能，形成“人人渴望成才、人人努力成才、人人皆可成才”的良好氛围。完成本单位人员各类职称认定、评定工作，组织本单位人员参加各类培训多期，组织本单位高级工、技师及高级技师的报名、报送材料的审核及专家评价工作，按时维护培训系统，上报培训报表。

■ 3月6日，密云公司组织职工技术比武活动。（王丽　摄）

【电网规划与建设】成功办理塘峪220kV输变电工程选址意见书、用地预审意见、规划条件；取得西智35kV变电站升压工程项目核准批复；推动区政府与公司签订西智35kV变电站升压、河南寨110kV输变电、塘峪220kV变电站110kV配套送出、京沈客专密云东牵引站220kV外部供电等4项工程投资划分和建设协议。共办理14项35～220kV工程的32个关键规划前期节点，完成数量排公司第1位，也是密云公司的历史之最，既保证了2019年建设工程项目依法、合规开工，又为争取2020年工程投资创造了良好条件。

■ 7月18日，密云110kV水泉变电站正式竣工投产。

（王丽 摄）

【经营管理】深化线损精益管理，精准治理负损线路台区164个，分线、分台区线损合格率达95%、97.34%，较年初分别提升22%、16.1%。全年完成61项工程竣工决算工作，转增固定资产6.1亿元。消纳工程退出物资3914万元，物资规范管理水平大幅提升。

上级审计问题台账100%整改完成。在竣工决算审计中，密云公司近年来首次实现无资金量审减问题；"煤改电"跟踪审计过程纠偏307万元；密云公司典型经验做法在《中国内部审计》期刊发表，风险化解和风险管控成效逐年显现。健全依法主动维权机制，应诉案件同比下降25%。

大力推动供电所新址建设，东邵渠供电所、大城子供电所搬进新所办公，一线办公条件明显改善。高质量完成7项非生产性技改、大修工程建设，共计投入资金1150万元。加强非生产性房屋管理，提高房产资源利用率，出租房屋2613.29m^2，创收154万元。交通安全管控扎实有效，连续三年被评为"北京市交通安全先进单位"。

【安全生产】编制覆盖全密云公司的安全责任清单，优化安全考核办法。进一步增强"谁主管谁负责"的安全责任意识；有效管控无计划施工；实现全员持证上岗。加强对App执行和现场视频的监督检查力度。圆满完成"新中国成立70周年""一带一路"论坛、亚洲文明对话大会、世园会等重要保电任务。提前谋划、科学实施20项度冬临时工程，逐村、逐线制定差异化管控方案，全力确保"煤改电"百姓安心温暖度冬。加快推进配电自动化专业由建设阶段向应用阶段转变，累计投入各类自动化终端2188台，实现配电自动化线路覆盖率、图模覆盖率、新设备入网调试率三个百分百。密云公司变电专业连续6年未发生故障，配电专业故障同比下降27.8%；完成断路器配置升级866台，大幅缩短停电时间和停电范围，用户平均停电时长同比下降54%。高效处置夏季暴雨山洪灾害，积极应对度夏37.7万kW和度冬51万kW大负荷挑战，确保了地区电网安全运行和电力可靠供应。

【营销与优质服务】分两批次完成31个村"煤改电"工程10969户。截至年末，"煤改电"工程共惠及农村居民81302户。采暖季贡献电量3.6亿kWh，减少燃煤约26万t。

自"三零"服务推出以来，累计为小微企业节约资金8056万元；累计送电5956户，送电容量5.42万kVA。完成高速载波采集装备换装1.7万具，提升客户线上缴费体验感，购电平均下发时长从年初的3.49min缩短至2.71min。广泛推广"网上国网"App，拓展"互联网+"服务渠道，低压客户线上缴费率提升至70%。实施5个小区紧急增容工程，度夏期间实现老旧小区零停电。在147个小区、339个行政村开展客户经理"网格化"服务，健全接诉即办等快速响应机制，强化日常工单管控，客户投诉、95598话务量同比下降40.32%、14%。客户信息采集突破23万户，反窃查违突破90万元，电费实际回收率实现100%。

■ 5月7日，密云公司组织召开"优化营商环境"公众开放日活动。

（王丽 摄）

【农电工作】配合华商总部、公司人资部完成23名非全日制员工转正工作，解决了长期困扰农电的历史遗留问题。组织供电所员工19期682人次参加了涉及优质服务、线损、法律、全能型供电所建设、消防等7大项内容的培训工作。为供电所配置了430个多孔安全插座和17套汽车防滑链，有效保障了电器和冬季行车安全。完成4个新建供电所的安技防建设和设备调试工作。配合公司营销部完成

《乡镇供电所岗位安全履责清单》等规章制度的修订工作。

【科技与信息化】参与并入围公司第二届网络安全技能竞赛决赛，获得网络安全技能竞赛个人二等奖、团体一等奖及团体三等奖。稳步推进科技创新和管理创新工作，搭建员工交流共享平台，创新驱动能力不断增强。

【党的建设与精神文明建设】高质量开展“不忘初心、牢记使命”主题教育。深化党建量化管理，修订党建专业考核评价体系。强化标准化规范化体系建设，进一步做好标准化建设“回头看”工作，年内组织交流互查2次。注重教育与监督并重，领导班子年度累计约谈110人次，150余人前往海淀区看守所接受警示教育，开展专项和协同监督5项，党、政、纪负责人节日期间开展现场督导10余次，专题下发廉洁自律通知5次，重点岗位交流46人次，全员风险和廉洁意识持续提升。各级领导干部走进200余个工作现场、覆盖全部基层单位，进一步汇聚了干事创业的正能量。全年提职干部6人、开展岗位交流29人次。招聘27名优秀毕业生，安排18名青年员工到基层供电所定向培养并迅速发挥作用。制定“双导师”培养制实施细则，全年签订“师带徒”协议38人。强化典型引领，开展“最美初心”党员模范宣传活动，集中宣传13人次。加强新闻策划、扩展传播渠道，年内累计在公司及行业媒体上稿268篇，市属及以上媒体上稿28篇。

■ 3月5日，密云公司开展“学雷锋”主题活动，走访辖区养老中心。（王丽　摄）

（孙佩佳）

国网北京市电力公司顺义供电公司

【概况】国网北京市电力公司顺义供电公司（简称顺义公司）成立于1957年，是国网北京市电力公司（简称公司）直属供电企业，负责顺义地区1021km^{2}范围内的电网规划建设、运行管理、电力销售和供电服务工作，肩负着为顺义区域内党政军机关、高科技园区及首都机场和全区百姓优质安全供电的光荣使命。

顺义公司设置11个职能部门、3个业务机构、19个乡镇供电所，1个产业单位。

顺义区域内共有500kV变电站1座，容量390万kVA；220kV变电站6座，容量288万kVA；110kV变电站30座，容量288.8万kVA；35kV变电站9座，容量22.63万kVA。110kV线路83条，全长约497.78km；35kV线路28条，全长约201.756km；10kV混网线路302条，总长度3201km，10kV电缆线路323条，总长度1964.98km；10kV开闭站97座，电缆分界室229座；配电变压器6369台，容量205.244万kVA，其中柱上变压器5780台（容量164.204万kVA）。

地区供电客户45.03万户，其中重要客户29户，包括特级客户1户（首都国际机场）。2019年，地区用电量前三位的客户分别为北京首都机场动力能源有限公司（5.05亿kWh）、北京首钢冷轧（2.88亿kWh）和北京现代（2.72亿kWh），三个客户约占全区用电总量（78.60亿kWh）的13.55%。

年内完成售电量78.6002亿kWh，同比增长3.56%；实现累计安全长周期8502天，长达23年有余；顺义地区电网历史最大负荷179.2万kW。

地址：北京市顺义区顺达路6号

邮编：101300

电话：010－81483347

【人力资源】顺义公司共有全口径用工923人，其中，长期职工327人，集体职工15人，集体企业直签员工279人，集体企业劳务派遣员工7人，华商电灯公司直签员工295人。长期职工中，博士1人，研究生学历

76 人，本科学历 171 人，专科学历 63；高级职称 52 人，中级职称 79 人，初级职称 99 人，员级 13 人；高级技师 14 人，技师 28 人，高级工 155 人，中级工 43 人，初级工 1 人。

开展优化机构设置及人员编制总体方案研讨，激发员工活力。搭建多样化人才培养平台，持续优化实施“师带徒”、“电匠微课堂”、现场实练活动及行动学习工作，发挥各层级优秀专家人才引领作用，努力实现人才培养数量、质量、速度三方面突破。扎实推进“一基地三中心”建设，完成计量实训基地等 3 项功能模块建设，深化 24 个展示项目方案。持续优化干部梯队结构，结合实际工作需要，全年进行 6 批次，共计 24 人次选人用人调整。

【电网规划与建设】 积极推动 2035 年分区规划，完成 9 个 220kV 和 30 个 110kV 变电站的空间布局和主网高压通道规划，纳入顺义分区规划并获得市政府批复。及时启动“十四五”电网规划专题研究工作，全面推动顺义中长期电网建设发展。深入研究顺义发展定位，逐步开展“3+7”项目选址选线，重点推动“2+2”项目规划和可研。深度推进“两个前期”协同，高效完成河津营、西府立项等前期工作，同时，推进以顺丰站为试点的输变电工程前期工作新模式，为工程按期开工创造有利条件。充分发挥“多规合一”平台作用，全年取得立项核准 3 项、规划意见书 2 项。

■ 6 月 3 日，顺义公司长林 110kV 变电站主变压器增容工程投产运行。 （侯战泉 摄）

顺利完成长林 110kV 变电站增容，张镇、东营 10kV 切改，东府 110kV 送出、东府 220kV 改 GIS 共 5 项工程任务，新增变电容量 28.5MVA，新增 110kV 线路 6.59km，10kV 电缆线路 16km，10kV 架空线路 2.3km。

创新应用先进技术和管理经验，打造于庄变电站示范标工程，形成可借鉴、可复制、可推广的优秀基建工程建设管理经验。以落实“十二项措施”为基础，狠抓基建安全管理，强化过程管控，工程质量明显提升。张镇 110kV 输变电工程变电站和输电线路均获得公司优质工程评选银奖，东府 110kV 配套送出工程获得公司标准工艺竞赛二等奖。

【经营管理】 全方位开展“1+5+10”劳动竞赛，建立以“安全稳定年”为导向的绩效考核体系，面向供电所及基层班组开展 5 项劳动竞赛评比，推进兆瓦级空气源热泵集中供暖、电力安全实训基地、共享公车等 10 项创新实践项目有效落地。

克服电价下调、售电量增速放缓等不利因素，大力增供扩销、降本增效。深化同期线损管理应用，综合线损率达到 5.08%，分线分台区线损达标率较年初增长 30%以上，通过线损计算追缴费用 281.7 万元。创新物资智能化管理模式，建设智能仓储体系，有效提升工程结余物资管控水平，全年消纳工程结余物资 8282 万元。完成 9 个批次的废旧物资处置工作，回收资金 576.63 万元，达到历史最高水平。严格综合计划和预算管控，压降非生产性成本支出 13.69%。落实国家一般工商业电价降价措施，减少客户用电成本 3.73 亿元。

主动依法维权，挽回经济损失 318.07 万元。丰富法律宣教形式，通过开展“法治五进”、观看法治电影，法律知识竞答等活动提高全员学法热情。顺义公司拍摄的《与宪法同行》视频片入围公司优秀法治电影。按照“凡案必示”要求，完善诉讼管理和风险防范体系，高质量完成法律风险提示书，入围公司十大典型案例名单。深化对大额资金、关键领域的监管，全年整改完成 28 项审计问题。利用首善清风 App 开展 103 名重点岗位人员参与的党风廉政知识在线考试，促进从业安全。

高站位谋划产业事业部建设，完成计量、电缆、通信、智能运维、获得电力五个事业部的组建和运转，充分发挥专业化支撑主业和专业化发展产业的作用。产业公司全年累计竣工投产客户市政工程 70 项，高效完成 50 项配网改造、15 个村落低压改造、20 个老旧小区改造等重大工程任务。完成智慧食堂建设，应用人脸识别功能，有效管控各类就餐人员，就餐成本大幅下降。共享公车建设顺利上线运行，用车规范性大幅提升。

【安全生产】 开展电网安全风险防控、基建安全质量、产业安全年等专项行动，及时发现并消除隐患135项。建成公司首家安全管控中心，有效整合12大专业工作，实现现场监控全覆盖、专业管理全天候。狠抓现场安全检查，全年领导分批检查282次、到岗到位78次，管理人员到岗到位1827次，安全生产管控水平大幅提升。全年累计检查作业现场1775个，查纠问题325项，安全事件、违章行为同比下降70%、31%。落实消防安全三年行动计划，成立消防安保指挥中心，统筹整合各类消防工作。推进变电站消防手续办理工作，在公司率先取得15座历史遗留变电站消防现场验收合格意见书。完成东营、军营、板桥站水源接入工作，8座变电站消防水源接入工程纳入2020年储备项目。完成8项大修技改项目，变电站实现消火栓系统全覆盖。

精准预测分析电网及设备负荷变化，采取方式调整措施65项，有效应对179.2万kW电网历史最大负荷冲击考验。加强电网停电计划刚性管理，全年共完成停带电计划工作748项，月、日停电计划上报准确率、月停电计划“五率”达到100%。发挥电网运行与管理领导小组作用，发布电网风险预警86项，专项调度43项度夏、度冬重点工程，完成大龙站2号主变压器抢修更换、110kV长林、10kV北彩、元十分倒路等工程，缓解了电网大负荷期间设备运行压力。

强化政企联动治理输电、配电通道隐患，由各镇政府组织去树约10万棵。集中精力完成25座变电站达标创建工作，变电站站容站貌水平大幅提升。深化配电自动化建设应用，故障自愈辅助决策模式投入率达到100%。综合运用人防、技防措施，持续增强运维管控能力，连续两年未发生变电设备故障，配网故障下降54.5%。

■ 4月29日，顺义公司“一带一路”高峰论坛、世园会开幕供电保障巡线现场。 （侯战泉 摄）

按照“精精益求精、万万无一失”的最高标准，坚持早谋划、早部署、早到位，出色完成“一带一路”高峰论坛、世园会开幕、第十届中国卫星导航年会开幕、庆祝新中国成立70周年政治保电等各类保电任务49项，出动保障人次3.7万余次，保障时长236天，荣获供电保障先进单位称号。

【营销与优质服务】践行小微企业获得电力“三零”服务承诺，推进小微企业线上办电，全年完成1373户小微企业低压接电，突破完成马坡天波食府、牛山安乐旅店2项“三零”服务占掘路案例工程。针对10kV临时用电业务，大力推行“三省”服务，在公司率先完成仁和镇医院“三省”临电项目。依托产业获得电力事业部推进工程实施，累计完成“三省”项目13项，平均接电时长15天。参加优化营商环境“千人千题”竞赛，先后开展5次宣讲，多方位助力北京获得电力指标稳步提升至世界排名第12位。

以顺义公司供电服务指挥中心为平台，构建“1+19+*N*”供电服务新体系，压缩服务半径，提升服务效率。对接属地“煤改清洁能源”售后服务中心及各村电工，实现“煤改电”用户全天候用电服务保障。供服中心“大后台”的支撑作用初见成效，通过集中处理客户密码重置、订阅短信变更等客户诉求，减轻基层处置压力。年内累计集中处置工单7437张，占全部工单的23.07%。加强工单预警、催办、审核力度及规范各类工单处置模板管理，工单按时办结率、回复质量均有所提高。超时工单量同比下降92.93%，退单量同比降低32.34%。

健全接诉即办等快速响应机制，精细诉求管控，全年受理投诉、95598和12345工单诉求同比分别下降69.29%、34.55%、41.87%。12345排名位列全区公共服务行业排名第三。便民服务渠道日益畅通，推广微信、支付宝等多种线上支付手段，减少服务环节，实现客户精准服务。推进业务线上办理，完成专票领取自助柜等3个“互联网+营业厅”项目，客户获得感和满意度不断提升。推进营业厅服务由线下向线上转型升级，完成北石槽和天竺营业厅转型，营业窗口服务模式不断优化。全力做好国家残疾人冰上运动比赛训练馆电力服务保障工作，确保满足冬奥测试赛用电需求。

推进以电代煤，配合区政府继续推进清洁能源行动计划，完成庄头村“煤改电”改造。以电代油方面，及时开展公交外电源各项前期、招标手续办理工作，2

项公交外电源工程按时竣工投产。借助老旧充电设施改造契机，与产权方协商达成合作意向，推进澜西园公交场站、俸伯地铁站、南法信 P+R 停车场等 3 座停运充电站重新投运。开展综合能源服务，完成综合能源业务各项指标，全年完成综合能源营业收入 791 万元，实现电能替代电量 2.2 亿 kWh。加快推进兆瓦级空气源热泵技术成果转化，华英园试点项目进入试运行供暖阶段。依托京东实训基地建设，设立多能源互补互连的综合能源应用项目，各项目展示方案按节点推进。

【科技与信息化】全年申报科技创新成果 4 项、群众创新成果 4 项、QC 成果 6 项。“基于多维数据融合的安保管控系统研发及应用”“顺能科创智电综合器及系统研发”分别荣获科技创新、群众创新成果三等奖。“服务公司高质量发展青年人才培养体系建设”“关于基建工程安全责任量化考核管理的推广”荣获管理创新成果三等奖。

【党的建设与精神文明建设】开展“不忘初心、牢记使命”主题教育活动，集中学习研讨 42 人次，专题调研 45 次，征求意见 252 项。梳理“边学边查边改”各类问题 41 项，重点围绕 8 个方面整治突出问题，通过学做结合、查改贯通，广大干部职工的理想信念更加坚定、宗旨意识更加牢固、担当精神更加充沛。贯彻落实新时代党的建设总要求，制定顺义公司党建工作责任清单，固化“大党建”月度例会制度，全年召开党建工作领导小组办公室例会 14 次，加强对基层党支部的过程管理。持续深化“党建引领、内嵌融入”、党员“一带二、一带三”长效机制，在新中国成立 70 周年政治保电、重点工程建设等重大任务中成立 4 个临时党支部，充分发挥党组织战斗堡垒和党员先锋模范作用。

10 月 17 日，顺义公司党委“不忘初心、牢记使命”主题教育集中学习研讨暨领导干部专题读书班开班。（侯战泉 摄）

持续推进企业文化“百千万”工程建设，完成示范点验收。做好青年思想引领，通过“青年大学习”、微团课等形式向青年普及先进思想。每季度开展职工思想调研、重点约谈、交流座谈工作，保证职工思想稳定。持续开展学习型组织建设，冯骏同志被评为北京市市民学习之星。深化“号手岗队站”及“两红两优”创建评选，推选出一批优秀青年与团体，顺义公司团委被评为年度五四红旗团委。关心关爱职工，开展为期一个月的职工子女暑期托管班。精心组织，细致谋划，高质量完成 16 个供电所“五小建设”工程、“职工小家”建设。将廉洁安全作为对干部员工的首善关怀，加快构建“不想腐”长效机制，领导班子成员深入基层讲廉课，各部门结合专业特点讲风险、话廉洁，干事、干净理念更加深入人心。

（蔡溪源）

国网北京市电力公司延庆供电公司

【概况】国网北京市电力公司延庆供电公司（简称延庆公司）成立于 1962 年，是北京市电力公司（简称公司）直属供电企业，负责延庆地区 1993.75km² 范围内的电网规划建设、运行管理、电力销售和供电服务工作，肩负着为延庆地区经济发展、政治供电和人民生活提供安全供电的重要责任。

共设置 9 个职能部门、3 个业务支撑机构、1 家集体企业、7 个农村供电所。

营业区域内共有变电站 22 座，其中 110kV 变电站 12 座（其中含移动站 2 座，容量 922.5MVA）、35kV 变电站 10 座（容量 201.5MVA）。110kV 线路 16 条，长度 162.2km；35kV 线路 14 条，长度 203.8km；10kV 线路 111 条，长度 1573.4km，其中架空（混）线路 1607.6km，纯电缆线路长度 114.1km。低压线路 1775.503km，柱上变压器 29944 台，容量 86.39 万 kVA。

全年售电量完成 13.33 亿 kWh，售电量同比增长 9.48%，增速排名公司第 1。完成售电收入 8.9 亿元，同比增长 3.85%。线损率完成 7.42%，优于年度指标 0.17 个百分点，同比下降 0.16%。城网供电可靠性完成 99.9622%，优于考核指标 0.004 个百分点，农村供电可靠性完成99.909%，优于考核指标0.02个百分点。完成可控成本 1.85 亿元。发展总投入 10.5 亿元，其中电网基建投资 9.13 亿元，投资额创历史最高水平。截至年底，累计安全生产长周期达到 6904 天，持续保持了安全生产、队伍稳定、形象优良的健康发展态势。

延庆公司连续 5 年蝉联“全国文明单位”荣誉称号，连续 13 年摘得“首都文明单位标兵”称号并获得延庆区交通安全先进单位等多项荣誉。荣获世园会延庆区服务保障先进集体、国家电网有限公司庆祝新中国成立 70 周年活动保电先进单位荣誉称号。公司荣获 2019 年世园会延庆区服务保障先进集体及公司“三场重大活动”突出贡献单位荣誉称号。

地址：北京市延庆区庆园街 53 号
邮编：102100
电话：010－69101219

【人力资源】截至年底，延庆公司各类用工共计 623 人，其中全民职工 212 人，集体工 6 人，华商电灯用工 190 人，集体企业派遣用工 1 人，集体企业直签用工 214 人。

修编《公司绩效考核管理办法》，聚焦重点任务，建立科学的薪酬分配机制，合理拉开收入差距，绩效薪酬对重点关键岗位、一线人员倾斜 4000 元/人，充分调动干部员工工作积极性，营造“想干事、能干事、干成事”的工作氛围。

加大中层干部岗位交流，突出跨专业历练和多岗位磨砺，2019 年共提拔干部 3 名、干部交流调整 12 人次。盘活内部人力资源，组织岗位竞聘 2 次，公开竞聘上岗 8 人。

创立“双向挂职（岗）锻炼”机制，打破部门界限，全年共选拔 7 名优秀青年员工到供电所及专业部门挂职（岗）培养锻炼。利用重大保电契机，将近 3 年入企青年员工抽调到各保障团队开展锻炼培养，提升青年员工综合实力。结合冬奥电网建设、迎峰度冬等重点任务，依托“师带徒”模式，将培训课堂设立在一线现场，全面提升专业能力。争取积极政策，配合公司完成年内高校毕业生招聘工作，开展集体企业、华商电灯员工招聘 2 次，广纳贤才 33 人，有效提升企业人员结构水平。获得 10 月队伍建设劳动竞赛红旗。

【电网规划与建设】规划前期成效显现。“十三五”期间国家电网有限公司共投入63亿元资金支持延庆地区电网建设，优化延庆电网网架结构。为保障冬奥延庆赛区安全可靠供电，延庆公司推进 7 项配套电网工程建设，延庆地区为形成“500kV 双电源、220kV 双环网、110kV 双向链式”的坚强结构奠定坚实基础。500kV 柔性直流换流站到昌平联络线工程、柔直流换流站到 220kV 西白庙下送工程、220kV 京张高铁牵引站西白庙第二方向电源、西白庙 110kV 送出工程和冬奥村站第二方向电源工程均按计划如期推进，为赛区提供清洁高效、安全可靠的电力支撑。

延庆电网中长期发展规划成果全部纳入政府电力专项规划，110kV 米家堡、耿家营变电站均已纳入多规合一平台，取得初审意见，“十三五”期间地区电网规划项目已全面落地。按期实现 110kV 海陀、110kV 冬奥村变电站投产发电；可靠保证了 110kV 世园会、永东变电站如期完工；如期实施了 110kV 康庄站、35kV 旧县站增容改造。完成 500kV 延庆换流站、柔直下送、张昌三工程、220kV 西白庙工程、220kV 大浮坨京张高铁牵引站外电源线路工程等前期协调任务。配合区政府完成世园会核心区、延崇高速、京张高铁等线路迁改共计 19 条线路。年内延庆成为北京地区投运容量最大、工程项目最多的电网建设高地，公司作为建管单位的基建项目在高峰期现场施工人员达到 1200 余人，全年累计投入施工力量 10 万余人次，共有基建四级以上风险作业现场 57 个，新建铁塔 261 基、架空线路 83km、电缆 65.4km。为保障地区度冬可靠供电，永东 110kV 输变电工程已于 11 月 30 日投产，12 月 10 日前完成永东 10kV 配套切改工程，确保“煤改电”负荷平稳接入，保障地区百姓温暖度冬。

【经营管理】克服成本刚性增长、电价下调等不利因素，大力增供扩销、挖潜增效。区政府 3 年累计提供工程前期及度冬解重载的支持资金约 8.64 亿元。争取生产辅助性房屋维修、大修技改、车辆维修等 18 个项目共 2522 万元，争取供电所办公用房提升改造费用 500 余万元，全面优化提升职工办公环境。推进同期线损精益管理，明确考核指标和提升措施，分线分台区合格率提升 1.42 个百分点。在各专业的鼎力配合下，延庆公司线损管理取得 11 月公司降损增效劳动竞赛红旗。

完成 2016～2018 年大修技改、人力资源专项审计、行政一把手离任经济责任审计及“煤改电”工程跟踪审计等 9 项审计工作，及时整改落实 57 项审计遗留问题，已整改 48 项，整改完成率 84.2%。结合“廉洁办奥”工作要求，协调推进冬奥项目监督审计，确保依法合规推进重点工程。

中关村延庆园作为北京地区唯一的增量配电改革试点区域，延庆公司全力配合延庆区城管委，明确试点区域划分，取得市城管委批复。在各部门的努力下，10 月获得公司改革创新劳动竞赛红旗。

深化集体企业同质化管理，集体企业主动拓展市场，积极争取代维项目及地区电力工程，全年累计实现利润总额 1355 万元，完成年度指标 100%，企业经营保持良好势头。集体企业全面夯实安全管理基础，完成安全管理制度修订，加强现场巡检，发现并消除隐患 36 项，助力延庆公司获得 5 月公司安全发展劳动竞赛红旗。

加强热点地区前沿技术应用。结合冬奥延庆赛区需求，超前谋划冬季山区供电保障等相关管理创新和科技创新，计划在 110kV 海坨变电站应用全站在线状态监测等前沿技术、结合赛区停车场建设整体移动式发充储放充电站，不断优化实施方案，打造绿色冬奥、科技冬奥供电保障典范。学习先进经验推进创新管理，年度共完成 2 项管理创新示范项目课题和 2 项管理创新推广项目课题，并申报“供电企业创新开展光伏结算工作”项目参加北京市企业管理现代化创新成果大赛。

扎实落实基建领域专项改革配套措施，狠抓项目安全管理和核心分包队伍培育，管理人员现场安全管控率实现 100%。紧盯招标采购、合同履约等关键环节，重点工程物资供应及时高效。4 月、11 月两次获得公司电网建设劳动竞赛红旗，12 月获得公司精准供应劳动竞赛红旗，获得北京市政府冬奥延庆赛区工程建设“百日会战”先进集体竞赛红旗。

【安全生产】鏖战 164 天确保世园会供电保障万万无一失，高标准完成庆祝新中国成立 70 周年保电任务，全年完成全国两会、高考保电等各类保障任务 52 项，其中特级保电任务 5 项，一级保电任务 2 项，累计保电天数 332 天，保电人数、天数、规模均创延庆公司历史之最。及时总结保电经验，提前谋划保障物资，发挥政治供电办公室统筹作用，周密部署冬奥测试赛供电保障工作。全力促成延庆公司与北控京奥公司、国嘉高山滑雪公司三方签订《冬奥会延庆赛区电力运维保障战略合作协议》，组建 8 支“1+N”团队，延伸开展客户内部隐患排查、状态检测等工作。

■ 11 月 7 日，延庆公司在海陀变电站召开“相约北京”冬奥测试赛倒计时 11 天供电保障誓师大会。 （张旭 摄）

大力推进输电通道隐患治理，与区政府联防联动，运用红外线报警设备，24h 不间断监控，护线严防严守，累计制止施工作业 175 次，消除树线隐患 153 处，严防通道隐患及外力造成线路故障。落实度夏、度冬解重载工程，全年分换装变压器 75 台，输电线路综合检修 7 条，完成 1 座 110kV 变电站、1 座 35kV 变电站检修预试。提高配电自动化运维水平，强化线路隔离故障能力，全年共发生配网故障 14 次，同比减少 29 次，降幅 67.44%，降幅创近 5 年最好水平。严把新建及改造变电站验收关口，共验收投产变电站 8 座、主变压器 14 台、GIS 设备 7 套、开关柜 242 面，消除设备缺陷及隐患 125 项，变电运维管理水平有效提升。

扎实应对迎峰度冬。地区连续 4 次刷新用电负荷高峰纪录，成功应对 38.4 万 kW 地区最大负荷考验，同比 2018 年度冬最大负荷增长 15.34%。为保证地区“煤改电”用户可靠用电，延庆公司仅用 23 天组织完成 110kV 延庆站 2 台套移动变电站的安装调试，完成 35kV 移动变电站投运任务，在供暖前有效解决 110kV 延庆站、35kV 永宁站重过载问题。度冬期间进行倒带路等方式调整 27 路次，完成线路切改 25 路次，着力消除线路重过载问题。

全年累计发现并治理各类安全隐患 317 件，治理率实现 100%。严格落实到岗到位，结合延庆公司领导“一线工作日”“一线工作月”活动，共开展各类现场到岗到位 623 人次，领导飞行检查 146 人次，发现问题 131 件，全部落实整改。修编《公司安全生产奖惩实施细则》，加大对一线员工安全奖惩力度，将工资总额的 2%用作安全生产奖励基金，全年落实安全奖励 305.88 万元，落实违章考核 26.4 万元。

以供电保障为抓手，持续加强应急体系建设，结合供电保障组织完善应急预案体系，规范预案编制管理，完成 4 轮应急预案滚动修编，共计专项预案 17 项，现场处置 53 项，一岗一案 20 项。

【营销与优质服务】“煤改电”工程有序实施。年内，延庆地区共完成 64 个村 2.04 万户的“煤改电”外电源配套电网改造，新投运 30 条 10kV“煤改电”线路 677 个台区，新增“煤改电”负荷约 8 万 kW。自 2015 年至今，累计完成 192 个村 6.22 万户的外电源配套电网改造，基本实现延庆地区平原及浅山区无煤化，供暖季“煤改电”居民贡献电量累计达 2.41 亿 kWh，成为电量增长的新动力源。配合区政府按期完成“城中村煤改电”电力线路改造，为清洁空气行动计划提供了有力支撑。

■ 8 月 27 日，延庆公司共产党员服务队在永宁小南园村进行“煤改电”政策宣传。（张旭　摄）

提前完成世园周边 40 个充电设施布点建设任务。推进延崇高速阪泉服务区智能充电站建设，预计 2020 年 1 月 20 日建成投产，同时满足 4 辆电动公交车和 8 辆专用车在高山滑雪世界杯期间的充电需求。营商环境实现新突破。明确专班管控业扩报装流程，持续深化“三零”服务，惠及小微企业 908 户，平均接电时长 3.6 天，为客户节约投资 1030 万元。“三省”服务创新实施，已完成送电 3 项，平均接电时长由 78 天缩短至 15 天，为客户节约费用 83.2 万元。开拓内外部能源市场，助力综合能源收入实现 319.88 万元。全年完成高低压接电 1.01 万户，累计接电容量 19.21 万 kVA，为公司“获得电力”指标排名提升至第 12 位做出应有贡献。

通过开展营业厅巡视检查、服务预警报备、投诉“一案一分析”等多项举措，12345、95598 等投诉量同比下降 53%，其中营业类投诉下降 74%，服务类投诉下降 60%。在大榆树供电所试点完成高速载波采集装备换装 1.5 万具，用电信息采集覆盖率有效提升。全面推广“互联网+”营销服务，线上服务渠道注册客户新增 1.13 万户，线上注册客户累计达 15.2 万户，占地区总客户 85.88%。在营销部及各供电所的不懈努力下，延庆公司 12 月获得公司优质服务劳动竞赛红旗。

针对世园会、冬奥测试赛供电保障任务，组建“1+N”团队，延伸开展客户内部隐患排查、状态检测等工作。积极协调冬奥组委、交易中心和北控京奥公司，完成 8 个冬奥场馆客户的现场核查、协议签订等“绿电”交易准备，助力冬奥延庆赛区实现绿色清洁低碳的办会目标。

【农电工作】持续推进“全能型”乡镇供电所建设。更新 7 个供电所办公设备 20 套，为供电所员工提供温馨的办公环境。通过台区经理网格化服务手段，不断提升供电所员工的责任意识、协同配合能力和专业技术水平，组织开展台区经理培训 55 人次，组织全员开展安全技能提升专项培训。多方式开展“送温暖”活动。开展困难职工慰问 12 人次，累计申请发放困难职工补助 1.8 万元，投入资金 20 余万元为 5 个供电所打造党建文化阵地，并突出打造张山营、大榆树两个职工小家，营造“和谐农电”氛围。开展树典型学先进活动。通过“我身边的农电人”员工风采展示，推荐选树农电月度之星 10 人次，弘扬了“爱岗敬业、无私奉献”的精神。加强新入企员工培养。探索新入企员工岗位培训与人才培养。通过“师带徒”“一帮一”、感悟座谈会等形式不断创新工作方法，推动员工绩效管理与人才培养再上新台阶。

【科技与信息化】加强热点地区前沿技术应用，结合冬奥延庆赛区需求，超前谋划冬季山区供电保障等相关管理创新和科技创新，计划在 110kV 海坨变电站应用全站在线状态监测等前沿技术、结合赛区停车场建设整体移动式发充储放充电站，不断优化实施方案，打造绿色冬奥、科技冬奥供电保障典范。三项 QC 成果参加北京市电力公司 QC 成果发布会，其中一项成果获三等奖。

【党的建设与精神文明建设】延庆公司以党委理论中心组为核心，作为指导组联系点单位，积极组织各类学习研讨活动，牢牢把握“不忘初心、牢记使命”主题教育总要求。作为公司第四指导组全过程督导单位，认真落实主题教育“十二字”总要求和“四项措施”，积极联系区政府和区城管委等部门现场开展调查研究，查找并整改各类隐患问题 126 项。

完善“党建引领、内嵌融入”机制，围绕世园会供电保障和冬奥配套电网建设等重点工作，成立联合党总支和临时党支部，充分发挥公司党委的核心领导作用和党支部战斗堡垒作用。开展“党建+领跑冬奥世园”系列主题活动，围绕“安全稳定我践行”“世园保障我先行”等八大主题，开展活动 9 次，评选月度之星 40 人；开展“保电有我、有我必胜”等主题党日活动 147 次，促进党建与重点工作全面融合。

延庆公司党委定期研究意识形态、精神文明、党风廉政、宣传思想和统战工作，领导班子带头落实“一岗双责”。举办“筑梦新时代、奋斗新征程”年度表彰会，与延庆区宣传部联合举行“文明单位做示范、同创共建文明城”道德讲堂等活动，强化企业文化建设。工会活动温暖人心。开展了“世园会”保电人员慰问、“迎峰度夏”一线班组送清凉等活动，持续开展节假日、退休职工慰问 6 轮次。为四海、永宁等 5 个供电所设置职工小家和职工书屋，改善班组办公环境。组织职工长走、拔河比赛等多项活动，在公司网球协会“贺岁杯”网球积分赛中，延庆公司首次以协办单位参加比赛，获得女单总成绩冠军、团体季军的好成绩。坚持党建带团建。18 名青年志愿者主动参与世园会志愿服务工作和新中国成立 70 周年群众游行活动，围绕“青年建功心向党、世园冬奥我保障”活动参与保电 136 人次。延庆公司团委主创的“提升负荷预测准确度软件”项目获得公司青年创新创意大赛铜奖。新闻宣传亮点频出。聚焦重点任务，邀请中央电视台、北京日报等 19 家主流媒体对世园供电保障、冬奥电网建设和冬奥测试赛保障筹备开展新闻发布活动，全年累计在中央级媒体报道 24 篇次，北京市属媒体报道 28 篇次，行业媒体报道 21 篇次。邀请区委区政府领导参与世园供电保障及冬奥测试赛供电保障誓师大会，集中展现了延庆公司忠诚担当、主动服务的良好形象。

4 月 26 日，国家电网首都电力（延庆）共产党员服务队延伸服务巡视北京园重要接电设备。（武曾宇　摄）

（孙世权）

业务支撑机构及其他单位

国网北京市电力公司经济技术研究院（北京电力经济技术研究院有限公司）

【概况】国网北京市电力公司经济技术研究院（简称经研院）成立于1955年，历经65年的发展演变，目前与北京电力经济技术研究院有限公司（子公司模式）“一套人马，两块牌子”，合署办公。经研院主要从事±1100kV及以下电压等级的规划设计和咨询、项目评审、质量监督、结算监督、定额管理、工程监理等业务，支撑国家电网有限公司PMS 2.0系统主数据运维和公司资产全寿命周期管理体系建设。已具备国家送变电工程设计甲级、工程勘察甲级、火电类咨询甲级、工程监理乙级等资质。先后获得全国电力行业用户满意企业、全国电力行业实施卓越绩效模式先进企业、全国电力行业卓越绩效标杆AAAA级企业、全国电力勘测设计行业企业信用评价AAA级企业、全国电力行业质量奖等荣誉。2013年通过了国家高新技术企业认定；2015年通过了电力勘测设计行业数字档案馆达标（供电）单位验收；2016年获得国家电网公司先进集体；2011～2016年蝉联首都文明单位称号，2017～2019年蝉联首都文明单位标兵称号。

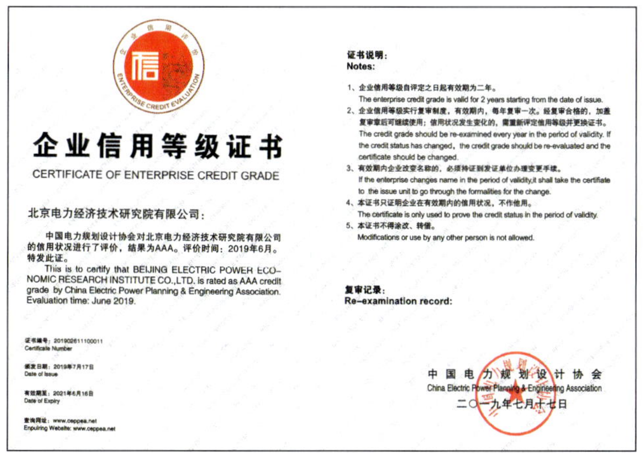
企业信用等级证书

CERTIFICATE OF ENTERPRISE CREDIT GRADE

北京电力经济技术研究院有限公司：

中国电力规划设计协会对北京电力经济技术研究院有限公司的信用状况进行了评价，结果为AAA。评价时间：2019年6月。特发此证。

This is to certify that BEIJING ELECTRIC POWER ECONOMIC RESEARCH INSTITUTE CO.,LTD. is rated as AAA credit grade by China Electric Power Planning & Engineering Association. Evaluation time: June 2019.

证书编号：201902611100011
Certificate Number

颁发日期：2019年7月17日
Date of Issue

有效期至：2021年6月16日
Date of Expiry

查询网址：www.ceppea.net
Enquiring Website: www.ceppea.net

证书说明：
Notes:

1、企业信用等级自评定之日起有效期为二年。
The enterprise credit grade is valid for 2 years starting from the date of issue.
2、企业信用等级实行复审制度，有效期内，每年复审一次。经复审合格的，加盖复审章后可继续使用；信用状况发生变化的，需重新评定信用等级并更换证书。
The credit grade should be re-examined every year in the period of validity. If the credit status has changed, the credit grade should be re-evaluated and the certificate should be changed.
3、有效期内企业改变名称的，必须持证到发证单位办理变更手续。
If the enterprise changes name in the period of validity,it shall take the certifiate to the issue unit to go through the formalities for the change.
4、本证书只证明企业在有效期内的信用状况，不作他用。
The certificate is only used to prove the credit status in the period of validity.
5、本证书不得涂改、转借。
Modifications or use by any other person is not allowed.

复审记录：
Re-examination record:

中国电力规划设计协会
China Electric Power Planning & Engineering Association
二〇一九年七月十七日

■ 7月17日，经研院获得中国电力规划设计协会企业信用等级AAA证书。（杨磊　摄）

经研院共设置5个职能管理部门，4个业务支撑机构，1个受托集体企业。

地址：北京市西城区广安门车站西街15号

邮编：100055

电话：010－63678988

【人力资源】截至年底，经研院全口径用工387人，其中全民职工218人。其中，教授级高级工程师4人，副高级职称75人，中级职称86人，中级以上职称占比75.2%；博士15人，硕士133人（含硕士学位），本科60人，硕士及以上占比67.9%；注册执业人员105人次；人才当量密度1.229。

全年，新增高级工程师10人、高级经济师1人、工程师27人；新增全国电力行业杰出青年专家1人、电力行业供配电设计专家2人；新增一级造价工程师1人、一级建造工程师2人、咨询工程师11人、监理工程师8人。持续强化博士后流动站管理，1名博士后通过出站考核。

【电网规划与建设】规划前期方面，对接城市新总规，牵头完成16区空间布局规划，并将2035年电网规划用地规模和用地指标全部纳入各分区规划；将树村等6项工程纳入“多规合一”试点审批平台，并行办理规划意见、用地预审和立项核准等前期工作，取得220kV及以上规划意见书16项，项目核准10项；新批复变电站用地约10.4万m^2，外电源路径约41km。工程设计方面，完成新机场、冬奥会、世园会、新首钢等主网工程可研、初设、施工图及竣工图946项；完成冬奥大跳台、怀柔科学城、“煤改电”等配网工程可研、初设、施工图及竣工图1374项。项目评审方面，完成各类评审任务6764项，其中，发展部项目1207项、建设部项目99项、运检部项目4006项、后勤部项目253项、科信部（互联网部）项目254项、营销部项目861项、人资部项目84项。技术管理方面，完成35kV及以上单项工程结算复核工作62项，35kV及以上工程项目全口径结算监督工作25项，施工图招标管理单项工程检查55项，风险防控工作执行情况检查27项；完成冬奥工程专项技经检查11项，工程现场技经巡检4项；开展110kV及以上输变电工程质量监督检查30项，专项现场质量检查46项。

全年，“马坡220kV变电站工程”荣获电力行业优秀工程设计一等奖，“黑谷台—普安屯110kV送电工程”荣获电力行业优秀工程设计二等奖，“平谷—东高村110kV送电工程”“首都副中心应急抢修分中心通信系统建设”荣获电力行业优秀工程设计三等奖；“龙潭湖220kV变电站岩土工程”荣获电力行业优秀工程勘测二等奖，“良乡北220kV送电工程（工程测量）”荣获电力行业优秀工程勘测三等奖。“江苏苏州越溪

500kV 变电站工程”荣获国家电网有限公司 2019 年第一次输变电工程设计竞赛三等奖；“观音寺 110kV 送电工程”荣获中国电力规划设计协会第二届供配电工程数字化设计（EIM）大赛线路工程第三名，“张镇 110kV 变电站新建工程数字化设计成果”荣获中国电力规划设计协会第二届供配电工程数字化设计（EIM）大赛变电工程优秀奖。“国网北京市电力公司‘十三五’通信网滚动规划报告（2018～2022 年）”荣获北京市工程咨询优秀成果二等奖；“基于可持续发展理念的冬奥会能源规划优化策略研究”“西白庙 220kV 输变电工程可行性研究报告”荣获北京市工程咨询优秀成果三等奖。

【新平台、新机制建设与应用】推进北京电网建设智能管控平台深化应用工作，全面覆盖项目各阶段主要节点，“2.0”系统上线运行并入选国家电网有限公司泛在电力物联网十佳案例，参加了世界物联网博览会。输变电智能安防系统深度融入运检专业常态化安全管控体系，采用智能轮巡加主动告警实现输电通道智能化巡检，共覆盖变电站 76 座、输电杆塔 6401 基，平均每天发现并处置输电外力隐患 100 余处。可视化智能安全管控平台确保现场作业安全规范和违章行为发现及时，作业现场违章率显著降低，切实提升本质安全水平。主配网规划辅助管理平台支撑“网格化”配电网规划工作，探索规划方案在线绘制新模式，实现规划业务线上操作，规划成果系统化固化，切实提升规划业务信息化支撑水平。

【安全生产】加强国家电网有限公司 PMS 2.0 系统运维和公司资产全寿命周期管理体系建设，全年受理各省公司提报的 PMS 2.0 标准数据变更申请 10496 份，审核设备型号数据 34004 条，审核生产厂家数据 5742 条。根据国家电网有限公司要求，定期提交资产全寿命周期管理体系运行材料，从体系常态化运行机制、资产基础信息数据等方面做好日常评价工作。

推进首都电力“安全稳定年”建设，各专业工作组推进年度重点任务 56 项、子任务 77 项。共召开推进会、协调会 432 次，完成各阶段分解任务 570 项。在公司安全稳定年建设劳动竞赛中夺得月度红旗 6 面，获评月度之星 11 人。在公司首都安全稳定体系建设工作月报上发表交流稿件 2 篇。

经研院全面完善北京电网建设智能管控平台、输变电智能安防系统和可视化智能安全管控平台，建设并投入使用供电保障中心，平台功能和应用范围不断拓展，完成了全国“两会”“一带一路”高峰论坛、世园会、亚洲文明对话大会、新中国成立 70 周年等政治供电保障任务。

■ 10 月 1 日，经研院广安门办公区新中国成立 70 周年政治供电保障指挥现场。（杨磊 摄）

编制“经研院安全责任清单”，组织开展安全日、安全月、专项检查、领导安全述职等活动，全面排查安全隐患，下发安全通报 10 份，营造“安全第一”氛围。对公司所有在施工程开展现场安全督导，对各建设管理单位、参建单位、三个项目部关键岗位人员安全履责情况进行量化考核，共下发整改通知单 172 份；常态化开展重大施工安全风险作业监督值班，监督实施三级风险 1698 项、四级风险 182 项，完成风险备案 301 项，向国家电网有限公司基建安全质量信息监控平台推送风险作业现场视频信号 167 项次，有效助力公司安全生产水平不断提升。

【经营管理】完成考核指标的 124.27%；累计发生可控管理费用 80.57 万元，完成考核指标的 100%；经济增加值（EVA）4523.68 万元，完成考核指标的 149.44%；资产负债率 1.86%，完成考核指标的 100%。分公司累计发生可控成本费用 6372.62 万元，完成考核指标的 100%。集体企业累计实现营业收入 22500.03 万元，完成考核指标的 100%；累计实现利润总额 1413.27 万元，完成考核指标的 100.95%。

开展可研设计一体化、全过程咨询新业态的研究，稳步拓展市场，成功中标路东 220kV 输变电工程、安定—龙潭湖 220kV 第二回线路工程 2 项可研设计一体化项目及国网节能服务有限公司 2019～2020 年度综合能源项目咨询、设计服务框架，承接湖南省隆回县人民医院综合能源节能改造项目的可行性研究工作。完成监理乙级资质申报、电力行业乙级资质延续工作。持续深化实施卓越绩效管理模式，通过了“质量、环境和职业健康安全”管理体系内审和外审。强化总承包过程管理，编制并发布《工程建设总承包质量、环境和职业健康安全管理体系》，形成管理手册 1 本、程序文件 1 本、作业文件 10 本。集体企业方面，做稳、做优主业业务，兼顾重点用户市场，盯紧雄安新区市场，“北五区”施工设计一体化运作成效显著；全年共签订合同 553 份，金额 1.54 亿元。承接并按时保质完成各级各类工程监理任务 220 项。

超前防控法律风险体系，将合法性审核内嵌到重大事项决策中。依照中央企业公司制改制相关要求，完成法人治理体系深化完善工作。结合新业务、重大事项经济业务合同签订情况，建立业务、法务、财务及监审部门会商机制。开展经济性与财务合规性可研评审工作 5517 项，审核金额 257.15 亿元。充分利用现有政策，全年节税 1118.07 万元。

【科技进步】成功举办泛在电力物联网专家论坛、经研论坛暨 2019 年课题成果发布会，常态化开展电力物联新理念、新技术交流活动，充分发挥技术委员会在团标审查、项目指导、论文评审中的突出作用。以科技项目展演及青创赛孵化营两大活动平台为依托，开展泛在电力物联网建设等前沿技术和新兴业务探索讨论活动，引导全院员工特别是青年人才积极投身到科研工作中。“交直流混合配电网”863 课题通过国家科技部验收。“多站融合关键技术及商业模式研究”“无直流断路器的直流配电网故障检测及穿越技术研究”2 项国家电网有限公司科技项目顺利完成年度任务。成立人工智能实验室，积极探索与掌握图像识别领先技术，实现“数据+场景+算法”优势互补。

全年，“输变电智能安防系统”荣获国网经研体系科学技术进步奖咨询类一等奖，“交直流混联物理试验技术、装备研制及平台应用”荣获国网经研体系科学技术进步奖研究类二等奖，“能源互联网在怀柔科学城配套电网规划实施策略研究”“基于大数据的网格化自动布点布线规划技术研究”“基于电压稳定性分析的北京电网动态无功布局规划”荣获国网经研体系科学技术进步奖研究类三等奖，“交直流混合配电网网络结构评估技术及应用”等 3 个项目荣获公司科技进步二等奖，“基于大数据的网格化自动布点布线规划技术研究”等 8 个项目荣获公司科技进步三等奖。“隐患‘先知’——基建高风险作业可视化动态监测系统”“降损增效‘北京方案’泛在物联 率先实践——同期线损端云协同多业务平台”荣获国家电网有限公司第五届青年创新创意大赛银奖、国网北京市电力公司第五届青年创新创意大赛金奖，“3D‘链’盟——物资数据可视化管控平台”荣获国网北京市电力公司第五届青年创新创意大赛银奖，“‘火眼金睛’——智能消防应急平台”“智慧物联——全过程咨询管理工作平台”荣获国网北京市电力公司第五届青年创新创意大赛铜奖，“能源玩转世界，电力无限可能——‘Green－Tap’游戏商务平台”“‘大众电评’——基于企业用电信息的全过程征信评价”“‘能量路由器’——适用于低压配电网的多端柔直设备”“电网提效先行者——保障逐级电网安全的电动汽车有序调控新模式”荣获国网北京市电力公司第五届青年创新创意大赛联合创新奖。“电力工程勘察信息化管控系统研发”荣获电力勘测设计行业优秀 QC 小组活动成果一等奖，“提高‘煤改电’工程可行性研究报告评审的通过率”荣获电力勘测设计行业优秀 QC 小组活动成果二等奖，“提高工程现场签证支撑材料准确率”荣获电力勘测设计行业优秀 QC 小组活动成果二等奖、北京质量协会第七十四次 QC 小组成果发表会三等奖，“违章智能识别功能研发和应用”荣获北京质量协会第七十四次 QC 小组成果发表会三等奖。“管理机关精益量化绩效考核”荣获公司管理创新成果二等奖，“基于‘智能安防’的输变电安保防恐实践”“服务公司高质量发展的青年人才培养体系建设”荣获公司管理创新成果三等奖。

■ 6 月 14 日，经研院在江苏苏州参加国家电网有限公司第五届青年创新创意大赛决赛。（杨磊 摄）

推动供配电领域、电动汽车领域国家和行业标准制定，被聘任为“中国电力规划设计协会电力工程供配电标准化工作组”和“电动汽车标准化工作组”组长单位。共承担国家、行业、公司等各级标准编制任务 28 项，其中国家标准《电动汽车电池更换站设计规范》《电动汽车充电站设计规范》已完成意见征求，团体标准《35～110kV 变电站计算机监控系统设计技术规程》已完成送审稿审查。

全年获得专利授权 11 项，包括“获取超高压电缆线路的入地电流的方法和装置”“直流升压电路、升压方法和变压器”等发明类授权 10 项，“一种综合管廊内电缆出线方式”实用新型类授权 1 项。员工撰写并发表论文 34 篇，其中被 SCI、EI 和核心期刊收录 18 篇。

【党的建设与精神文明建设】开展“不忘初心、牢记使命”第二批主题教育，以学习贯彻习近平新时代中国特色社会主义思想为主线，把握“十二字”（守初心、担使命、找差距、抓落实）总要求，组织开展党委中心组学习及读书班学习 9 次，累计集中学习 8 天；按月推送党支部集中学习研讨和自学计划，各党支部累计学习 61 次。坚持边学边查边改，领导班子深入一线调研 54 次，通过多种方式收集意见建议，梳理形成问题清单 36 项，确立专项整改问题 14 项，制定整改措施 101 项，把解决问题作为衡量主题教育成效的重要标尺。严把发展党员“入口关”，全年接收预备党员 4 名，转正 5 名；持续开展党员积分管理，深化“党建引领、内嵌融入”、党员“一带二、一带三”长效机制。成立“19006 任务”“工程项目总承包管理体系建设”临时党支部，组建“消防安全提升设计工作”“500kV 输变电工程设计工作”共产党员突击队，发挥党员先锋模范作用和党组织战斗堡垒作用。组织开展主题党日、红色教育基地参观、主题影片观看等活动，党组织生活吸引力不断提升。狠抓巡察问题整改落实，切实做到闭环管控。持续强化重要节日期间的廉政提醒和“四风”（形式主义、官僚主义、享乐主义、奢靡之风）现象监督检查，认真开展党风廉政建设责任制履责约谈，做到约谈 100%全覆盖。充分运用首善清风 App 开展线上廉洁宣教活动，组织干部员工考廉 479 人次、报送领导干部讲廉作品 7 人次；征集员工廉洁文化作品，制作展板、视频进行展示、展播，进一步打造线下廉洁文化走廊，提高廉洁宣教的实效性和辐射度。

严格落实意识形态工作责任制，不断强化听党话、跟党走的政治自觉。发布《守正创新 主动作为》企业社会责任沟通手册、《“匠心·匠人”——冬奥会（世园会）》专题宣传册和经研院企业宣传册。开展 2018 年公司级企业文化示范点整治工作，确保示范点持续发挥表率作用。组织开展主题道德讲堂活动，激励青年员工筑梦青春、担当作为。精心组织暑期子女托管、慰问帮扶等关爱活动，有效解决员工后顾之忧；开展新春工会开放日、“诗情画意”女工插花、公园长走、篮球赛、立水桥办公区运动会等活动，丰富员工业余文化生活；组织“暖心伴考”、帮扶“渐冻人”王甲等志愿活动，打造经研院志愿者品牌化服务；推进立水桥办公区职工之家实体化建设，提升员工满意度。落实离退休人员相关政策，加强维稳保密工作，保持了和谐稳定局面。

■ 10 月 25 日，经研院组织党员前往北京香山革命纪念馆开展“不忘初心 牢记使命”主题教育活动。（杨磊 摄）

■ 6 月 7 日，经研院组织职工前往北京市第十四中学门口参加“暖心伴考”志愿活动。（杨磊 摄）

（耿 洋）

国网北京市电力公司电力科学研究院

【概况】国网北京市电力公司电力科学研究院（以下简称电科院）是国网北京市电力公司的直属单位，主要负责技术监督、技术研发、技术支持、技术服务工作，是公司的电力科学试验研究基地和技术服务中心，负责开展计量器具检定配送等省级集中业务执行。电科院共设置7个职能部门、6个专业机构，1个受托集体企业。

年内电科院先后获得“首都文明单位”“国网公司庆祝新中国成立70周年活动保电先进单位”“北京公司 2019 年三场重大活动供电保障突出贡献单位”。

地址：北京市丰台区南三环中路30号
邮编：100075
电话：63677101

（张祎果）

【人力资源】电科院共有全民职工251人，其中，具有博士学历21人、硕士学历155人；具有教授级高级工程师7人、高级工程师72人、工程师111人。

结合电科院自身特点，进一步优化机构编制，实现各级组织职责定位更加合理，横向与纵向职责边界更加清晰，加大一线核心岗位倾斜力度，增强对员工的吸引力与获得感，鼓励扎根基层、建功立业。优化“第一个十年”培养方案，常态化开展专题工作团队式“三跨”培养工作，开展电科院2020年技能等级评价工作，建立电科院优秀人才评价体系，深化打造电科院“晓言堂”知识共享平台，结合实际丰富人才培训培养举措，不断提升人才培训培养质量。加强绩效管理，发挥绩效结果“指挥棒”作用，推进年度各项业绩考核指标，加强过程管控，提高考核的针对性和约束力，激发组织内生动力。

（林婉宜）

【安全生产】完成全国“两会”、世园会、“一带一路”国际合作高峰论坛、亚洲文明对话大会、新中国成立70周年庆祝活动等政治保电任务。完成迎峰度夏和迎峰度冬安全生产值班工作。全年开展常态化现场安全检查713次，发现问题206项，整改完成206项，整改完成率100%。修订、新编《国网北京电科院安全工作奖惩实施细则》《国网北京电科院工作票管理使用规则》等3项安全规章制度。完成安全稽查、安全履责巡查、电网安全性评价、应急预案评审等10项安全支撑工作。检测主配网工程物资 4735 件，不合格 308件，不合格率6.50%。组织完成招标采购项目共计287项，涉及资金3.77亿元，其中物资类采购174项，涉及资金1.148亿元；物资类采购113项，涉及资金2.622亿元。

（王　维）

【经营管理】完成提质增效各项任务目标，赢得公司“提质增效”首面流动红旗。围绕多维体系10个业务方案，325项具体工作任务，初步实现电科院全部管理维度链路贯通，业财共建共享，支撑公司量化分析和经营决策。推进商旅平台应用有效落地，力争实现差旅业务全流程在线处理、无纸化移动审批，优化报销流程，提升工作效率。理顺前端业务流程，优化支付过程管控。实现全年采购订单类现金流执行率100%，全口径现金流执行率完成公司考核指标。开展资金安全检查自查工作，贯彻执行公司资金安全制度，细化资金支付管理，稳步提升资金管理水平。清理长期应付账款76笔，涉及供应商44家，金额共计302.1万元。每月开展应付账款跟踪分析，对到期账款及时清理，避免前清后乱。

（李　佳）

【科技进步】全年专利申请158项，授权91项，较2018年提升154%。获得软件著作权11项。编制国家电网有限公司及以上技术标准24项。发表核心期刊及SCI、EI论文41篇，编写著作2部。获得公司及以上科技成果奖励共计36项，其中牵头获得国家电网有限公司科技进步二等奖2项，中国电力创新奖一等奖3项，行业级创新成果创历史最佳。电科院下设27个专业实验室（在运20个，在建7个），包括2个国家电网有限公司联合实验室、1个国家电网有限公司技术标准验证实验室，涉及电能替代、电网安全、智能配电网、信息与网络安全、设备状态评价、电力智能传感、电力计量等7大领域。

（马慧远）

【技术支撑】国网电能替代技术联合实验室实验能力进一步发挥。完成三类设备电气、制热性能测试和房屋采暖效果等 7 项实验方法研究及实验验证，为科学选配电采暖设备提供依据。开展电动汽车无线充电系统互操作性研究，建立无线充电互操作性评价体系，完成 180kW 大功率充电桩样机研制。高标准完成海淀区西八里庄等 3 个小区的有序充电示范建设，并积极推进有序充电推广应用。年内累计完成充电桩测试任务 14915 台，同比增加 6 倍，完成充电设施消防安全专项检查 52 个站点 680 台，提出整改措施 501 项，形成充电桩全生命周期检测档案。高标准完成延庆大路村山区“煤改电”展示区建设，稳妥推进山区“煤改电”技术路线应用。5 月，成功申报国家电网有限公司营销大数据创新培育基地，持续深化应用大数据技术，开展 95598 工单挖掘及客户服务、电动汽车充电设施优化布局等 10 项业务应用创新工作。

（袁小溪）

■ 6 月 24 日，电科院西八里庄有序充电示范点迎接国家能源局领导视察（第一排左一为国网营销部副主任朱炯，左二为国家能源局电力司副司长赵一农，左三为北京市城管委处长南斌）。

（袁小溪　摄）

完成世园会、“一带一路”、新中国成立 70 周年大庆等各项重大政治保电任务。完成张北柔直工程对北京电网特性影响和新能源承载能力分析。首次搭建京津冀电网电磁模型，完成大兴国际机场重要用户电压跌落仿真。完成张北柔直北京换流站当前各阶段技术监督工作，实现 138 座智能站配置文件修改受控和智能站调控数据闭环监测。编制国家电网有限公司首届配电自动化竞赛实操大纲、操作手册及典型样题。牵头编制公司配网自愈 2 年提升计划、设备招标规范和运维管理规程。完成配网动模试验平台功能调试，初步完成配电台区泛在电力物联网动模平台搭建。全年发现隐患问题 1.6 万余个。首发漏洞申报 315 个，国网认定 123 个。支撑国家电网有限公司、公司护网行动并获表扬信。承办公司网络安全技能竞赛，荣获技术能手及一等奖，建成网络安全实验室。

（王海云　谷　君　饶　强　李　群）

■ 9 月 16 日，电科院员工在天安门开闭站开展新中国成立 70 周年供电保障。

（张雨旋　摄）

完成两轮藏中联网 500kV 波密站带电检测帮扶。完成主配网故障分析 70 余起，发现批次质量问题 7 起。高质量完成 226 座“三供一业”站室、81 条“煤改电”线路、64 条输电“三跨”线路隐患排查。完成 4000 余台次退役设备和 960 台次库存物资技术鉴定，提前完成国网督办任务。金属检测能力建设和实物 ID 应用任务顺利通过国网验收。14 个雷电子站按期完成升级建设，雷电预警系统正式上线。“昌电杯”安全生产技能大赛荣获一等奖和二等奖各 1 项。开展变压器短路承受能力、开关柜内部燃弧等特殊试验项目。新增优质设备、“三供一业”预装式配电室、光缆、故障指示器等物资专项检测工作。全年完成物资检测 5002 件，有力保证电网设备可靠运行。完成公司 18 项消防技术标准审核。开展 535 座变电站室消防设施检测，发现各类消防隐患 3790 处，督导新建变电站消防隐患治理。完成 150 余座变、配电站室消防改造工程验收。超声波声学成像、开关柜带电指示器测量局部放电、三维激光扫描等新技术在重点站线隐患排查中成效显著。首次开展七氟丙烷气体灭火能力验证工作。

（秦　欢）

全年累计完成检定电能表 85.7 万只，其他设备 55.47 万只，配送供应计量设备 82.98 万套，平均配送完成时间 3.3 天，物资供应精益化水平进一步提高。高质量完成 HPLC 推广工作，创新探索 HPLC 等计量物

■ 9月20日，电科院创新运用三维激光扫描技术开展“19006”重点线路树线距离精准测量。（张睿哲 摄）

资全过程“三维”管控新模式，全年供应 HPLC 通信模块 285 万只。完成智能仓储系统、通信单元检定流水线及计量最高标准实验室环境改造，出入库及检定效率提升近 1 倍。深化应用基于物联网技术的新型现场检验设备，现场作业实时管控水平和技术支撑能力不断提高。主动作为、全力攻坚电能表到期检定问题，促成北京市市场监管局发布智能电能表周期调整的北京市地方标准，成为国内首家获政府批准电能表检定周期延长的电网企业，技术成果获得中国计量测试协会科技进步二等奖。低压断路器等检测能力的建设和投运每年节约 300 万元外委检测成本，电能表运行检定周期的延长平均每年可降低更换成本 33%以上，应用大数据分析技术指导线损精准治理，追补电量近 3000 万 kWh，降本增效成效显著。

（赵　成　潘全成）

【科技攻关】国家 863 课题“交直流混合配电网关键技术”和国家 863 项目“配电网交直流互联与控制保护关键技术”分别通过国家科技部技术验收。课题研究交直流混合配电网网络结构和规划方法、运行控制和调度策略、保护原理和控制策略等关键技术，实现面向城市不同供电区域之间柔性直流互联和交直流混合环网闭环运行控制，解决高密度可再生能源接入问题，保障交流配电网可靠性。国家重点研发计划项目“支撑低碳冬奥的智能电网综合示范工程”有序推进，开展高可靠交直流混合配电网关键技术研究、与可再生能源发电相融合的充电设施网络关键技术研究，形成《延庆冬奥专区交直流混合配电网示范方案》，示范工程基本落实。国网总部科技项目顺利实施，继续开展人工智能驱动的电动汽车智慧出行服务关键技术研究、北方地区大规模“煤改电”项目与配电网协同规划设计及评估技术研究等。

（马慧远）

【党的建设与精神文明建设】围绕“人民电业为人民”的宗旨，高质量开展主题教育。编制党建工作责任清单，研究制定党委、党支部两级“月度工作清单”，制定《电科院党建专项工作操作手册》，实施支部工作全面量化积分管理，坚决落实党建责任。持续深化“党建引领、内嵌融入”长效机制建设，组织与市质监局等单位开展党支部共建，提高计量等专业管理水平。创新开展党员（专家）“一带二、一带三”长效机制建设，构建“四象限”全员帮带网络，通过“一人一案”结对帮带，有效助力人才队伍发展。

■ 12月2日，上合组织国家“和谐杯”职工技能大赛选手参观电科院计量中心。（刘谦 摄）

严格执行意识形态工作责任制，以党内政治文化引领企业文化建设。迎接第二届上合组织国家“和谐杯”职工技能大赛 17 国 40 余名参赛选手赴电科院参观，选派专家参加首都文明办“空调调高一度”专项推广行动，持续开展“最美电科人”推荐展示，提高电科院科研品牌形象。深化青年工作站创新机制建设，7 项青创成果晋级公司青创赛决赛。

（田贺平）

（张祎果）

北京电力工程有限公司

【公司简介】北京电力工程有限公司（简称工程公司）成立于1953年，是国网北京市电力公司全资子公司。工程公司下设9个职能部室、7个专业分公司，设应急抢修中心、综合服务中心及1家产业单位。主要从事电网建设、电网运维检修、应急抢修和主配网入网设备检测相关业务。

工程公司注册资金8800万元，具有国家电力工程施工总承包一级、市政公用工程施工总承包二级、消防设施工程专业承包二级、建筑工程施工总承包三级、钢结构工程专业承包三级、施工劳务不分等级资质；具有承装、承修、承试电力设施许可一级资质，电网工程类调试乙级资格，智能变电站调试A级资格；企业信用等级为AAA级。

经过60多年的发展和积淀，工程公司积累了丰富的施工经验。在城市电网建设及电网改造、多回同塔并架线路架设、长距离张力放线、户内型变电站组合电器安装、高压电力电缆垂直敷设、大截面高压电力电缆施工技术方面处于国内领先水平。

地址：北京市丰台区南四环西路188号8区14号楼
邮编：100070
电话：010－63678123

【人力资源】工程公司共有全民职工315人，其中高级职称46人，中级职称47人。取得职业技能高级工及以上专业人员191人，其中高级技师17人、技师33人、高级工141人。现有注册一级建造师43人，注册二级建造师43人，注册安全工程师6人，注册造价工程师5人，1人获得省公司级专家称号，5人获得地市级专家称号，2人获得地市级专家人才后备称号，34人获得国网北京市电力公司评标专家资格。加强岗位技能培训，明确培训目标，定期跟踪培训效果，加强考核力度，截至12月底完成各项培训班74项，培训3271人次，全员培训率达100%。

完善中层干部测评机制，优化测评维度和方式，采取现场测评方式、增加本单位员工测评权重和分公司领导班子的测评维度，更加真实反映出中层干部的绩效，共完成测评199人次。深化结果分析运用，将测评与绩效考核结果挂钩，实现结果的动态运用。初步建立优秀人才培养机制，实现干部梯队化建设。

组织开展职能部门岗位梳理、岗位调整和人员竞聘工作。通过竞聘，职能部门实际上岗人数较竞聘前减少了17.2%。组织开展劳动定员测算及核定工作，对现有组织机构进行诊断分析，统计测算干部职数及内设机构数量，从业务需求出发，制定机构设置及人员编制总体方案。

组织开展集体企业人员转签工作，制定实施方案，完成人员转签367人、协商解除劳动合同11人，保持员工队伍稳定。开展劳动合同规范管理工作，明确岗位职责、安全责任、退出条件，组织签订新版岗位协议书，建立劳动合同台账，建立劳动合同规范管理的长效工作机制。完成2019年社会公开招聘工作，筛选录用具有建造师、造价师执业资格及具有丰富施工经验的优秀人才7人，为提高项目管理能力提供保障。

全面落实公司青年人才“第一个十年”培养工作意见要求，按计划开展新员工入企培训工作。完善培训机制，细化培养内容。开展跨单位人才培养，协助组织兄弟单位开展保护调试专业和施工项目管理专项培养，促进工程公司各单位青年员工成长成才。

精心组织，统筹谋划，组织开展架空线路工、变电二次安装工、土建施工员、电气调试工、电缆安装工5个专业的初、中级工共计28人技能等级评价工作。同时，协助兄弟单位完成土建施工员、电气试验工初、中级技能等级评价6人。

根据实际需求调整薪酬结构，将薪酬项目化零为整。优化分配方式，取消人均统一额度标准，采用岗位层级绩效系数与绩效奖金挂钩的方式进行薪酬分配，有效调节单位间同岗位人员收入差距问题。增加安全专项奖惩、阶段性工程奖在薪酬结构中的占比，进一步向施工项目部一线人员倾斜、向关键岗位人员倾斜。对退役士官、社会招聘人员、劳务派遣人员制定差异化的薪酬政策。根据国家电网有限公司政策，完成离退休人员统筹外养老金的调整工作。

围绕年初职代会和“首都安全稳定年”重点任务，结合管理提升重点工作任务，制定工程公司年内绩效考核工作方案。合理设置各类指标加减分项目，加大向一线的倾斜力度。关键绩效指标共新增3类指标，优化50类指标，删除8类指标。通用绩效指标共新增5类指标，优化6类指标，删除18类指标。调整员工年度绩效等级评定方法，按人员类别、考核层级有针对性地制定评价标准，更加科学的进行评定。

【安全生产】围绕“安全稳定年”主题活动，以“压紧压实各级安全责任”“加强安全监察力度”“完善施工风险管控体系”“完善安全监控指挥体系建设”四项重点任务开展各项安全管理工作。建立全员 227 个岗位安全责任清单，提高安全奖额度 50%，依照安全责任大小差异化奖惩。形成以标准化监督检查流程为基础，以两级巡检加远程监控为手段，以管控分包作业为重点，以克服典型性习惯性违章为目标的工作思路。全年安全督察队开展巡检 1354 次、发现问题 1725 项、发出整改通知单 360 张、违章通知单 31 张。建立风险预警机制，加强公司级安全风险分析研判，准确分析施工风险精准实施把关监督。增加监控中心风险管控力度，全年实施远程稽查 3971 次，全年收集、发布日作业计划 42372 条次。重点开展十二项配套措施验收、秋冬季安全大检查、春冬季火灾防控、基建隐患排查、安全数据统计分析等工作，年度主题活动营造了良好安全氛围。圆满完成“两会”“世博会”“新中国成立 70 周年”等供电保障任务，完成 3 个安全 100 天，安全生产长周期累计 4749 天，实现了年度安全目标。

重点落实“十二项措施”安全举措。抓实“一方案、一措施、一张票”管控，编制典型作业票示范手册，指导新版工作票实施。下发《口袋书》4900 余册并组织各级人员学习，确保所有人员熟悉现场施工风险点、安全措施。全方位开展人员安全教育培训，项目关键人员安全质量培训等内部培训 1381 人次，组织参与公司基建安质培训、安全技能等级考试等外部培训 1241 人次。相应岗位作业人员均通过培训考试，实现现有人员 100%持证上岗。

【财务管理】资产负债率指标得到有效控制，年末降至 74.31%。营业收入 171479.46 万元。

组织开展民营企业欠款和农民工工资欠款梳理工作，对新增拖欠账款全面补充摸排，理顺内部管理流程，建立往来款管理责任制和长期应付款项的预警机制，确保清欠工作的有效落实。截至 2019 年末，清理 2 年以上应付款 31 项，共计 1233 万元。

进一步深化资金管控工作，提高资金使用效率。全力推进现金流“按日排程”系统，保证了“日排程”系统上线后支付业务的平稳开展。以公司向工程公司授信的模式向中电财申请 2 亿元的保函额度，用于办理国家电网有限公司内部单位的保函业务，进一步降低工程公司不可动用资金规模，提高资金使用效率。全年办理中电财保函 7 份，降低不可动用资金 233.76 万元。

■ 4 月 29 日，冬奥会高山滑雪施工现场，项目负责人张磊（右）与同事一起商讨施工方案。（郭航　摄）

【经营管理】全年中标 115 项，中标金额 23 亿元，中标金额创历年之最。全年完成施工产值 20.09 亿元，同样打破历史纪录。其中用户自揽工程势头强劲，中标 10.46 亿元，占比 45.57%。北京基建项目中标 5.07 亿元，国网系统内中标 4.62 亿元，市政、建筑市场中标 1.89 亿元。中标延庆冬奥会、大兴新机场、城市副中心等重要客户市场。运维检修市场也继续保持增长，中标 0.73 亿元。中标地铁 19 号线新宫车辆段、京沈北京段、CBD 移动站、中关村朝阳园等 4 项 EPC 项目，合同额共计 3.63 亿元。在整体基建市场增速放缓的环境下，EPC 总承包方式的拓展为工程公司带来了新的利润增长点。

全年共下达全专业预控指标 73 项，编制框架采购价 40 类 861 项，以及过程限价 250 项，从源头抓起，依法合规实现项目全过程技经管控。结合一线工作日开展技经巡检工作 15 次，梳理解决问题 32 项。重点用户工程引入造价咨询单位，参与全过程造价控制，创造直接经济利润约 0.35 亿元。完成北京房山—天津南蔡 500kV 线路工程（北京段）、济宁—菏泽Ⅰ回 500kV 线路工程等结算工作 117 项，涉及金额 19.01 亿元。全年清理遗留工程 51 项，回收遗留资金 6820 万元。

【工程建设】全年围绕柔直换流站、官厅水库跨越等重点工程，坚持稳字为先，细化进度计划，合理调配施工资源，精准开展问题攻关，圆满完成年内各项电网建设任务。

全年投运冬奥会、新机场、新首钢配套等各类重点工程 54 项，其中架空线路 683.7km，敷设电缆 702.8km，主变压器安装容量 595.2 万 kVA。青豫特高压、张雄 1000kV 交流特高压、通州北 500kV 输变电等 22 项工程有序推进。

【工程创优】10 月，工程公司施工的张南变电站至昌平变电站 500kV 输电线路工程等 21 项输变电工程通过国网北京市电力公司达标投产考核（暨优质工程评选），其中，沙河北 220kV 变电站工程、五福堂 110kV 变电站工程、梁各庄 220kV 输电线路工程命名为国网北京市电力公司输变电优质工程金奖项目；杨各庄 220kV 变电站工程、梁各庄 220kV 变电站工程、东苇 110kV 变电站工程、张镇 110kV 变电站工程、北铁营 110kV 变电站工程、杨各庄 220kV 输电线路工程、新机场西 110kV 输电线路工程、张镇 110kV 输电线路工程、中滩 110kV 输电线路工程命名为国网北京市电力公司输变电优质工程银奖项目。

10 月，工程公司施工的科学城西 110kV 变电站、房山至南蔡 500kV 线路（架空）、邓庄 220kV 线路（架空、电缆）获得国网北京市电力公司 2019 年第一次输变电工程标准工艺竞赛第一名，西白庙 220kV 变电站、石景山 220kV 变电站、陆港 110kV 变电站、科学城西 110kV 线路（架空、电缆）、亦庄西南 220kV 线路（架空）、东府 110kV 送出线路（架空）获得国网北京市电力公司 2019 年第一次输变电工程标准工艺竞赛第二名，亦庄西南 220kV 变电站、邓庄 220kV 变电站、驸马庄 110kV 变电站、速滑 110kV 变电站、陆港 110kV 线路（架空）、速滑 110kV 线路（电缆）、驸马庄 110kV 线路（架空、电缆）、云西 110kV 线路（架空、电缆）获得国网北京市电力公司 2019 年第一次输变电工程标准工艺竞赛第三名。

12 月，工程公司参建的榆横—潍坊 1000kV 特高压交流输变电工程获得 2018～2019 年度国家优质工程金奖，马坡 220kV 变电站工程获得国家电网有限公司 2018～2019 年度输变电优质工程金奖，三星庄 110kV 变电站工程和北京东特高压至顺义 500kV 线路工程获得国家电网有限公司 2018～2019 年度输变电优质工程银奖。

【科技进步】“导线全自动剥线器”“零火灾隐患基础冬期施工养护技术的研究”“户内变电站组合电器安装防尘净化系统技术研究”获得全国能源化学地质系统优秀职工技术创新成果三等奖。“GIS 导体清洁支撑装置的研制”“提高岩石基坑二氧化碳致裂一次成型合格率”获得中国电力建设质量管理小组活动成果奖三等奖。“变压器引线转换单元”获得中国电力建设质量管理小组成果一等奖。“220kV 通用型试验套管的研制”获得国网北京市电力公司 2019 年度科技进步二等奖，“架空输电线路牵张放线实时监控装置”“一种新型封网装备的研究及应用”获得国网北京市电力公司 2019 年度科技进步三等奖，“输电线路铁塔垂直攀爬装置改进及研究”获得国网北京市电力公司 2019 年度群众技术创新成果三等奖。

■ 11 月，工程公司张北柔直工程建设施工有序推进。（郭航　摄）

【技术装备】截至年底，工程公司装备资产总额 0.13 亿元。各专业主要装备情况为：输电专业拥有 26 台牵引机和 43 台张力机套大型张力机及相应工器具；变电专业拥有真空滤油机 8 套，真空机组 4 台，大型 SF_6 回收装置 8 台，小型吊车 1 台，气垫搬运系统 2 套等主要装备；电缆专业拥有专用放缆、运输车 7 辆，电缆输送机 350 台；土建专业拥有外径 4m 土压平衡盾构设备一套。

■ 5 月 16 日，亚洲文明大会供电保障期间，巡线人员正在巡视通朝、安朝线路沿线情况。（郭航　摄）

【应急运维】完成 2019 年度“两会”“世园会”“国庆 70 周年”等重大活动的供电保障任务，工程公司获得公司年内三场重大活动供电保障突出贡献单位奖励；职能管理、应急抢修中心获得公司“先进集体”“突出贡献个人”等奖励。工程公司在本单位保障任务十分繁重的情况下，充分发挥“四个意识”，以过硬的政治素质、高度负责的工作态度，挑选派出 800 余人支援延庆、城区供电公司和电缆分公司等兄弟单位完成供电保障任务，获得城区供电公司和电缆分公司的感谢信和锦旗。

编制并下发工程公司《关于加强运维检修工作的管理要求》和《关于提升线路通道运维工作的要求》等制度文件，加强输电通道隐患的排查及治理工作，规范输电线路反外力管理工作，完善监控人员配备及工作流程。共发现外力隐患135处，治理消除95处，未消除隐患均制定了有效的管控措施；消除危及安全运行树木21000余株，制止危险施工210余次；通过反外力监控，共发现异物隐患31余处，使用大型机械施工35余处，均及时完成隐患治理消除工作，有力地保障了运维线路安全。

完成新能源静音零排放应急电源方舱的研制、集成式应急电源子母方舱的升级改造工作，并成功完成转型及量产。先后参加第三届国际创新创业博览会、国家电网有限公司青年创新成果展、公司庆祝改革开放40周年成果展。参加演习9项，组织并完成了公司防汛应急演习任务，代表公司参加了当年“6•16”全国安全宣传咨询日主题活动。

【党的建设与精神文明建设】切实将“学习教育、调查研究、检视问题、整改落实”贯穿始终，加强组织领导，召开专题会议8次；提升思想认识，集中学习7.5天；深化调查研究，开展调研94次，实现基层单位和重点工程项目部调研全覆盖；高质量开好专题民主生活会和组织生活会，取得了显著成效。严格落实公司《党建工作责任制实施细则》，制定工程公司党委和班子成员党建工作责任清单，拓展覆盖基层党支部的党建责任体系；聚焦党建责任落实，修订完善大党建考核体系，季度开展党建工作绩效考核；落实党建工作联系点机制，班子成员季度深入联系点调研党建工作。以提升党建价值创造能力为核心，分专业逐级深化“党建引领、内嵌融入”长效机制建设，制定48项重点任务，推进党建与业务深度融合、纵向贯通；成立5个临时党支部，匹配授旗党员突击队、保障队，实现重点工程党组织和党建工作全覆盖。

落实意识形态责任制，定期听取研究意识形态工作；征集党员先锋事迹，举办最美国网人宣讲分享会；先进人物故事《我问师父三个问题》《夜空中最亮的星》分别在《国网故事汇》和《国家电网报》刊登。开展重点工程建设和典型先进人物的宣传报道，全年在公司媒介平台发稿300余篇。以国网企业文化手册为重点内容，组织开展支部书记讲文化活动；深化企业文化示范点建设，依托职工之家和文体协会，建立文体活动常态化管理机制，加强职工小家建设。在变电、土建等专业分公司建设文化长廊，不断增强员工文化认同；完成首都文明单位创建申报工作。持续开展团支部公推直选工作，总结提炼的“团支部公推直选探索实践”荣获国家电网有限公司团青工作优秀成果案例一等奖。

（秀景琪）

国网北京市电力公司检修分公司

【概况】国网北京市电力公司检修分公司（简称检修公司）成立于2012年5月24日，业务范围广、人员数量多，所辖设备覆盖首都全部16个区，是国网北京市电力公司规模最大的二级单位。下设7个职能部室、12个专业生产中心、1家集体企业。

检修公司共管辖变电站286座，架空输电线路599条5195km。固定资产总额567亿元。2019年全年未发生电网、设备、火灾等重大安全生产事件，全力确保了首都主网安全生产局面的稳定。取得首都电力“安全稳定年”劳动竞赛五面红旗。

地址：丰台区万泉寺（菜户营南路）石门甲1号
邮编：100069
电话：63120400

【人力资源】检修公司共有职工2109人，其中，长期职工1084人，主业劳务派遣职工102人，集体工87人，集体企业社会化用工836人。全民职工中本科及以上学历626人；高级职称130人，中级职称183人；技师及以上职业资格719人，高级工115人。

开展领导干部“每周一学”，开办小微课堂和专题讲座，创新开设网上“云课堂”15期，各级人员累计授课136次，挂职交流干部职工48名，为保障重点工作、加快人才培养搭建平台。获得公司“安全生产技能大赛”开关柜状态检测项目一、二等奖，“配电不停电作业技能竞赛”团体一等奖，包揽全部个人项目冠军。50 余个集体、260 余名职工获得各类先进表彰，方文军获得北京公司“电网工匠”荣誉称号。

【安全管理】全年未发生电网、设备、火灾等重大安全生产事件，执行二级及以上风险管控 411 项，实现所有高风险作业施工现场 100%全覆盖，实现了 3 个百日安全长周期。印发全员安全责任清单，梳理典型安全事件，提升全员履责水平。严格落实安全考核和责任追究，发放专项奖励 340 万元、百天奖励 930 万元，考核奖励 206 万元。以“安全意识、安全能力”提升为主题，开展安全文化宣传标语征集、共筑安全我先行、安全稳定青春建功等活动，渲染浓厚安全氛围。加强安全风险预判和审核，按周发布安全风险提示，工作负责人参与风险审核、掌握作业风险点和管控措施，有效提升现场安全把控能力。加强安全监督和管控，执行安全规范化任务 4545 项、班组移动作业抽查 2.9 万人次、输电视频轮巡抽查 31 万人次，确保了人员到岗到位和作业行为规范。成立产业安全监控中心，实现对所有作业现场的监督管控。

【专业管理】全年共完成政治供电任务 182 项、342 天。完成贯穿全年的全国“两会”“一带一路”、世园会、亚洲文明对话大会、新中国成立 70 周年五大政治供电保障任务，累计投入 5.2 万人次、1.7 万辆车次，创下保电历史之最。举全公司之力服务新中国成立 70 周年供电保障，提前一年启动保电筹备，累计编制总体方案 9 项，专项方案 72 项；停电检修、线路登检、发电车检测等工作任务全部按期完成，处理缺陷 5130 项，确保了设备以最佳状态完成保电实战。累计投入 15 个食堂、送餐 2.9 万份，193 名管理人员志愿开展帮厨、送餐等工作，与 9 家外省支援单位做好专业对接和后勤保障。

【生产管理】完成停电检修工作 3983 项，缺陷存量下降 17.2%；执行二级及以上风险管控 411 项，实现所有高风险作业施工现场 100%全覆盖；成功经受极端天气和燃气供应异常的考验，确保了电力可靠供应和电网平稳运行。全年流转异常信息 1.05 万条，形成 14 类差异化管控要求、8 项指导性经验。集中开展“压存控增”二次攻坚战，监控类缺陷存量下降 61%。开发计划管理系统，有效整合生产任务、设备台账、缺陷台账等数据，停电计划准确率稳步提升。完成 134 座变电站达标整治，完成孙河站变压器，李遂站隔离开关等改造任务。开展二次设备消隐改造攻坚，突破性完成大郊亭保护改造及大钟寺、六郎庄自投改造等历

■ 4 月 26 日，世园会“一带一路”保电期间，检修公司运维人员在西沙屯站开展检测工作。（尹星 摄）

史遗留工程 21 项，变电设备故障率同比下降 50%。在重点输电线路推广新型 X 光探伤技术，及时发现并处理内在缺陷隐患。快速处理高泉一线线路故障，第一时间恢复供电。输电线路故障率较近 5 年平均值下降 24.6%，鸟害故障下降 43%。实施不停电作业任务 2413 项，同比增长 17.82%。发电车执行任务 229 项，代表国家电网有限公司赴内蒙古朱日和参加能源保障演练，专业实力充分展现。

■ 11 月 26 日，检修公司输电检修人员紧急处理高泉一线故障。（孙闻浩 摄）

【工程建设】完成 18 座新发变电站、151km 新发输电线路、34 项重点输变电工程的验收投产。完成京张高铁迁改等冬奥会相关工程、延庆移动站、樊家村主变压器扩建等度夏、度冬解重载工程，京沈客专等系列重点迁改工程。北京公司首座自主运维的 500kV 枢纽智能站——新航城站顺利投产；220kV 石龙输变电工程打造为样板工程；西白庙站、群明站为北京冬奥会提供可靠电源保障。在芦张施工现场首次应用智能机器人展放光缆作业，属国内首创。北京地区第一

座±500kV 延庆柔直换流站顺利进入调试期，累计发现和处理缺陷 2438 项，充分彰显了检修人作风严谨、技术引领的硬核实力，为换流站顺利投产和后续运维打下坚实基础，为清洁能源入京奠定了设备保障。

■ 500kV 柔直换流站投运前，检修公司运维人员在开展验收工作。（尹星 摄）

【经营管理】完成电缆业务、机构及人员划转，确保了检修公司运转顺畅及人员状况稳定。各级干部共实施 120 项问题解决型、151 项经验推广型创新项目，涌现出带电作业护腰防坠落型安全带、电力 CAD 软件开发、施工跨越防护网改进等研发成果，有效促进生产和管理效率提升。开展工程退出物资专项清理，涉及资金 1342.6 万元，超额完成年度任务 12%。顺利完成国家电网有限公司人力资源专项审计，稳步推进 19006 任务项目跟踪审计、工程物资专项审计等工作，企业发展逐步规范。成立食堂管理委员会。“带电接火成套装置及应用”获得国网工人创新三等奖。科技创新成果获得北京公司 2 个二等奖、1 个三等奖，“绝缘杆式消弧开关”获得群创一等奖。京电集团全面护航主网发展建设，承揽工程 598 项，签订合同金额 7.4 亿元，取得消防二级资质。加强内部培训取证，37 人通过职称取证，为历年最好成绩。承接基建工程和迁改工程，拓展用户变电站代维业务，市场开拓力度不断加大。

■ 4 月，检修公司发电车在世园会现场应急保障。（姚雁南 摄）

【党的建设与精神文明建设】主题教育扎实落地，累计开展集中学习 142 次，组织专题党课 51 场，深入调查研究 80 次，整改各类问题 48 个，全体党员干部的“四个意识”更牢、“四个自信”更强、“两个维护”更自觉。深化“党建引领、内嵌融入”长效机制、党员和领导干部“一带二、一带三”机制，策划“主动担当、共筑安全”系列主题活动，开展“我的设备我负责”“故障处理备忘录”等专项行动，党组织战斗堡垒和党员先锋模范作用充分发挥。坚决整治王府井“巾帼班”事迹造假问题，落实 15 项整改措施。深入推进“抓整改、除积弊、转作风、为人民”专项行动，从严从实抓好作风建设。落实纪检监察体制改革部署，“三转”工作不断强化，监督责任进一步压实。召开“镜头记录精彩　笔尖传递安全”宣传分享会，制作《奋战 40 天》保障画册，组织“保电再出发”“学雷锋、保主网”志愿巡线等主题活动，凝聚全员力量。完成职工年度疗养工作，真心真意关心关爱职工。加强维稳保密工作，保持了和谐稳定局面。

（刘　丛）

国网北京市电力公司电缆分公司

【概况】国网北京市电力公司电缆分公司（简称电缆公司）成立于 2019 年 1 月 21 日，是北京公司安全生产领域的核心业务支撑机构，承担着 35kV 及以上电缆线路、35kV 及以上电缆所在隧道的运维检修及消防应急工作，负责 35kV 及以上电缆隧道资源管理、规划配合及专业技术研究与支撑工作。

共设置 5 个职能部门，即综合管理部、财务资产部、安全监察部（保卫部）、运维检修部和党委党建部（党委宣传部、纪委办公室、工会、团委），设置 5 个业务机构，分别为电缆智能运检管控中心（防火管控中心）、电缆运维南区中心、电缆运维北区中心、电缆检修中心、电缆隧道检修中心，1 家产业单位。管辖高压电缆隧道共计

908km，管辖35kV及以上电缆线路共计2676km。固定资产总额约247亿元，约占北京公司资产总额的1/5。

先后获得国家电网有限公司庆祝新中国成立70周年供电保障先进集体，“一带一路”高峰论坛、世园会、亚洲文明对话大会供电保障突出贡献单位，国家电网有限公司第五届“青创赛”金奖等荣誉。

地址：北京市朝阳区建国门外大街月河胡同2号
邮编：100022
电话：63124242/63124243

【人力资源】截至年底，电缆公司共有职工291人。其中长期职工133人，主业劳务派遣职工2人，产业单位社会化用工136人，集体工20人。长期职工中本科及以上学历107人；高级职称27人，中级职称41人；技师及以上职业资格56人，高级工25人。

电缆公司坚持德才兼备、以德为先，努力培养和大胆使用“李云龙式”干部，提倡干部勇于担当作为，累计调整中层干部29人次，提拔任用4名正科级、5名副科级干部，1名干部走上职员职级序列。队伍建设成效显著，完成24名一般管理技术岗位、13名班组长选聘工作。制定全员绩效管理实施方案，建立薪酬分配和考核激励机制，重点向做出重要贡献、承担重要责任的员工倾斜，进一步激发员工工作热情。接收2019年毕业生9人，并开展轮岗锻炼。开展“每日一学”活动，累计学习人力资源、运维检修、安全管控、党的建设370题。

1月22日，国网北京市电力公司电缆分公司成立大会召开，第一届领导班子正式组建。（周小楠　摄）

【安全管理】电缆公司全年未发生人身伤亡事故，未发生六级及以上安全事件，实现3个百日安全长周期，累计安全生产345天。

电缆公司牢固树立“大安全”理念，建立健全安全管理体系，制定全年安全生产工作意见及落实计划，明确重点，有效指导全年工作开展。组建安委会、安全网员体系，全年组织召开安委会4次，安全生产月度会11次，及时传达国网及北京公司工作要求，部署安全重点工作。落实各级安全责任，编制岗位安全责任清单888条，做到“一岗一清单”。建立安全奖惩工作机制，严格安全考核和责任追究。严格现场安全管理，严抓人身安全管控，组建两级安全督察队及安全监控中心，建立健全常态化安全巡检及反违章工作机制，对256个作业现场开展现场巡检670次、远程视频巡检1572次，发现问题57项。强化安全风险管控，建立会商机制，固化会商流程，加强安全风险重点环节把控，共完成234项一级、206项二级风险会商审核。严格落实领导及管理人员生产现场到岗到位工作要求，领导及管理人员开展现场飞行检查和把关共计285次。扎实开展安全教育培训，审定安全生产培训教育计划，对主业、产业单位全部转岗人员进行安规培训及考试，完成年度安全教育培训及148名生产人员安全技能等级评价考试。健全应急管理体系，组织完成1项总体、23项专项应急常态预案编制工作，完善应急制度体系，强化日常预案培训及演练，确保突发事件应急响应迅速、高效。

【专业管理】电缆公司将新中国成立70周年供电保障作为首要政治任务，严格落实“五个最”要求，实施139段隧道结构检测及14段重点隧道支护、加固，全面开展隐患排查整治，昼夜开展设备看护和应急值守，共投入保障人数2320人，成功实现“四个零”保障目标。全年共圆满完成“一带一路”高峰论坛、世园会、亚洲文明对话大会等重大保电任务119项，保电时间229天，完成特级保电任务5项。全力支撑首都“四个中心”建设，针对老旧隧道已成为北京电网重大安全隐患的情况，对32km建设年代早、结构老化、风险隐患突出的砖混隧道评估定级，在开展局部加固的同时积极向市城市管理委、北京公司汇报，促请加快推动治理工作。严格质量标准，高效完成冬奥会、新机场等国家重大项目配套106.64km线路、15.62km隧道验收，保障安全可靠供电。配合全市基建迁改投产工程53项，新增线路278.69km、隧道40.64km。

突出风险隐患整治，完成16路、36km高压电缆线路停电消隐，工作量为常年16.6倍；加装防火隔板88.7km、防火槽盒118km，工作量分别为常年1.9倍和21.7倍，实现核心区内供电保障重点线路防火措施全覆盖。建成国内首家隧道防火管控中心，全天候监测火灾信号；研发国内首台隧道应急消防车和国内最先进的电缆故障快装接头恢复技术，在国家电网有限公司率先启动隧道多维消防体系建设，大幅提升消防应急能力。完成国内首次高压电缆隧道应急消防实战演练，助力电缆隧道消防水平全面升级。

■ 9月3日，核心班运维人员在长安街隧道标准段开展19006隐患排查，对电缆开展巡视、测温、测负荷工作。（周小楠　摄）

借鉴北京市街巷长制，落实国家电网公司设备主人责任制要求，建立沟长制、线长制，压实运维责任。优化设备管辖分区，将运维班组由4个增加到11个，基本实现属地化办公，缩短运维半径，大幅提高运维工作质量和效率，全年高效处置突发事件75起。完成1021条线路高压电缆设备评估，健全设备信息和状态管理。建成高压电缆精益化管理系统，实现将设备管理、信息管理、隧道资源管理、运营监控、风险管控等功能集于一体。开发19个功能模块、12项App业务流程，实现政治供电、系统图、缺陷及大工地管控等模块在精益化系统的上线使用和常态化流转，持续推动PMS数据治理。精简断面审批手续，累计批复断面366项。创新应用有限空间作业微信群，实时掌控生产区域作业单位、人员情况，实现有限空间作业闭环管控，办理有限空间手续1287项。

【改革创新】深入推进合规管理体系建设，创新开展电缆通道有限空间作业合规管理研究，编写完成北京公司第一份专业合规管理指引。创新电缆维权管理机制，针对电缆外力事故特点，编制《外力破坏电缆及通道事故现场处置手册》，固化证据留存，规范维权行为，提升维权实效。全年处理外力侵权事件6起，直接挽回经济损失数十万元，实现外力追责“零诉讼”。

加快建设电力物联网，在长安街、世园会隧道建成试验段，部署6大类、16种现场感知设备，全面接入电缆精益化管理平台，建成国网系统首套高压电缆隧道多维消防体系，并获得国家电网有限公司第五届“青创赛”金奖，有力支撑国庆和世园会供电保障。牵头制定国家电网有限公司电缆专业物联网建设和评价标准，形成电缆专业泛在电力物联网建设的“北京方案”，受到国家电网有限公司领导高度肯定。修订北京市地方标准《电力管道建设技术规范》，并通过市城市管理委评审，联合中国电科院编制国家电网有限公司企业标准《高压电缆及通道防火技术规范》1项。

■ 8月9日，电缆公司与中国电科院高压研究所签署高压电缆技术研究及成果转化合作协议。（周小楠　摄）

组建电缆科技创新中心，加强科研力量投入，聚焦专业痛点和科技前沿6大重点方向、17个重点科技项目，努力打造一批智能化水平高、现场实用效果好、具有市场推广前景的技术、装备。与中国电科院高压研究所签署高压电缆技术研究及成果转化合作协议，联合开展边缘智能终端等3项前沿技术攻关。相关科研成果获得北京市科学技术三等奖1项、全国能源化学地质系统职工技术创新成果三等奖2项，获得北京公司科技进步二等奖1项，以及管理创新一等奖1项、二等奖1项、三等奖1项、QC成果三等奖1项。申请专利25项，其中发明9项、实用新型15项、外观1项；获得专利授权7项，其中实用新型6项、外观1项。职工撰写论文15篇，被核心期刊收录8篇。

【经营管理】财务资产管理优化，完成管沟、线路、安全工器具、办公场所、车辆等20614项资产移交和划转；实施多维精益管理体系变革，推动业财全业务融合、全流程贯通。参加财务专业调考，获北京公司团体第一名。4月、9月，通过现场调研、面对面座谈等形式集中开展“一线工作月”调研，累计活动次数178次，解决问题215项。后勤保障全面强化，新增8处班组驻点用房，截至年底，共有12处办公驻点。全面开展房屋修缮、设施升级；优化车辆、物业管理，深化健康食堂创建，服务水平显著提升。完成产业单位业务划转和新公司组建，并结合发展需要更名为“北京卓越电力建设有限公司”。产业单位承接 279 项工程任务，同比增长 300%；实现营业收入 2.8 亿元、利润 126 万元。纵深推进从严治党，建立履责约谈和报告机制；全过程审计 78 项大修技改项目；针对工程投产验收等关键环节制定廉洁共建告知书，全年签订 395 份，电话回访 22 次。

【党的建设与精神文明建设】把党的政治建设摆在首位，细化党委会、经理办公会和“三重一大”管理细则，全年召开党委会 40 次，审议议题 182 个。扎实开展主题教育，中心组全年开展集中研讨 24 次，各支部集中学习时长达到 110h；班子成员讲授专题党课，走访一线调研、征求意见建议，制定整改措施 135 项，立行立改。

全面落实党建责任，54 天内规范高效完成电缆公司党委、纪委选举，立足发展实际，将原专业 2 个党支部扩展为 6 个。着力夯实制度基础，细化党建考核评价方案，坚持“月指导、季检查、年评价”，严格党建对标管理。着力加强人才培养，指导青年团队创作的“电缆隧道多维消防体系”项目获国家电网有限公司第五届“青创赛”金奖，在国网交易论坛展上向国家电网有限公司总经理辛保安汇报，在第四届国际创博会向团中央书记处汪鸿雁同志汇报。着力塑造品牌形象，在新华社、人民网等媒体发稿和视频 18 件，反映保障首都核心区电缆通道安全的北区一班报道点击量超过 120 万。

深化“党建引领、内嵌融入”机制，全年成立党员保障队 26 支、突击队 6 支、党员先锋队 31 支、临时党支部 9 个，战斗堡垒作用有效发挥，圆满完成新中国成立 70 周年等五大保电任务；配合完成新机场、冬奥会等重大电力工程投运任务，营造党员带头、奋勇争先的浓厚氛围。在北京公司劳动竞赛中共斩获“提质增效”“党建引领”“改革创新”“安全发展”“电网建设”5 面劳动红旗，共有 8 人获“劳动之星”称号。组织开展电缆专业 3 项劳动竞赛，发扬劳模精神和工匠精神，引领广大职工建功新时代。建设职工之家、创新工作室、青年创新工作站和 8 个班组小家，打造“1+*N*”建家模式，塑造小家暖心工程。开展慰问帮扶、职工疗养、中医义诊等服务项目。举办职工趣味运动会、开展“同心共筑梦、携手赢未来”职工文化成果展示，丰富职工文化生活，营造了和谐融洽的企业氛围。

8 月 12 日，电缆公司《没有硝烟的战场——电缆隧道多维消防体系》在国家电网有限公司第五届“青创赛”中进行现场发布并斩获金奖。（周小楠　摄）

（王　健）

国网北京市电力公司信息通信分公司

【概况】国网北京市电力公司信息通信分公司（简称信通公司）是国网北京市电力公司信息和通信业务的专业支撑机构，负责公司信息与通信系统的建设、运行、维护工作。信通公司共设置 6 个职能部门，3 个专业机构，1 个受托集体企业。

地址：北京市大兴区地盛北街 2 号院
邮编：100176
电话：63123865

（赵欣阳）

【人力资源】信通公司现有职工 540 人，其中全民职工 211 人，平均年龄 37.3 岁。其中研究生及以上学历 88 人（其中博士 3 人），占比 41.7%；本科学历 84 人，占比 39.8%；大专学历 20 人，占比 9.5%；大专以下 19 人，占比 9%。高级职称 42 人，占比 19.9%；中级职称 50 人，占比 23.7%；初级及以下职称 119 人，占比 56.4%。高级技师 50 人，占比 23.7%；技师 27 人，占比 12.8%；高级工 26 人，占比 12.3%；中级工及以下 108 人，占比 51.2%。

信通公司推进专家人才队伍建设，强化专业技术人才培养，人才当量密度达 1.1991。累计遴选全国电力行业技术能手 1 人，省公司技术能手 1 人；省公司级专家人才 1 个、后备 2 人；地市公司级专家人才 1 人、后备 2 人，既有专业技术资格又有技能等级人数 77 人，初步建成分类分级优秀专家人才梯队。完成培训 4480 人次，人均学时 786.48h，员工培训率达 100%。组织员工参加专业技术资格评定以及相关行业的技能培训、鉴定工作，其中，9 人认定为初级专业技术资格，18 人通过社会认证的信息、通信类专业考试，并取得相应证书。

■ 12 月 27 日，信通公司对新员工实习期进行综合考评。（柳阳　摄）

（赵欣阳）

【经营管理】完成财务专业全年绩效考核评价指标，其中可控费用完成 63715.72 万元；工程竣工转资金额 10579.61 万元。年内，信通公司资产总额 210461.52 万元，较上年同期增长 22.49%。全年完成资金支付金额共计 86527.54 万元，较去年同期增长 42.06%。修编资金支付审批权限细则 1 项，根据国网公司相关文件修改差旅费报销范围、报销标准。

编制 2018 年资金安全专项检查整改情况自评估工作报告、2019 年度资金安全专项检查报告、工程全过程管理问题自查报告、工程全过程管理问题整改及总结提升报告。开展往来款梳理清查、再排查工作，编制国网北京信通公司清欠往来款再排查报告。

年内“提质增效”劳动竞赛评比中，信通公司获得红旗单位。

（范晶晶）

【安全生产】全年完成 3 个百日安全长周期，实现全年安全生产目标，累计安全生产 2856 天。

建立安全监控中心，充实视频监控及巡检人员，实现远程监控与现场巡检协同监控，确保现场巡检及监控 100%覆盖，全年检查作业现场 3693 个。组织开展“一线工作月”、新中国成立 70 周年保障核心区专项监督检查，各级领导干部现场督导 435 次，发现整改问题 123 项。严格落实到岗到位要求，安排 2436 人次开展现场到岗到位把关，公司领导到岗把关 212 人次。组织领导和管理人员开展现场监督检查，共计安排领导和管理人员 881 人次，对 1325 个现场进行安全检查。高质量完成应急保障，完成应急响应保障、专业应急响应共 62 次；结合日常工作开展信息报送演练 43 次，开展应急装备演练 10 次，参演人员 120 余人次。

■ 12 月 18 日，信通公司在亦庄进行卫星车应急装备演练。（柳阳　摄）

全年开展安全技能等级教育培训 12 次，外协施工单位 70 名工作负责人及 100 余名一般作业人员通过考试。组织各项管理性培训 82 次，各专项培训考试 600 余次，全年参培 2000 余人次。按照“四不放过”原则，对 9 起事件、15 项违章开展原因分析和问题查找。对“护网 2019”网络安全攻防专项演习圆满成功等工作开展奖励申请。全年共计处罚 57 人次，奖励 115 人次。

（周　密）

【科技进步】信通公司聚焦一线实际问题，组织创新团队开展技术攻关，全面支撑公司安全生产、供电保障、依法治企等方面，加大成果转化和推广力度。信通公司和南瑞集团合作完成的“网络与信息安全态势感知与预警关键技术及推广应用”科技成果荣获国网公司科技进步二等奖；“电力通信量子密钥抗干扰传输技术研究”荣获北京公司科技进步二等奖，“基于分布式光纤应力传感的光纤辨识定位技术研究应用”和“大数据分析技术的精准防汛系统”荣获公司科技进步奖三等奖。信通公司自主研发的泛在感知网络单元在世园会保障投入使用，实现即时感知隧道内温度等指标异常变化并进行告警，达到国内同类技术先进水平；“5G网络化改造及推广服务平台”国家工信部项目成功立项。“电力用非金属阻燃光缆”等2项技术标准，荣获中国电机工程学会批准立项。取得“防火墙命令的生成方法和装置”等14项发明专利和软著，创历史新高。“800兆集群终端电池”荣获北京质量协会第七十四届QC品质成果奖；“基于泛在电力物联网的安全管控机制构建与实践”荣获公司2019年度管理创新一等奖，“基于高压电缆及隧道广泛状态感知的大数据分析与实时检测”“基于移动互联网的会议服务管理系统构建与实施”“基于现代（智慧）供应链的两级供应体系建设”“信息通信全息智慧指挥运营管理实践”分别荣获公司2019年度管理创新三等奖。“大数据和可视技术在信息通信运行分析领域的应用”等9项优秀成果在信通公司第二届创新成果发布会上成功发布。

（郝　颖）

【优质服务】年内完成203项重大保障任务，完成“一带一路”高峰论坛、新中国成立70周年庆祝活动、亚洲文明对话大会、全国两会等重大保电任务。完成保障筹备期间组织体系构建、保障任务推进、保障现场督导、指挥体系优化、分指挥部功能提升、后勤保密管理、宣传维稳管理等工作的亮点总结。完成保障实战阶段，保障指挥体系运转与各保障组保障工作开展情况的量化评估。形成重大活动保障系统、网络态势大数据分析、音频信号光纤传输等技术创新应用成果8项，跨专业联合指挥保障模式、业务监控助力自动化运维及风险管控等管理典型经验3项。梳理保障责任落实、标准制度执行、资源力量调配、技防措施落实等方面问题9项，逐一制定了整改措施。

加强186客户服务工作规范性，完成信息系统客户服务管理细则和客户服务奖惩细则修订。制定调整186语音导航菜单、增加部分技能组话务溢出和客户回访等一系列整改措施。全年客服呼入总量为141141个，创建工单103086个，工单创建率100%，全年186座席总在线时长为108010.2h。加强数据质检分析，编制客服质检分析周报，针对用户投诉问题执行闭环管控，主动回访重点用户，提升用户满意度和对186客服品牌的认知度。

（郝　颖）

【党的建设与精神文明建设】按照中央和上级党委的统一部署，在全体党员中开展“不忘初心、牢记使命”主题教育。组织集中学习24次，基层调研58次，查摆问题55项，制定措施86项。印制“不忘初心、牢记使命”主题教育口袋书，指导支部抓好党员学习。进一步深化“党建引领、内嵌融入”长效机制，在新中国成立70周年保障工作中，将党建深度融入保障工作最前沿，成立6个共产党员保障队、2个共产党员突击队和1个共产党员服务队，6个临时党支部，设立党员责任区、党员示范岗，做到守土有责、守土尽责。深化党员“一带二、一带三”长效机制。充分发挥信通公司全体党员的先锋作用和带动作用，组织每一名党员与职工群众或部室、班组、党支部结对，共签订党员“一带二、一带三”帮带协议385份。深化党员服务队建设。不断拓展服务内容，延伸服务范围，开展了三季“信息通，心相通”集团通信业务优惠活动，对16家供电公司二级指挥部的会议电视系统进行了走访服务，参加亦庄经济技术开发区管委会开展的“防风险、除隐患、遏事故”安全咨询日活动。夯实党组织管理，规范党支部工作流程，开展党支部书记“党建业务我来讲”4次；创新党建业务培训形式，制作党

■ 10月1日，信通公司在天安门广场进行卫星车通信保障。（李博　摄）

■ 7月2日，信通公司组织开展“守初心、担使命，找差距、抓落实”主题党日活动。（柳阳　摄）

建工作标准工序卡，组织党支部书记外出学习交流。完善激励机制，在全体党员中开展党员月度之星评选工作。围绕年度重点工作、重大政治供电保障活动及人物事迹等内容开展宣传工作。协调多方于凌晨拍摄天安门广场、王府井等隧道光缆施工、卫星通信车调试工作，素材被 BTV《都市晚高峰》播出的《默默奉献　多部门服务观礼》选用。鼓励青年创新创效，获得银奖 1 项，铜奖 3 项，联合创新奖 1 项。信通公司荣获“首都文明单位标兵”“国家电网有限公司庆祝新中国成立 70 周年活动保电先进集体”“国网北京市电力公司先进单位”“国网北京市电力公司红旗党委”等称号。

（王　辉）

国网北京市电力公司培训中心

【概况】国网北京市电力公司培训中心（简称培训中心）是国网北京市电力公司职工教育、人才培养的基地，担负着公司党政领导干部、管理人员和技术技能人员培训、职业技能鉴定工作，承担各类会议的服务保障工作。培训中心现有模式口、亦庄 2 个校区，主校区设在石景山模式口校区。共设置 8 个部门，职工总数 122 人。

■ 3 月 25 日，培训中心召开党建暨党风廉政建设和反腐败工作会。（马建飞　摄）

年内荣获首都文明单位，北京市交通安全先进单位称号，获公司第五届青年创新创意大赛三等奖、第二届网络安全技能竞赛优秀组织奖及公司“为老服务”先进单位。助力公司获第二届全国电力行业青年培训师教学技能竞赛团体三等奖、优秀组织奖。2 项 QC 成果获北京质量协会第七十四次 QC 小组成果发表会二等奖，1 项成果获全国能源化学地质系统职工技术创新成果三等奖，2 项课题获公司管理创新三等奖。

地址：北京市石景山区模式口三号院
邮编：100041
电话：010－63679500

【培训工作】服务公司战略决策部署，支撑公司人才培训培养需求，完成各项重点工作任务。完成公司全体党员回党校轮训、国庆游行方阵、19006 保电培训等重点培训、保障任务。全年共承办各类培训、会议、考试、鉴定、竞赛等共 360 期，同比提升 16%，年培训量达 81959 人次，培训任务完成率达到 100%。组织完成公司各专业，共 45680 人次安全准入考试。承办 15 项公司各级竞赛调考任务，参赛选手获得国网同期线损技能竞赛团体第二名、营销线损调考国网第五名。推进技能等级评价制度编制和组织实施，培训考评员 736 人，完成技能等级评价 450 人，完成职称评定、认定 1061 人，专家人才考核 664 人，后续学历认证 118 人。推进网络大学运营，全年共上传题库 46 个，完成考试运维 85 项，推送课程 36 门，网络登录达到 20.66 万人次。

探索自主培训项目，开办营销、生产专业全员技能提升培训。在多个专业推广“送教上门”服务，为青年培训师授课搭建良好平台。2019 年共 26 名青年培训师登上讲台，累计授课 484 学时。在第二届全国电力行业青年培训师教学技能竞赛中获得团体三等奖、个人二等奖和个人三等奖。加强二类项目开发管理，全年完成教育培训开发项目 40 项，课程及微课 160 门、培训教材 1 本及继电保护员等 10 个工种的标准与题库修编工作。

【党校建设】服务公司核心业务，支撑公司党建工作发展需求，全力打造“主阵地、制高点、智力库”。高质量完成公司大讲堂、党支部书记、入党积极分子等重点培训任务，全年党校培训 35 期，培训量达 3094 人次。策划推进“全体党员回党校”轮训工作，优化轮训方案，于年底正式实施。发挥智力库作用，策划推出两会精神解读、“不忘初心 牢记使命”主题教育等课程推介手册，制定公司领导干部“不忘初心、牢记使命”主题教育读书班等培训策划方案，完成两项国网公司课题研究，发挥党校理论研究作用。拓展工作思路，合理利用周边资源，坚持特色发展，自主开发隐蔽战线党性教育课程等精品讲授课程，开发红色现场教学系列课程。打造公司党校品牌，参加国网党校和市委党校组织的交流汇报、观摩教学等活动，借鉴各网省公司党校特色经验，推动自身党校发展。在公司人民网党建云平台发布数十篇文章、报道，宣传公司党建工作的突出成就。

■ 9 月 25 日，培训中心“不忘初心 牢记使命”第二批主题教育参观香山革命纪念馆。（马建飞 摄）

【经营管理】提升基础管理水平，推进依法治企，落实“三重一大”决策要求，防范经营风险，保障健康发展。严格执行重点事项督办制度，确保各项重点工作有序推进。加强重要资料存档归档管理，确保巡察审计零风险。精益化财务管控，全面完成业绩指标考核任务，可控成本完成率达 99.56%，年度平均月度现金流执行率达 99.34%，年度转资率 100%。优化人资管理，优化全员绩效考核体系，促进业务部门出台绩效考核制度，科学评价员工工作量。拓宽金牌评比专业领域，凝聚职工干事创业激情。开展绩效改革访谈，广泛征求职工意见，与部分单位进行交流学习，吸取运营管理经验，探索与新运营模式相适应的绩效考核模式。专业领航成果丰硕，各专业部门深入分析培训需求痛点，立足教研核心能力建设，精准开发课程资源，推荐精品班次、课程方案，提升培训支撑能力，特色品牌逐渐形成，聚焦教研、比学争先的良好氛围不断深化。

【服务保障】完成学员公寓暖气更新、新会议楼新风系统改造，美化校园环境，更新教室设备设施。修订标准化培训服务流程，开展服务专项培训，优化培训业务流程，使培训服务质量有效提升，学员培训满意度显著提高。提升培训安全管控水平，定期开展学员公寓、餐厅环境、安全巡察，加强外包服务团队的监督管理，对教室、宿舍等定期排查安全隐患，提高培训安全防控能力。统筹推进安全生产工作，全年共开展安全周期巡察 48 周，签订安全责任书 48 份。严格落实值班制度，做好重大政治活动期间网络安全防护工作。

■ 12 月 12 日，培训中心金牌讲师教学风采展示活动。（马建飞 摄）

【党的建设与精神文明建设】扎实开展“不忘初心 牢记使命”主题教育活动。通过原原本本读原著、悟原理，深入走访调研等活动，发现问题 44 个，形成整改措施 58 项。领导班子突出团结协作、合规经营，支部层面深入推进标准化建设，全体党员发挥先锋模范作用，落实落细管党治党责任。将党风廉政建设融入改革发展总体布局，将“两个责任”落到实处，开展党风廉政专题培训，加强廉洁宣教，强化重点环节重点领域风险防控。组织领导干部、重点岗位人员进行“首善清风”在线考试，高质量完成“廉洁安全周”行动，精准实施 3 个协同监督项目。坚持党建带团建，鼓励团员青年积极参加党支部活动，本年度完成推优入党 5 人。在各项重大活动中，开展志愿服务，展现“红马甲”风采。营造和谐企业氛围，组织“不负韶华、未来可期”联谊活动。持续开展“每逢佳节忆传统”特色主题活动，职工“文化工程”建设日益深化。巩固提升文明单位创建成果，顺利通过首都文明单位测评。

（王 彤 娄 强）

国网北京市电力公司物资分公司

【概况】国网北京市电力公司物资分公司（简称物资公司）作为国网北京市电力公司直属二级单位，经历了60多年的发展历程，有着优良的传统和企业文化，承担着北京市电力公司大宗物资招标、采购和仓储配送以及非电力物资供应重任，主要负责国网北京市电力公司各单位物资供应和物资仓库管理，物资计划收集、汇总和结算审核，招标和非招标物资采购、合同签订和结算，履约协调，产品质量，供应商关系管理，仓储配送，废旧物资处置及应急物资管理等工作，是公司的物资保障机构。

物资公司共设置3个职能部门、7个业务支撑机构和1个受托集体企业。

地址：北京市西城区樱桃二条七号
邮编：100054
电话：010－63679119

【人力资源】截至年底，物资公司全口径统一人数192人，全民职工132人。其中研究生及以上学历34人，本科学历76人，专科学历14人；高级职称7人，中级职称28人；技师及以上执业资格51人，高级工11人。

开展“樱桃讲坛”培训活动，推进人才培养工作，打造一支适应物资专业发展需要的高素质人才队伍。开展新入企员工岗前培训工作，召开新入企员工阶段性实习总结暨国网公司集中培训动员会，组织新入企员工到朝阳供电公司东奥速滑馆110kV输变电工程现场参观学习，实地了解工程建设和物资设备相关知识。组织新入企大学生及重点岗位员工廉洁从业宣教培训。组织青年员工参加“青春光明行”主题活动，强化青年员工的责任意识和奉献意识，开拓成长视野，激发青年活力。团委开展“青春向党　建功新时代”暨纪念五四运动100周年主题团日活动，培养具有担当精神的新时代青年。

开展综合业务专题培训活动，分别就安全生产、经济法律、管理创新、公文写作、专业资格及技能等级等方面进行培训，提高员工综合素质，提高生产效率和服务水平。开展业务专题培训活动，分别就计划管理、协议库存、合同签订及结算管理、招标投标、供应履约、质量检测与监造和仓储配送等环节的业务流程进行了专题培训，并组织召开网络安全工作专题会和开展全员制度考试活动，全方位营造全员遵规守纪的环境氛围。

【安全生产】当年公司没有发生人身轻伤以上上报事故，没有发生设备、防火防盗事故和上级考核的指标，截至年底，实现了安全生产11265天，防火14206天，交通安全14407天。

落实党政同责、一岗双责，层层落实安全责任。组织开展常态安全巡检及“一线工作月”活动，查找和解决安全问题51项，初步实现安全隐患闭环管理。按照分级负责、全面覆盖、可操作的原则，进一步细化安全责任履责清单，涉及各重点岗位共330项安全责任要点，进一步细化履责清单内容，确保清单可执行、可管控、可评价。

针对消防安全硬件薄弱的问题，加大资金投入，完成燕郊库区消防管网大修、办公区消防系统维修和马坡库区安防系统改造。修订库区消防应急预案，形成“一库一案”，有效提升消防应急处置能力。组织开展防汛、防火安全隐患大排查活动，分类制定所辖1个中心库，2个周转仓库电气火灾隐患排查细则，组织开展对燕郊、马坡、良乡等仓库的消防、保卫安全隐患排查与安全评估，开展内部安全检查13次，发现安全隐患39项，已落实整改和防控措施。

■ 6月29日，物资公司共产党员服务队在海坨站主变进站全程护航主变卸载就位。（尹方舒　摄）

加强应急体系建设。完成 19001、19002、19005 和 19006 办公区及各仓库的保电值守工作，完善物资公司值班与应急管理手册，明确各部门值班人员的工作职责；结合工作实际修订仓库安保应急预案和消防应急预案；健全物资专业应急保障体系，组织编制《2019 年物资应急保障工作手册》；严格落实物资应急和防汛工作责任制，确保防汛和度夏安全；结合 2019 年实际情况修订防汛应急预案，对 13 类在库应急物资（抽水车、潜水泵、发电机、照明灯）进行维保检修，保证其在最佳使用状态。全年在办公区及库区组织开展消防演练和防汛应急演练 3 次。

【科技进步】青年创新团队针对电力物资体积估测耗时耗力难题开展专项课题研究。获北京公司管理创新二等奖和三等奖、QC 活动三等奖等 3 项奖励。创新项目《“风险巡查官”供应商履约风险预警系统》获得北京公司第五届青创赛铜奖。

【经营管理】完成物资计划与平衡利库。加快工程退出物资消纳，推进北京公司结余物资调拨利库工作的开展，完成 12 个批次 1.8 亿元的结余物资消纳。落实库存闲置资源跨区域调拨两批，涉及金额 5283.85 万元，深入挖掘物力资源再利用价值，促进资源优化配置、盘活存量和降本增效。

主动服务紧急采购需求，高标准完成全年采购活动 42 批次。持续开展北京地区常用物资品类技术规范书固化 ID 编制，深化物资标准化建设。积极承担上级工作任务，完成 2019 年省公司集中招标采购物资类 287 个详评模板的部署与初审。首次作为招标代理牵头单位，开展国网公司配件类联合采购试点，供 27 家网省公司采购使用。

迅速落实国网公司“三金一款”工作决策部署，开展 3 轮专项活动，确保“应付尽付”。深入排查历史“沉淀合同”和预付款支付等关键环节的潜在风险，完成超期合同清理 1205 份。成立物资法律风险防控小组，按月梳理履约风险点，新增法律案件较去年同期减少 44%，有效降低有责被诉案件数量和赔偿金额。加强保密制度宣贯，组织全体员工签订保密承诺书，落实保密责任。

深入开展 ABC 类试验检测，首次开展防火板（槽）专项抽检项目，将光缆纳入抽检范围，进一步扩大物资质量监督范围，加强供应商管理，承担国网公司供应商资质能力核实任务，加大对问题供应商的处罚处理力度，有效降低质量问题发生率。

提升仓库运转效率，制定建设方案，有序推进磁各庄物资中心库建设。加强库存物资清理，采取多种方式开展废旧物资处置，加快库存物资周转，降低库存积压。物资公司协助北京公司物资部对 16 家建设单位及检修公司开展仓储规范性检查、承担现代智慧供应链现场展示会及智慧运营平台仓储模块开发中具体工作任务，公司仓储业务管理参与度达标。公司生产技改大修项目共 2 项，金额 375 万元。项目涉及燕郊中心库室外消防给水管网大修和马坡周转库安防系统升级改造，已全部竣工完成验收工作，同期完成项目结算转资工作。

【优质服务】针对新中国成立 70 周年供电保障、冬奥会、大兴新机场等重点工程建设，灵活采用线上线下计划上报方式，最大限度压缩物资供应周期。全年开展 155 项基建工程物资供货，其中海坨、石景山、新航程等冬奥配套、新机场配套重点工程，全部提前完成设备供货。全年主网履约 27.35 亿元，配网履约 17.53 亿元，解决重大履约问题 90 项，其中，奥体、速滑馆等冬奥配套重点工程与合同交货期相比提前 3 个月完成物资供应任务。2 名同志获得“三场重大活动供电保障”突出贡献个人和先进个人荣誉称号。

■ 8 月 5 日，物资公司赴北京换流站—昌平 500kV 联络线工程现场指导工作。（尹方舒　摄）

推进现代（智慧）供应链建设，按照智慧供应链体系建设方案及工作任务清单，协同公司各专业，整合供应链上下游资源，组织做好业务场景的分解落实，努力打造“1+2”现代智慧供应链体系。

【党的建设与精神文明建设】成立主题教育领导小组及办公室，建立双周例会机制，确保主题教育不偏不虚。制定“1+4+1”主题教育工作方案，通过“排期表”细化工作进度，确保主题教育各环节紧密相扣。发挥党

■ 1 月 24 日，物资公司共产党员服务队到敬老院开展爱心慰问。
（尹方舒　摄）

支部主观能动性，以主题党日、专题党课、“樱桃讲坛”为载体，确保主题教育有序推进。

党建引领发挥党组织战斗作用。围绕新中国成立 70 周年、“一带一路”论坛等保电任务，同步组建临时党支部和党员保障队，为完成各项攻坚任务提供政治保障。

强化党风廉政建设。制定领导班子成员落实全面从严治党要求加强党风廉政建设和反腐败工作履责要点，细化责任分工，量化考核标准。健全约谈制度，制定约谈实施方案，约谈覆盖面达到 100%。

（谢榕桢）

国网北京市电力公司综合服务中心

【概况】国网北京市电力公司综合服务中心（简称中心）成立于 2012 年 4 月，是国网北京市电力公司（简称公司）的直属二级单位。其职能是负责公司人事（不含领导干部）、科技、基建、会计、文书、声像等档案管理工作；负责公司续志、年鉴资料搜集和编撰工作；负责公司层面临时机构专职人员、外借人员、本部司机等员工的人事关系管理；负责公司新闻采编制作、公司媒体平台建设和运营等工作，配合党委宣传部开展重大新闻宣传策划、舆情监测与处置、内外部媒体资源协调等工作。中心下设综合管理部、财务资产部、人力资源服务部、融媒体中心、审计中心、法律服务保障中心。截至年底，中心全口径用工 182 人。其中全民职工 124 人，劳务派遣员工 58 人。

地址：北京市西城区前门西大街 41 号
邮编：100031
电话：010－63127197

【人力资源】落实公司人力资源工作部署，夯实基础管理，强化资源效能。以专项审计、巡视巡察问题整改为契机，提高人资专业管理工作的整体水平。参与个人所得税改革相应测试工作，助力公司个税改革重点工作完成。精益化实施薪酬福利管理，规范退休人员统筹外补贴发放项目、发放标准与列支渠道，使退休员工的福利依法合规。借助三项制度改革，推进全员绩效管理，提高考核精准度。

【财务管理】发挥预算调控职能，优化资源配置，合理压降非生产性支出，全年压降非生产性支出 10%以上。适应财务管理变革，全面开展多维精益管理，优化升级财务管理信息系统，实现财务管理体系及管理系统平稳过渡，多维度展现各项财务数据，提升财务信息手段。

做好国网商旅平台应用。按照上级工作要求,完成基础信息收集、审批权限设置，并成功实施双轨试运行。为交易中心规范化建设和增资扩股做好财务支撑，接收公司对交易中心的现金注资；接收由信通公司划转至交易中心的电力交易平台软件、硬件资产并做好后续固定资产折旧及无形资产摊销金额的测算；配合专业机构开展审计、评估工作，为交易中心后续顺利开展股份制改造奠定基础。

【档案管理】完成 2019 年度人事档案“两审一核查”工作。从初审、核查、互查、复审四个阶段落实两审一核查管理机制，按规定要求将员工重要信息及时归入人事档案，确保档案、系统信息正确，有效维护职工切身利益。审核工作历时一个半月，涉及 34 个二级单位，审核档案 491 卷。

开展 2016～2019 年干部档案集中专项审核，重点审核 4 年间提任的正科级、副科级领导干部的“三龄两历一身份”，查漏补缺，提升干部人事档案质量。涉及 36 家单位，共计审核档案 637 卷，完成材料补充共计 259 份。

基建工程档案管理人员深入相关工程项目部开展

“送教上门”，就档案收集范围、整编规范、档案数字化等方面进行指导。组织工程建设项目相关单位进行“集中归档”，确保归档质量和效率。推进外网工程项目档案管理系统的使用，减轻各单位档案管理人员工作压力，提高档案收集、整理、移交的工作效率，提升工程项目档案数字化率。

财务档案加强归档时间节点及借阅过程管理。文书档案在2019年度国家电网有限公司档案考评工作中实现文件档案归档及时率、完整率、非涉及国家秘密文书档案数字化率达标。声像、实物档案做好收集利用工作，在公司庆祝改革开放40周年展览活动中，借出实物档案49件，照片档案数千张，发挥了重要的宣传、纪念作用。

【志鉴管理】稳步推进志鉴工作，确保按时完成大纲修订、材料收集、内容编撰、清样审核、假书审阅等各阶段工作，最终完成67.5万字的年鉴出版任务。同时以“点”促“面”，完成《国家电网有限公司年鉴》《中国电力年鉴》《西城区年鉴》以及《北京工业年鉴》涉及公司部分的编纂任务。配合各部门、各单位查阅志鉴资料40余次，提升史志工作价值。

【党的建设与精神文明建设】提高党建工作质量，持续加强党组织标准化、规范化建设，推进组织建设、组织生活、党员管理、信息台账、活动阵地标准化，提升党支部“三会一课”质量。丰富学习形式，制定学习计划，提高党员干部政治理论水平，将党建工作融合到中心工作中。

举办四期职工文化交流活动，邀请公司内部各领域专家，就电力交易、文学、设计、历史等方面开展主题讲座，拓宽视野，培植积极向上的企业文化，提高团队凝聚力。

（居　然）

国网北京市电力公司客户服务中心

【概况】国网北京市电力公司客户服务中心（简称中心）是国网北京市电力公司（简称公司）直属二级单位，作为公司营销专业业务支撑和实施机构，承担着重要客户服务、集团客户定向服务、业扩报装集约办理、95598服务、电费账务和交费渠道管理、“网上国网”运营推广、营销稽查监控等专业管理职责。

截至年底，共设置4个职能部门，6个业务支撑机构，1个受托集体企业，代管北京电力展示厅。

中心年度业绩考核、党建工作考核成绩分别在公司业务支撑机构中排名第2、第1，中心被评为公司先进单位，中心党委被评为公司“红旗党委”。

地址：北京市东城区东打磨厂街1号
邮编：100062
电话：010－63122088

【人力资源】截至年底，中心共有长期职工139人，集体企业用工184人。中心长期职工具有研究生学历64人，本科学历71人，专科学历4人；具有高级职称26人、中级职称50人、初级职称57人；技师及以上职业资格20人，高级工48人，中级工10人；现有国网公司级专业领军人才1人、地市级优秀专家人才2人、国网公司级优秀专家人才后备1人，省公司级专家人才后备1人、地市公司级优秀专家人才后备1人。

完善全员绩效考核体系，编制绩效管理“一部室一册”，设置党团工作等8个专项奖励。注重青年员工培养，完善“第一个十年”培养方案，持续开展“双师领航”活动，建立岗位胜任能力评价体系。两名同志荣获公司第六届供电“服务之星”劳动竞赛“十佳服务之星”称号，中心被评为竞赛优秀组织单位。

【经营管理】将安全稳定体系建设作为全年工作主线，成立安全稳定领导小组办公室，建立年督办、季考核、月调度、周汇报、日检查的工作机制，五大方面、56项重点任务、388个阶段性目标全部如期完成，安全形势保持平稳。建立迎峰度夏日碰头机制，24h开展度夏、度冬安全生产值班，有效应对各类突发事件。开展管理人员安全履责能力培训考试，促进各级人员知责、明责、履责。建立重大决策合法性审核机制，健全合规管理体系。营销项目年度预算完成率99.94%，可控费用完成率99.8%，在公司排名前列。推进业财共建共享，现金流实现“按日排程”，多维精益管理体系顺利落地。完成综合楼、祈年大街8号部分房屋修缮，办公环境有效改善。落实主业对集体企业管理责任，每月开展联合指导和经济活动分析。集体企业修订完善制度 57 项，经营管理基础全面夯实。设立“青年创新工作站”，加强创新成果培育，孵化创新“金点子”19 项，获得北京市企业管理现代化创新成果二等奖 1 项、公司第五届青创赛联合创新奖 1 项、公司科技进步二等奖 1 项和三等奖 2 项，申请专利 1 项。

【重要客户服务】组织完成全国“两会”、三场重大活动（第二届“一带一路”国际合作高峰论坛、2019 年中国北京世界园艺博览会、亚洲文明对话大会）、新中国成立 70 周年等供电保障任务涉及的 275 个重要客户现场安全评估及报告审核，开展 150 户次状态检测，举办 19 期客户电气技术人员培训，全年完成重大活动保障工作 66 项，保障时长 3452h，获公司三场重大活动供电保障突出贡献单位称号。坚持首都集团要客定向服务顶层设计、精心组织、过程管控，全年召开服务联席会、工程调度会 20 余次，开展应急演练、用电效能评估、前期咨询等定向服务 1273 户次，促成公司与中宣部机关服务局和中直管理局建立战略合作机制，定向服务在党政军首脑机关均实现了落地。完成军委沙河基地工程、国管局“210”项目等重要客户业扩项目送电 21 项。

【业扩报装服务】面向重要客户、集团客户成功推广高压临电“三省”服务，取得显著示范效应，累计签订“三省”服务合同 22 项。协助公司完成世行调研客户和电气工程师精准对接，累计开展低压小微企业客户服务回访 3.19 万户次。对内依托用电报装系统加强业扩项目时限管控和统计分析，对外与属地公司建立业扩项目双月调度机制，业务办理时限达标率 100%，累计接电容量 369.43 万 kVA，持续排名公司第一。按照冬奥会电力建设与保障一体化模式，完成首钢大跳台、国家高山滑雪中心、国家雪车雪橇中心业扩项目接电。深化“全能型”客户经理建设，业扩项目 100%线上办理，打造了世园会等一批精品业扩工程。完善业扩从业人员廉政管控机制，完成班组责任片区轮换。为公司创造综合能源收入 857 万元。

■ 1 月 10 日，客服中心对延庆“世园会”供电保障客户配电室开展状态检测。（杨永铃　摄）

■ 11 月 15 日，客服中心客户经理在冬奥会首钢大跳台项目发电现场。（杨永铃　摄）

【普遍客户服务】加强 95598 业务政策宣贯和关键指标分析管控，支撑公司投诉、话务量同比分别压降 66.84%、20.31%。健全“接诉即办”快速响应机制，助力公司 12345 综合评价。推进 95598 远程工作站功能定位转型，利用数据可视化技术实现业务全景展现和实时监控。协助公司完成“95598 非抢修业务直派”。成立专班团队开展“网上国网”上线筹备、功能优化和运营支撑，完成国网侧 83 个场景测试和省侧 6 大功能、19 个应用模块开发，开展“分享有礼”等四批推广活动，在近 20 家专业媒体投放广告，新增注册 23.41 万户，绑定户号 19.8 万个，月活率 61.31%。深化“国网北京电力”微信营业厅在线服务，完善服务功能、规范业务流程，累计开展微信在线人工服务 6.12 万次。健全与代收机构和供电公司联动机制，加强交费渠道服务质量管控，自处理客户购电诉求工单同比减少 42.6%。

【电费账务管理】打造电费资金全链条管控机制，较年初收费过程超期笔数下降 99.71%，结零日未到账在途资金下降 97.14%，非正常支票退票下降 96.52%。深化集团客户缴费定制服务，将新华社、北京移动等 3 家单位纳入服务范围。加强电费充值卡基础管理和线上管控，有效保障资金安全。深化营财一体化建设，通过建立协同机制、完善系统功能，电费月结时长由5h缩减至2.5h。建立电费在途资金日监控模式，解款确认超期问题得到根治。承接电费代收手续费结算业务，实现预算、结算、核算闭环管理。先后配合公司完成一般工商业电价下调、两部制电价调整、“一户多人口”电价政策的实施宣贯，开展智能抄表、核算试点工作。协助公司建立市场化用户交易模式。

【营销稽查监控】在承接国网总部侧、北京公司网省侧营销稽查的基础上，组织完成国网公司下达的分布式光伏发电并网结算、营销服务2批专项稽查任务，累计处理异常数据约34万条，查实整改问题约24万个，涉及资金2182.44万元。首次开展营销稽查监控工作质量评价，带动各单位有效提升营销基础管理水平。

【党的建设与精神文明建设】开展“不忘初心、牢记使命”主题教育，把学习教育、调查研究、检视问题、整改落实贯穿全过程，组织集中学习33次、梳理问题40项、制定整改措施85项。以两级党建工作责任清单为抓手，全面提升党建工作质量，圆满完成创先争优年各项工作。持续构建“一横一纵”党建内嵌融入机制，制定重点任务44项，横向结合业务工作广泛开展共建活动，纵向引导广大党员做到“多学一点、多想一点、多干一点、干好一点”。深化党员“一带二、一带三”长效机制，实现党员、群众全覆盖。开展“抓整改、除积弊、转作风、为人民”专项行动，举办两次“一线工作月”活动，作风建设成效得到巩固。坚持标本兼治，完成巡视巡察问题整改。强化执纪监督，对重点岗位人员组织签订廉洁承诺、建立“廉洁健康档案”，对重点领域开展廉洁履责抽查和暗访，党风廉政防线更加稳固。

深化“电力爱心教室”建设，典型经验在公司范围内得到推广。依托电力展示厅打造“科普+党建”智享空间。电力展示厅被东城区授予“学雷锋教育实践基地”称号，全年接待来宾72批次、5487人，流动展厅开展“志愿助老、温暖夕阳”等各类活动20余次，企业品牌形象得到彰显。加强舆情防控和主题传播，守牢意识形态阵地。成立中心精神文明建设委员会，组织开展“道德讲堂”。建立中心统战人员建言献策办公室。策划“青春光明行”系列活动，顺利完成团委换届。坚持为职工办实事办好事，组织三批次职工疗养，开展困难职工帮扶慰问，举办职工健康知识讲座，严格落实离退休人员相关政策。

■ 9月20日，客服中心“电力爱心教室”示范课录制现场。
（杨永铃 摄）

（胡晨同）

国网（北京）新能源汽车服务有限公司

【概况】国网（北京）新能源汽车服务有限公司（简称“电动车公司”）为国网北京市电力公司与国网电动汽车服务有限公司的合资子公司，于2017年6月正式挂牌成立，注册资金3亿元。电动车公司承担首都电动汽车充换电业务发展的主体责任，统筹开展充换电设施建设运维，负责首都地区充换电设施建设运维工作的全过程专业管理，参与充电设施发展规划编制、关键技术研究、技术标准制定，积极推广电动汽车市场及拓展电动汽车增值业务。

电动车公司下设4个职能部门和2个业务机构。2019年，电动车公司承接运营首都地区充电站点1412处、充电桩16259台，服务电动汽车30.89万辆。完成电动汽车充电电量1.54亿kWh，较去年增长近45%；受理完成各类客服工单14.7万件，完成率100%。实现营收3.23亿元，利润302.72万元，超额完成经营指标。年内运营各站整体安全生产情况良好，未发生人员安全事故和重大设备异常及故障，未发生重大社会负面影响事件。

地址：北京市亦庄经济技术开发区地盛北街 2 号院 13 号楼

邮编：100176

电话：010－63230875

【人力资源】电动车公司共有全民职工 20 人，其中硕士学位及以上 11 人，本科 8 人，专科 1 人；中级及以上专业技术资格 12 人；通过职业技能鉴定人员 4 人；省部行业级专家人才 1 人。

■ 4 月 17 日，电动车公司运维人员对充电桩进行巡视监测。（瞿传贺　摄）

电动车公司多措并举，提升员工的岗位实践能力和综合素质。制定人才队伍建设实施方案，开展电动汽车政策、充换电服务技术技能、安全、制度等培训，提升员工队伍综合能力水平，提高自由资质人员占比。结合公司工作实际，围绕人事管理、员工管理、绩效薪酬分配三方面编制公司“三项制度”改革实施方案，明确工作流程，细化员工职责，优化资源配置。稳步完成员工岗位薪档调整，大力宣传社保政策，提高职工认识，增强激励性；开展全员健康体检、职工慢性疾病补助申报、职工疗养等工作，落实福利政策要求，强化人力资源基础管理。

【安全生产】组织安全生产培训、安全制度培训等专项培训。规范安全生产例会，定期开展应急演练，并通过网上答题及随手拍等活动将安全责任意识贯穿全年工作始终。

强化主体责任担当，完善制度体系建设，精准制定安全生产目标，完善安全生产双向互保责任书。制定安全生产专项工作方案 6 项，完成国网（北京）新能源汽车服务有限公司安全生产责任清单等 4 项制度修编工作。

完善安全措施，完成春、秋季安全检查等专项检查 7 次。落实消防安全要求，根据实际情况对充换电场站灭火器配备进行调换，完成充电站点消防安全防护用具增补。持续组织明察班组开展明察，发现并及时处理问题，持续保障北京地区充电站安全可靠运行。

严格落实国网公司充电设备标准化运维工作要求，规范直流充电桩电气原理、通用器件选型、结构布局等参数，实现直流设备“六统一”标准化管理，提高设备兼容性和易维护性。强化前置准备，严管各属地建设进度，顺利完成通州副中心、大兴新机场新建充电站建设验收。

【经营管理】宣传推广法治企业建设成果，开展制度管理 App 在线考试，以考促学，营造遵规守纪的环境氛围。强化依法维权和法律风险防控，重点关注应收账款回收，主动维权发起追缴电池服务费诉讼 26 件，涉及金额 1.19 亿元。深化法律风险防范体系，案件管控能力显著提升。

申领充电设施建设运营补贴，实现充电数据互联互通，取得三项建设运营补贴的批复，完成申领公共充电设施建设补贴 4469 万元、运营补贴 2190 万元，城管委单位内部充电设施建设补贴 1438 万元。

■ 6 月 13 日，电动车公司四惠充电站运维人员检查换电电池组。（瞿传贺　摄）

编制完成物资采购实施细则，开展 ERP 物资模块线上应用推广，实现物资采购电子化管理，全年共完成采购批次 17 批，召开定标会 16 次，采购项目 56 项，采购金额 8437.71 万元；完成公司“三年”发展规划编制。

优化付款流程，严控支付风险，完成新能源汽车公司 3 亿注册资金增资工作，提高自有资本储备；争取外部银行授信额度，增强公司筹资能力；探索购车付款新模式，提供多样化购车服务，满足客户私人订制需求。

【科技进步】取得 ISO9001 质量管理体系、ISO14001 环境管理体系证书，推进科技创新成果 3 项，申报群创成果 1 项，申请专利 10 项，其中 3 项已获得授权。

【优质服务】加大防窃电整治力度。加大设备投入，强化过程监控，紧密联系公安机关，将窃电次数由 8 月 7600 余次下降至基本杜绝，充电设施可靠性明显提高，有效降低经济损失。

优化营商环境，精简缴费流程，让企业办理充值、开户等业务从过去“跑两次”到现在“跑一次”。主动对接优质客户，服务政府绿色出行。主动对接机关事务管理局，完成通州副中心、北京会议中心充电设施升级工程，满足市政府绿色出行充电需求。拓展专用车充电市场，与北京申威狮星、北京智程运力新能源公司展开全面战略合作，持续优化充电站布局，开展充电设备升级改造，提升电动巴士、电动物流车等专用车充电服务能力，扩大公司充电收益和品牌影响力。

稳步优化生产工具，有序完成车联网 TCU 程序升级、充电桩零电量低电量整治、盛鸿充电模块改造等工程。配合车联网平台开展新运监平台研发，完成直流充电桩“即插即充”专项改造工程。

■ 9 月 27 日，电动车公司开展“保电有我，有我必胜”主题党日活动。 （瞿传贺　摄）

【党的建设与精神文明建设】创新工作手段，紧抓思想理论学习。坚持把理论学习与担负的重大职责任务紧密结合。深化“学习强国 App”应用，组织开展参观新中国成立 70 周年成就展、国家体育总局训练局等主题党日活动。坚持以支委学习带动支部的理论学习，积极引导党员把学习当作一种习惯、一种责任、一种追求，营造主动学习、勤于学习、善于学习的浓厚氛围，党员理论素养取得显著提高。

牢固党建阵地，紧抓党建内嵌融入。广泛开展党员“一带二、一带三”活动，建立帮带联系对象。深入推进“旗帜领航·三年登高”计划，落实创先争优年的各项部署，积极打造党建阵地，优化党员活动阵地建设，充分发挥党建对业务支撑作用。

扎实开展主题教育活动。从学习教育、调查研究、检视反思、整改落实四个方面切入主题，完成主题教育各项任务。

打造党建名片，紧抓新闻品牌建设。加强“先锋故事”系列宣传，先后在多家媒体刊登了《北京地区充电桩的乾坤大挪移》《老马识“桩”》等文章，逐步扩大公司党建名片影响力。电动车公司荣获国网公司“宣传工作先进集体荣誉称号”。

落实一岗双责，牢固树立“四个意识”，坚决落实全面从严治党政治责任，坚持以上率下，坚持挺纪在前，紧盯重要节点，从元旦春节到中秋、国庆等重要节假日，不间断进行监督检查，保障指导八项规定落地。针对车辆管理问题和漏洞，进一步完善《车辆管理实施细则（试行）》，切实加强公务用车管理，杜绝公车私用的行为。严格规范管控物资采购和大额资金使用，确保资金规范、高效、安全。

（张　鹏）

国网北京建设咨询公司

【概况】按照《国网人资部关于国网北京电力等单位基建相关机构及职责优化调整方案的批复》（人资组〔2018〕11 号）要求，2018 年 5 月 25 日，国网北京建设咨询公司（简称建设咨询公司）正式成立（京电人资〔2018〕30 号）。公司设置 5 个职能部门，分别为综合管理部、党委党建部（党委宣传部、纪委办公室、工会、团委）、计划财务部、安全监察部、工程技术部。设置 3 个业务机构，分别为项目管理一部、项目管理二部、项目管理三部，其中一部负责 500kV 及以上输变电工程管理，二部和三部以南、北分区的方式共同负责 220kV 输变电工程和 110kV 及以上迁改工程管理，形成了分层分区、高效运转的项目管理体系。

整合业主、监理资源，组建8个班组式项目部。联合项目部人员实施无差别管理，减少重复工作，提升履责能力，实现减员增效。通过固化项目管理团队，打造业务能力精、团队凝聚力强、特色鲜明的业主项目部，基建改革措施一贯到底，项目管理水平显著提升。

【人力资源】 制定“三个三年”培养计划，构建分层分级差异化培养体系，精准提升员工业务水平。为每名员工配备本岗位和专业拓展师傅，实现“师带徒”多专业全覆盖。25名员工走进青年员工大讲堂，搭建共同提升平台。开展名师大讲堂，受益600余人次。为新入企员工制定“十个一”培养计划，涵盖现场实践、创新创效等各领域目标，推动快速融入一线工作。

截至年底，建设咨询公司共有全民职工78人，其中博士1人、硕士29人、本科42人、大专及以下学历6人。

【安全与质量】 完善安全体系，细化各部门和岗位职责，形成覆盖全员的安全生产责任清单。坚持安委会和安全月度例会制度，定期开展安全日活动，逐项落实安全职责，建立齐抓共管的安全管控体系。基建改革方面，项目管理人员与施工人员同进同出，严格监督施工项目部、分包队伍核心人员到岗到位、现场履责。将管理人员检查、专题安全活动、培训考试等全部纳入安全质量量化考核评价体系。

安全风险周审核、日管控，全年管控基建三级及以上风险1401项，电网一级及一级+风险38项。准确识别风险等级，制定有针对性的风险控制措施，每周召开风险审核会，确保施工风险有效管控。

提升到岗到位标准，领导每周现场检查不少于3次，中层管理人员每周到岗到位不少于4天，周末和节假日至少1天在现场，各级管理人员全年到岗到位57353人次，有效管控现场安全。安全综合检查和隐患排查整治取得实效，发现并完成隐患治理15189项。加大督查力度，安全督查队检查作业现场564个，下发违章通知单552张，红黄蓝牌25张，构建严抓严管高压态势。

设置固定和移动监控设备356台，实现作业现场24h视频监控全覆盖。为安全工程师、安全监理、督查人员配备移动单兵设备79个，有效监督人员现场履责。质量管控方面，实行质量管理关键人员“实名制”管理，严把工程设备、材料、安装、调试、试验、验收等关口。应用“智慧工地”实时采集关键部位、关键工序影像，对安装过程实行“痕迹化”管理。配备实测实量工具16类184台，专家组定期检测，建立以实测实量为核心的质量管理模式。马坡获得国网公司优质工程金奖，北京东—顺义获银奖。质量回访方面，对杨各庄、张家务等竣工一年内的4项工程开展建设质量回访，质量缺陷和基建遗留问题全部整改完成，并将问题纳入质量通病防治清单，闭环治理。

8月14日，咨询公司开展安全检查。（王莉 摄）

【电网建设】 输变电工程开工8项，变电容量330万kVA、线路长度105km；投产15项，变电容量398万kVA、线路长度518km。完成迁改工程22项，线路长度94.8km。工程里程碑计划匹配率100%。完成电网基建投资36亿元。前期手续方面，利用北京市规划和自然资源委员会办理工程规证新政策，取得北京换流站、西白庙变电站工程规证，形成用地预审办理工程规证的固化模式，有效推动后续工作开展。通过用地预审办规证及“一会三函”等有利政策，解决运河等4座变电站的消防报验难题。取得清河变电站不动产登记证和良乡北、太阳宫变电站划拨决定书。结算、决算方面，推行项目部及建设咨询公司层面两级审批，规范变更签证管理，避免制约工程结算。全年完成结算26项、30.63亿元，完成决算及暂估增资49项、35.53亿元。遗留工程方面，治理完成超期停滞工程25项，已投产未结算工程29项，挂账质保金支付204项、2.37亿元，清理完成率100%。物资管理方面，通过工程调剂、注销合同等措施，消纳剩余物资54项，利库824.9万元。协助11家属地公司，利用剩余物资57项、金额144.5万元。

落实公司消防安全管理提升三年行动计划，完成44座存量变电站消防手续补办，完成76项变电站遗留缺陷处置，处缺率 100%。

加强新技术应用，在西白庙工程应用钢结构模块化技术，减少湿作业，保护环境。在房山—南蔡、柔直下送等工程应用架空线路机械化施工，提升施工效率和实体质量。在张昌三工程首次应用新型复合绝缘横担，减少走廊宽度，节约土地资源。

建立数据自查、提醒、通报机制，基建管理系统及时率、完整率、准确率均达 100%。建立行政手续档案数据库，对所有工程管理人员共享。岳各庄等工程试点开展智慧工地 2.0 系统深化应用。

【经营管理】财税精益管理，强化增值税管理，严格发票取得环节审核把关，做到进项税额应抵必抵，全年累计抵扣进项税额 3.42 亿元，有效节约工程造价及成本支出。每季度召开环保税会商会，加强工程环保税申报信息的过程审核，确保所有在施工程环保税及时足额纳税，全年累计缴纳环保税 191.72 万元，有效防范涉税风险。依法治企，建立常态化迎审机制，完成新机场、冬奥会等 6 项工程全过程跟踪审计自查。高质量配合国家审计署冬奥审计工作，严格把关材料，积极沟通反馈，以迎审带动项目管理水平整体提升。规范资金支付审批流程，严格执行资金审批双签制，对大额工程款及项目法人费的使用从严控制，防范资金安全风险和审计风险。

【后勤保障】进驻方庄办公区，积极筹备、精心调试，广泛征求职工意见，根据职工实际需求，最大化满足办公日常需求，为职工营造舒适舒心的办公环境。车辆管理方面，修订《车辆管理办法》，实现车辆统一平台管理、统一调度使用。定期开展车辆安全检查，保证车况良好，更好地满足一线职工出行需要。开展职工暖心工程，组建 8 个文体协会和 6 个兴趣小组，围绕传统节日开展特色文化活动。分批完成职工疗养工作。完成方庄办公区职工之家实体化建设，组织职工子女暑期托管班。

【党的建设与精神文明建设】开展第二批主题教育活动，全面把握“守初心、担使命、找差距、抓落实”的总要求，组织集中学习研讨 7 次、专题党课 9 场，深入一线调研 45 次。开展边学边查边改和专项整治。建立 5 个党支部基层党组织模式，发展党员 2 名，党员比例达到 80.7%。不断深化党员教育管理，用好“学习强国”App，党务干部培训率 100%。党建与业务融合方面，组建现场临时党支部 7 个，实现重点工程全覆盖。建立“党建+安全”工作机制，在工程现场动态创建“党员安全责任区”13 块，签订安全承诺书 76 份。深入开展党员“一带二、一带三”活动，成立 3 支党员突击队、2 支后勤保障队和 1 支党员服务队，开展“保电有我、有我必胜”等主题党日活动，发挥党员带头作用，推进重点难点工作。深化落实“两个责任”，推进纪检监察体制改革部署，开展廉政约谈 102 人次。充分发挥协同监督作用，成立“冬奥工程”专项协同监督工作领导小组，制定 A 类协同监督项目 2 项，B 类协同监督项目 11 项。组织开展“送清风”四进活动，制作廉洁宣教视频短片 4 期，提升责任风险意识和拒腐防变能力。

■ 3 月 28 日，在输变电工程现场，咨询公司项目部工作人员实地开展工作。（苏轼凯 摄）

（刘 星）

国网（北京）综合能源服务有限公司

【概况】国网（北京）综合能源服务有限公司（简称“能源公司”）是按照国家电网公司开展综合能源工作部署，国网北京市电力公司（简称“公司”）通过企业整合投资、组建成立，成立时间为 2011 年 1 月 18 日。

能源公司成立以来，以服务社会用户侧综合能源利用、节能减排为使命，以综合能效服务、供冷供热供电多能服务、分布式清洁能源服务、综合能源增值服务为业务领域，为广大客户提供优质、便捷、高效的综合能源服务。

能源公司践行“推进低碳经济、引领智慧能源”的理念，围绕客户多元、安全、智慧用能需求及价值延伸诉求，依托“五大平台”，集综合能源咨询、规划、设计、施工、投资、运营、托管，以及产品销售、设备租赁、电力交易等服务为一体，利用灵活多样的商务模式和资本运作模式，为客户提供全方位、多元化的综合能源服务。以“互联网+”信息化云平台为支撑，融合云计算、物联网、智能互联等要素，引进和研发一批影响综合能源服务业务发展的关键技术和产品，创制一批核心技术知识产权和标准，集成创新商业运营模式，将公司建设成为北京地区综合能源服务的品牌窗口。

【人力资源】截至年底，能源公司共有全民职工 10 人。其中研究生及以上学历 5 人，本科学历 5 人；副高级职称 9 人，中级职称 1 人；技师及以上职业资格 1 人。开展新入企员工岗前培训工作，到各个展示场所观摩学习，了解能源公司的产品历程。按照上级要求严格筛选社会招聘人员简历，录取了 2 名技术人员，补充公司人才数量，提高技术人员支撑作用。稳步推进人力资源各项常规工作，根据人资部的相关要求，完成在册员工的全年薪酬、福利的发放工作；做好 4 人次的年度薪档调整及薪点积分台账的记录工作；按照相关规章制度完成 10 余项福利费的登记、上报、备案工作。

【经营管理】完成国网北京能源公司与国网北京节能公司重组整合。按照上级要求，完成国网北京能源公司吸收合并国网北京节能公司的全部财税工作，包括税务关系转移、税务清算、税务注销、银行账户注销及开立、挂接中电财账户等事项。

执行现金流预算“按日排程”。从 7 月开始执行现金流预算“按日排程”，严管严控所有付款业务。全面提高资金管理的安全、效率和效益。

强化“标准化、规范化、精细化”管理原则，持续推进、积极落实经营管理的“标准化、规范化、精细化”原则。加强对招投标、合同签订、工程管理、工程监理、工程验收等全过程的管控。对市场化项目履行风险控制评估程序，对项目情况进行全面专业的风险评审，为项目评估、投资决策提供指导。

【安全生产】能源公司依托智能化、信息化手段，创建以管控平台、移动监控为中心、多部门、多专业合力作业的新模式，在三省临变服务、光伏发电、能源站建设等方面深化应用，实现扁平化、透明化的全过程安全管控，有效缓解一线人员不足、工作质量不高、管理要求落实不到位的难题。扎实开展各类专项整治行动、综合应用人防、物防、技防措施，实现设备健康水平的显著提升。持续推进施工现场视频监控应用，实现项目覆盖率 100%、施工时段覆盖率 100%。在全部班组完成手机移动管控设置，常态化开展安全监控远程操作，打造功能完善、运转高效的监督体系。

8 月 29 日，能源公司在大兴东航光伏分布式现场施工。

（刘晨　摄）

能源公司依托党建引领，精心组织基于可视化技术的建设运维一体化安全管控平台研究，实现管理模式的进一步自动化、智能化。深化风险预警管控，通过图像判断技术，对施工作业进行全程分析。进一步提升单兵作业装备功能，研究配置智能安全帽等新型装备的可行性，实现主动、被动双通道信息同时采集要求。同时，注重系统平台的扩展能力，通过后期功能的设计与升级，全面实现由人工管控向自动分析管理模式的转变。

制定从主要负责人到班组一线的全员安全责任清单，实现“岗位清单”全覆盖。全年完善修订安全管理制度 15 项，为工作开展提供制度保障。组建施工现场安全巡视组，配备专职巡视人员 5 名，持续加强对施工现场的安全管控。全年共开展安全巡视 336 次，涉及各类建设项目 143 项，现场巡视覆盖率达 100%。共计发现违章问题 21 项，目前已经整改完成 21 项，销号率 100%。深化安全准入管理，将培训范围扩大至一般工作人员，实现所有人员完成岗前安全培训并持证上岗作业。全年共计开展各类培训 12 次，开展各级安全日学习 38 次，完成岗前考试 17 次，确保了人员安全管理素质不断提升。扎实开展安全生产问题清单专项梳理、全面落实八稳专项工作要求、完成核心工作 502 项、消除各类安全隐患 21 项，保证生产作业生态氛围持续健康。

【市场拓展】能源公司坚持以电为主、以客户为中心，打造 1 个智慧能源中心、4 大业务板块、20 项能源服务的“1+4”服务产品体系，整合包含 EPC、EMC、BOT 等模式在内的多维商业模式，为客户提供整合式、套餐式、定制化、智能化的能源服务解决方案，全方位提升用能服务质量，提高客户用能满意度。公司转型技术支撑单位，全面落实能源互联网企业建设积极探索经营模式，公司年度经营指标超过 1.72 亿元，同比增长 70%，示范项目建设取得突破进展，成功打造 8 个综合能源典型示范项目。创新推动“三省”服务有序开展，创新完成大兴机场分布式光伏发电、冬奥首钢综合能源、精准空调控制等示范项目建设；创新参与北京市重点中学能源托管投资。聚焦开拓综合能效、多能供应、清洁能源服务重点业务领域。实现公司智慧能源平台系统升级，重点完成了大兴国际机场东航、南航分布式光伏发电项目、怀柔北京第一生物制药分布式光伏项目、延庆空调改造项目等项目投运，积极推动顺义 28 街区清洁能源供暖项目试运行，加快推进海淀五棵松冰上运动场馆屋顶光伏项目建设。

【综合服务】能源公司运行维护能源站共计 9 座，拥有空气源热泵机组 66 台，地、水源热泵机组 15 台，各类水泵 87 台，电锅炉 4 台，其中大型能源站 5 个，中小型能源站 4 个，大型能源站配备值守人员，全年完成运维巡视 248 次，故障维修 18 次，故障抢修 0 次。维护“三省”临电服务项目 202 个，所属设备 345 台，随着项目的不断开展，数量还在不断增加，全年完成故障抢修 3 次，维护服务 22 次；完成服务回访 182 家次，根据项目受理速度、工程进展、服务态度、服务价格、服务质量等因素确定满意度 5 分为满分，邀请客户评定打分，每月计算客户满意度百分比，分析客户需求，力求改进，更好地为客户服务，做到“省时、省力、省钱”的同时，将“三省”服务推向新的高度。

【新技术研发】能源公司以“互联网+”信息化技术为支撑，融合大数据分析、智能电力、多能源服务等要素，以电为主，多能互补（热冷、电力、燃气、水），为客户提供线上和线下相融合的生命周期、全方位、多元化、管家式服务的综合性服务平台。

基于云平台和大数据对电采暖设备的监控可以实现稳态监控，安全预警，能效预警，电能质量预警，非正常用电预警，报表的功能，实施了大规模电采暖设备监测调控和运维保障技术研究与应用。项目研究成果可直接应用于用户侧电采暖设备寿命监测和进行维护，减少运检人员工作量，提高运检效率，同时对设备的状态评价结果可指导电暖气设备的产品研发和维护，提高产品寿命，减少事故；提高供暖终端安全稳定运行水平。

【平台建设】3 月开始全面启动“升级优化智慧能源管家平台扩建为综合能源服务平台”项目的规划设计工作，4 月开展项目可研编制，6 月 27 日公司通过了《国网北京市电力公司关于2019年新增营销储备项目可行性研究报告评审意见的批复》（京电营〔2019〕46 号），项目正式立项并开展建设。

6 月开始，项目先后经过需求分析、概要设计、开发测试、采集设备安装施工、平台系统部署集成等过程，与大兴国际机场示范区工程相结合，开发了配电室智能运维服务、能效管理服务、用户用能服务、新能源应用服务四类服务，打造涵盖电力公司、园区、终端客户、产业链上下游的国网北京综合能源服务平台，实现了综合能源业务统一管理，为市/区、园区及各类企事业单位提供平台化业务支持及共享服务。

【党的建设与精神文明建设】制定纵向学习“课程表”开展自学，突出调研成效，围绕综合能源服务组织开展调研 29 次，梳理问题 32 个，开展谈心谈话 30 次，征求意见建议 30 份，突出整改实效，梳理“边学边查边改”和专项整治问题共 41 个，明确主责，限期整改，并将整改情况定期进行反馈。开展“不忘初心、牢记使命”主题教育。

■ 7月5日，能源公司党总支组织全体党员、发展对象及入党积极分子前往中国人民抗日战争纪念馆开展“不忘初心　牢记使命”主题教育。（刘晨　摄）

聚焦中心工作，强化党建价值创造。落实意识形态第一责任，定期分析研判，严格意识形态阵地管理，确保意识形态工作落到实处，实现了全年更换楼宇展板 2 次、党员活动室的重建工作。按月开展形势任务教育、按季度开展职工思想动态调研等工作。党工团联合举办“健康徒步走”、“三八”妇女节、关心关爱职工送温暖等活动。

（何承永）

北京市供用电建设承发包有限公司

【概况】北京市供用电建设承发包有限公司（简称承发包公司）成立于 1985 年 11 月，是国网北京市电力公司的全资子公司，致力服务于北京地区配电网建设。围绕配电网建设这一中心任务，夯实项目管理基础，提高客户服务水平，加强企业自身建设。下设 9 个部门，分别是办公室、财务资产部、监察审计部、投资经营部、客户服务部、安全质量部、工程管理部、合同预算部、规划设计部，北京京供民科技开发有限公司为承发包公司下属集体企业。

地址：北京市东城区祈年大街 8 号
邮编：100062
电话：010－63123330

【人力资源】截至年底，共有职工 164 人，其中全民职工 54 人，集体职工 1 人，直签职工 109 人。具有大学本科学历以上人员共 128 人，占总人数的 78%。公司共有共产党员 63 人，占总人数的 38%。

结合发展定位与管理实际，以项目管理信息平台建设为抓手，不断理顺职责划分，优化管理模式，持续提升组织运营效率。完成岗位薪点积分的动态调整，实现分配机制的优化转型，进一步激发员工的工作热情与劳动效益。

【经营管理】全年消纳成本 7778 万元，未出现经营亏损局面。资产负债率、经济增加值、可控管理费用等各项经营考核指标均完成。全年完成存量项目处置 117 项，涉及容量 85.05 万 kVA；688 项存量项目已累计完成处置 465 项，涉及容量 362.88 万 kVA，处置完成率达到 67.58%。

制定风险应对措施，完善内控制度，防范重大风险。明确各项开支范围和标准，严格审批各项费用报销，规范资金支付行为。在进一步明确资金支付审批权限的基础上，明晰业务管理和财务管理职责界面，提升业财协同管控能力。全面分析资金清理处置风险，制订并完善工作标准和流程，开展常态化清理工作，全年共完成清理 30 项。定期召开资金平衡会，周密筹划阶段性资金收支预控计划，在保证资金安全的前提下，加快工程结算、付款进度。资产负债率降至 72.95%。

主动适应经营形势和监管要求，严控开支，实现控规模、调结构、提质量、促发展，全力克服部分收益消失带来的不利影响，保障承发包公司稳健经营和可持续发展，有力支撑配电网建设；以精益成本管控为重点，对各类业务支出实施更加精准的成本计量和效能评估，优化成本结构，强化集约管控，切实提升成本效率效益；盘活存量资源，加大业务协同力度，努力对冲各种减利影响。

开展招标代理服务工作，重点保障冬奥会、国庆保电、三供一业等重点项目，全年共完成 31 个批次 2572 个标包的集中招标采购任务，完成客户工程招标 695 项，全面升级招投标信息管理系统，编制服务类框架批次文件固化文本，优化招标工作流程，压缩招标文件编制时间。

【优质服务】总结多年外电源工程代建全过程管理经验，将优秀做法固化并推而广之，大客户经理一口对外面向客户，对项目管理全过程进行协调推进，对内与两级客服中心协调，对外与报装客户沟通，保证了存量项目按照客户的用电需求高效有序推进。

根据客户用电需求，实行“一户一策”措施，细化“里程碑”计划，针对项目所处不同阶段分类制订推进方案，利用项目管理信息系统辅助推动“里程碑”计划实施，加强项目推进过程管控。每月组织召开客户工程调度会，对重点项目、遇阻项目进行专项推进，协调解决难点问题，保障“里程碑”计划实施。

开展设计全口径管理，将用电客户直接委托设计的项目纳入统筹协调范围，跟踪设计进度，分析存在问题，积极协调推进断面审批、审图等工作。编制设备框选清单，开展典型设计招标，进一步压缩项目整体时长。开展推进客户工程付款、促资产负债率压降专项活动，加快项目结算，持续优化项目组织程序。

■ 5 月 19 日，工作人员对承发包公司研发的设计 e 管控系统开展技术探讨。（金建　摄）

开展施工工艺和物资质量典型通病警示培训、高风险点辨识和作业环境识别能力培训、竣工验收标准培训，定期对工程管理人员进行量化考核，激励工程管理人员提高责任意识；严把井室防水、设备检测、电缆接头等质量管控关键点，及时堵塞各种施工质量漏洞；开展优质工程工艺评比，提高施工单位高质量建设积极性。

强化大客户经理在重点工程服务领域的统筹协调作用，精准对接客户需求，督促项目招投标、图纸审核、设备选型、工程实施、资金结算等关键节点按计划推进，保障服务时效；成立重点工程工作组，发挥协调、督办优势，围绕客户不同需求特点制定针对性服务举措，开展差异化服务；拓宽服务手段，对重点工程、重要客户开展现场办公、上门服务 30 余次，实现重要客户“零往返”，提升客户满意度。

【安全管控】制定典型安全责任清单 53 项，建立巡回督查机制，每季度开展督查。印发公司各级安全工作目标，逐级签订安全双向互保责任状；结合上级新要求和承发包公司实际，修订完善《生产现场到岗到位管理办法》等 4 项安全管理制度。承发包公司安委会成员全年参加12次安全培训；组织全员开展安全学习，应用智能安全管控系统进行安全履责能力考试，平均成绩 96.8 分，通过率 100%；组织 115 家参建单位共 1500 人开展安全知识培训和有限空间专业技能实操考核。

全年共对 58 家总包、31 家分包、8 家监理共 97 家参建单位进行安全准入，对参建单位安全资质条件、关键岗位人员作业资格等实施动态管控。7 个巡检组开展现场安全巡检，安全监控中心同步开展视频巡检，实现安全监督检查全覆盖。全年共开展现场巡检 1921 次，查纠问题 316 项，下发违章通知单 35 张（红色 3 张、黄色 4 张、蓝色 28 张），及时监督参建单位整改。在重点保障时段多次开展保密自查，有效防范失泄密事件发生；重点对办公楼宇档案室、信息机房、食堂等区域及电动自行车违规充电消防安全隐患进行专项检查；规范内外网设备使用，杜绝违规外联、弱口令等现象，加强各类移动终端设备安全防护；开展交通安全教育学习，签订交通安全责任书，严格执行准驾证制度、行车路单制度，开展车辆安全自查并对车辆进行定期维护。

推进安全巡检标准化管理，巡检过程严格执行标准化作业指导手册，从工作票、现场措施、人员资格、App 及视频监控设备使用等方面，逐项进行检查确认。全面推进工程现场“三查”专项活动，一查重点人员，对在施工程的工作负责人、专责监护人、驻场监理、项目专工，检查共对项目安全、质量、进度等关键要素的掌握情况；二查重点事项，对在施工程总包、分包管理、夏季防汛和高温应对等安全管理情况进行检查；三查重点风险，对有限空间、深基坑作业的关键点进行重点检查，确保高风险作业风险管控到位。全面推进保电期间现场安全管控，在全国两会、“一带一路”高峰论坛、世园会、亚洲文明对话大会、新中国成立 70 周年等重要活动期间，累计停工 63 天，与参建单位签订停工承诺书 136 份，停工期间针对所有现场每日全覆盖检查，确保各项安全措施有效落实。

■ 4 月 18 日，承发包公司对施工现场开展安全检查。（金建　摄）

【党的建设与精神文明建设】建立齐抓共管工作机制，坚持党委统筹领导、党建专业牵头引领、业务部门协同联动，深入实施“党建引领、内嵌融入”方案，梳理 24 条公司业务纳入内嵌融入重点计划，深入推进党建和业务工作深度融合，建立抓党建、促发展，责任共担、齐抓共管的工作机制。充分发挥战斗堡垒和先锋模范作用，围绕推进安全稳定年建设、688 存量项目攻坚等重点任务，成立临时党支部，开展“安全稳定年、党员走在前”党建主题活动，深入推进党员“一带二、一带三”长效机制建设，在重点任务中充分突显党组织的战斗堡垒作用和党员先锋模范作用。根据业务性质、岗位特点，因地制宜推进党员责任区建设，以更优质的服务、更优秀的业绩，切实履行首都电力服务窗口职责。

开展形式主义、官僚主义集中整治工作，严格自查自纠，引导干部员工积极改进工作作风、精简文风会风、厉行勤俭节约；加强集中整治成果应用，将整治工作转入常态化，有效遏制“四风”问题反弹。压实两个责任，制定领导干部党风廉政建设和反腐败工作履责要点，明确领导班子成员全面从严治党的政治责任，督促领导班子科学统筹业务工作和廉政工作，做到守土有责、守土尽责。以“七廉”活动为载体，强化分管领导风险防控责任，领导班子成员讲廉 6 次，结合重点工作任务深入部门、深入工程现场研廉促廉 28 次，把好业务廉政风险防控关。防控廉政风险，围绕挂账资金清理、688 项目推进、招投标流程固化等重点领域，实施 3 个协同监督项目，有效化解廉政风险；开展业扩报装、招标采购专项监督，从业务流程环节入手，细致梳理廉洁风险点 16 个，制定风险防控措施 27 项，确保风险可控在控。

■ 11 月 1 日，承发包公司组织党员志愿者开展电力爱心教室公益活动。（金建　摄）

全年围绕重点工作任务发布新闻报道 182 篇，被上级刊登采用 86 篇。其中援藏干部刘天语事迹在《国网头条》和《国网故事汇》发表，被评为《国网故事汇》月度十佳优秀作品，树立了甘于奉献、爱岗敬业的模范榜样；围绕安全生产、工程管理等专业领域涌现出的先进人物开展正能量宣传。

开展职工帮扶得人心，做好离退休职工慰问暖人心，丰富职工文体活动稳人心。培育职工创新思维，将人工智能与评标工作深度融合，开发应用“围串标 e 明察”系统，荣获国网公司第五届青创赛银奖。承发包公司连续三年获得国网公司创新奖项，引领和激励职工队伍在日常工作中进行创新创效。

（金　建）

国网北京市电力公司物业管理公司

【概况】国网北京市电力公司物业管理公司（简称物业公司）是国网北京市电力公司直属二级单位，承担着公司办公楼、公寓、职工住宅小区的物业服务、餐饮服务、供暖服务、医疗保障及后勤保障基地运营等工作，是公司的后勤保障机构。

物业公司与北京谷新投资管理有限公司按一套人马两块牌子并列运行，内设职能部门 8 个、分公司及业务中心 10 个，北京谷新投资管理有限公司成立于 2006 年，现为国网北京市电力公司层面集体企业，公司注册资金 6965 万元。

地址：北京市海淀区阜成路 97 号

邮编：100037

电话：010－63233080

【人力资源】截至年底，物业管理公司共有职工 195 人，全民工 39 人，集体工 18 人，直签工 138 人。其中高级职称 11 人，中级职称 11 人，初级职称 25 人。技师 8 人，高级工 30 人，中级工 16 人，初级工 14 人。管理离退休职工 489 人。

围绕公司安全稳定年重点工作，完成年度各项目标任务：持续开展绩效考评工作，应用考评结果，形成有效激励机制；优化机构职能，以进一步适应公司发展目标和战略需要；为新中国成立 70 周年等重大后勤保障任务提供人力资源支撑，开展各专业培训16次，统筹调配保障人员758人次；全面做好专业管理和服务，完成处理人资数据库业务1356人次，为职工办理档案查询66人次，开具各类证明83人次，变更定点医院106人次，办理公积金支取53人次。

【安全生产】扎实开展首都电力“安全稳定年”工作，累计完成阶段性任务279项，切实履行“一岗双责”，全面推行安全责任清单，编制修订公司安全管理制度18项，明确176处相关责任单位及安全负责人。

针对大风干燥天气山场消防、平房宿舍等高危现场，严禁恶劣天气高危环境作业，及时做好安全隐患排查，持续开展山场基地远程监控，发现隐患立行立改，建立动火作业报备机制，严格管控、刚性执行。

■ 12月8日，物业公司亦庄物业部应对冰雪极端天气。
（李丹　摄）

针对春季大风、夏季雷暴、冬季冰雪等极端天气承载高负荷、高风险，超前部署应急预案，深入落实防汛度夏、大风冰雪各项措施，启动24小时在岗值班值守，刚性执行日例会、重大紧急事项报送工作机制，切实保证生产保障有序运营，成功经受恶劣天气考验。

【经营管理】全口径全年创造产值4.75亿元，完成年度营业收入指标（3.1亿元）的153.13%，同比增21.83%，实现利润437.62万元，完成考核指标（370万元）的118.28%。超额完成“两金”压降年度指标，全年完成预收账款压降考核目标（2797.98万元）的485.22%，完成应收账款压降考核目标（2.03万元）的998.52%，完成存货压降考核目标（125.59万元）的160.94%。

【优质服务】发挥办公物业规模运作优势，主动与客户对接对表，不断完善服务标准和工作流程，编制物业服务标准化作业指导书，用心做好机关、亦庄、方庄等20余家单位、60余处办公区的物业服务，切实提供全天全时温情保障，大兴、电缆、亦庄、海淀、双榆树等多个项目部收到5封表扬信、3封感谢信、1面锦旗，赢得业主满意认可。

■ 9月16日，物业公司前门区域服务中心巡查空调运行情况。
（刘雪丽　摄）

全面实现专业化种植，草莓、鲜食玉米、鲜食西红柿、甜瓜等明星产品种类不断扩充、技术成熟，产品安全合格率实现100%，绿色产品无缝对接，新鲜蔬菜持续供给，有效满足职工差异化服务；销售配送创优争先。持续挖潜自产蔬果销配渠道，发挥集采配送优势，助力公司国网消费扶贫任务的提前完成，细化补充客户需求品类，线上线下销售品类达到万余种，销售配送不断向北京电力末端延伸，覆盖系统34家单位、121家食堂、16家实体生活超市、26个供电所。

【重点工作】完成新中国成立70周年、世园会、“一带一路”、亚洲文明对话等重大保障任务。提早部署落实、各方筹备迅速到位。领导班子第一时间牵头总控，集中配送、餐饮、洗衣、物资、物业、会议、住宿等优势资源，分层次、分批次储备专业力量，24小时随时待命，形成指挥部中枢统筹、专业保障团队协同、区域战区对接服务的全员攻坚格局；创新服务手段，指挥统筹高效顺畅。优中选优配置实用环保、恒温显温的配送餐箱，为保电单位量身打造保障“贴身”管家，一对一提供全时、全方位、全过程服务，建设智能全景指挥监控系统，严格执行保障点名制度，实现工坊制餐、加工分拣、车辆运输、客户服务全链条声像管控；严细质量管控，服务保障暖心贴心。领导班子分赴保障前沿，对食材供给、制餐分拣、车辆交通、战区服务开展循环督导。依托谷新工坊品牌，统一菜单、餐标、餐盒，在公司系统全覆盖发行餐饮指导手册，琢磨饭菜口感，最大化压缩出锅装餐时间，切实让一线职工吃在嘴里，暖在心上。

■ 5 月 20 日，物业公司后勤保障基地有机蔬菜种植园。（吕德卿　摄）

新中国成立 70 周年保障是物业公司成立以来承担的最为重要、最为神圣的后勤保障责任，保障负荷远远超出谷新公司承载力，覆盖 20 余家单位、3700 余名职工、1600 余名外省支援人员，按需挖潜规划 10 家优质厨房、104 个食材配送点、83 个送饭分餐点、93 条配送线路，物业公司 1000 余人全部进入备战状态，实战 13 天累计投入 3 万余人次、3300 余车次，完成 12.88 万份制餐送餐，56.90 万 kg 食材、20.78 万件包装类食品、14.05 万份餐包、2515 个保温箱、57.6 万套餐盒、4762 件次洗衣的保障任务。

持续做好受托房产租赁运营、定价评估、运维服务和安全督导，拓展潜在租户信息渠道，避免房产资源闲置，确保集约依法运作。发挥青年公寓名片效应，高标准提供业主食堂、受托入户保洁等特色服务，温情送上家的温暖。持续做好长椿街、阜成门、什刹海等职工文化中心的服务运维，赢得广大职工和离退休老同志的满意和认可。

深化实施“健康美味双创食堂”工程，提供点餐式、配送式、茶歇式特色服务，持续开展享时节美味、促厨艺交流、建谷新工坊系列活动，面向公司系统供给熟食、主食、西点，打响谷新工坊品牌。为冬奥会倒计时签约、后海职工之家、离退休合唱团、暑期托管班提供茶歇服务，有力支撑北京电力文化建设，广受认可赞誉。

■ 9 月 24 日，物业公司为新中国成立 70 周年供电保障提供送餐服务。（刘莹　摄）

精耕大雁楼会议服务，结合历次服务保障经验，编制服务指导手册，发挥会议中心专业优势，全力保障北京公司职代会、一带一路保障团队、国网系统标会等各类重要会议，全年累计完成会议服务 83 批次、25000 余人次。

■ 9 月 20 日，物业公司为新中国成立 70 周年供电保障提供餐饮服务配餐现场。（曲璐萍　摄）

依法合规、平稳有序、尊重历史、协同配合持续推进收尾工作，按照台账登记、立查立改、销号备案方式统筹隐患问题消项处置，加强统筹协调，综合运用法律、经济、行政等手段，稳妥解决遗留问题，超前谋划冬季供暖各项准备，确保职工宿舍小区温暖度冬。

【党的建设与精神文明建设】坚持原原本本学，坚持读原著、学原文、悟原理，排除学习干扰、严守各项纪律，沉心静气研读，完成5次中心组学习、6.5天读书班、34人次交流研讨，9次支部集中学习，真正做到学有所获、学思践悟；坚持深入思考学。中心组和各支部精心细致准备研讨稿，领学到位、研讨充分，实现了集体组织学、别人启发学、自我勉励学的有机结合，对推进公司高质量发展的主要任务和方法路径有了更加深刻的认识和领会，达到了在学习中接受教育、在教育中提升能力的目的；坚持学以致用学。围绕上级重大决策部署、首都电力“安全稳定年”和新中国成立70周年供电保障，领导班子下基层，察实情、办实事、解难题。前往北京公司机关、城区、电缆、朝阳、海淀等20余家单位，覆盖基层现场50余个，广泛交流调研成果，深查细照检视问题，共同研究改进提升。

贯彻落实新时代党的建设总要求，逐级落实党建工作责任清单，完成“旗帜领航·三年登高”计划创先争优年工作。组织实施“党建引领、党员建功”劳动竞赛，推进党委和党支部标准化、信息化建设，实现两级组织标准化建设全达标；打造特色党建“新亮点”。针对物业公司业务点多面广、党员分散现状，因地制宜建设党员之家、党员活动室、“流动驿站”，完善功能建设，持续深化党员“一带二、一带三”长效机制。以纪念中国共产党建党98周年和庆祝新中国成立70周年为契机，组织开展讲党课、党员政治生日等“五个一”党建主题活动，不断提升凝聚力和战斗力；激活党员干部“内驱力”。融入物业公司中心工作，创新开展融合式“党建+”模式建设，细化制定29项重点内嵌任务，成立五支临时党支部、五支党员服务队，创建17个党员责任区、30个党员示范岗，制作50张爱心服务卡，从严党风廉政“硬约束”。开展“抓整改、除积弊、转作风、为人民”专项行动，推进摸清侵害群众利益问题专项整改，行风作风持续改善。杜绝“文山会海”，清理有名无实“痕迹管理”，营造“干事干净”浓厚氛围。戚雷鸣创新工作室、职工小家、阳光小菜园陆续落成，职工之家图书室、健身区、茶室环境不断改善，职工食堂和就餐模式更加温情，劳动竞赛、健康咨询、才艺展示、职工长走、兴趣小组等特色活动有序开展。

（董　凤）

北京市城市照明管理中心

【概况】北京市城市照明管理中心（简称照明中心）是由国网北京市电力公司（简称公司）举办，同时隶属于北京市城市管理委员会（简称市城管委）管理的城市公用财政全额拨款事业单位。照明中心作为北京公司长期派驻在北京市政基础设施运维一线的服务队伍，负责北京市城六区市政道路照明设施的运行维护管理工作，为郊区县道路照明提供技术指导和业务支持，参加本市道路照明规划、工程设计和施工，参加市属景观照明项目的组织、运行维护以及重点地区景观照明设施运行监督管理工作。

截至年底，照明中心管辖路灯光源30.94万盏、灯杆24.30万基、工井23.92万个、变压器2992台、配电室68座、供电线路11039km；负责4处市属景观照明设施（雍和宫桥、农展桥、鼓楼、射击场路）的运行维护工作；负责市属景观照明设施运行情况的监测管理；负责97户市属桥区和155家业主单位夜景照明电费管理工作。全年照明中心缴纳路灯电费共计1.79亿元。

年内，照明中心荣获北京市应急管理局颁发的“北京市应急先锋号”，并被推荐为北京市安全生产先进单位；荣获北京市委市政府颁发的“新中国成立70周年庆祝活动先进集体”、国家电网公司和国网北京市电力公司保障先进单位。华灯班党支部荣获国家电网公司“电网先锋党支部”；华灯班荣获北京市青年安全生产示范岗榜样集体，并获评新中国70年十大最具影响力班组。

■ 12月3日，“2019年北京应急管理榜样人物颁奖典礼”隆重举行。

（魏晓彬　摄）

地址：北京市丰台区方庄路 2 号
邮编：100078
电话：010－67618030

【人力资源】照明中心共有全民职工 123 人，其中，研究生学历 43 人，大学本科学历 56 人，大学专科学历 11 人，高级职称 27 人、中级职称 21 人，高级技师 2 人、技师 13 人。严格执行干部选拔任用程序，专题研究中层干部 3 次，其中干部提任 1 人，干部调整 6 人。调整机构职责。按照公司机构设置要求，对照明中心安全监察部、运维检修部、党委党建部等部门职责及岗位设置进行调整，规范机构、明晰职责。优化岗位设置。结合公司内设机构设置标准要求，细化梳理照明中心劳动定员及管理岗位设置情况，科学合理调配，统筹安排人员配置，保障各项工作有序进行。加强制度宣贯。深入学习公司新发布的劳动合同管理细则，进行广泛宣讲，提升员工规矩意识。落实绩效管理。制定印发员工素质评价实施方案、休息休假及考勤管理实施细则、中层干部考核实施细则，为扎实推进全员绩效奠定基础。

【经营管理】截至年底，照明中心已提前完成资金支付进度。完成 2020 年财政项目申报立项工作，在市财政“过紧日子”的前提下，积极与上级政府部门沟通，完成项目申报立项 27 项，申请财政资金 3.39 亿元。开展“形式主义、官僚主义”集中整治，围绕十种具体表现形式和 96 项突出问题组织各部门开展自查自纠。加强集体企业规范管理，巩固现有路灯工程市场占有率，大力拓展外部经营市场，全年实现营业收入 2.006 亿元，完成各项经营指标。按期保质完成 2019 年春节长安街、城市副中心及城六区 15000 余基灯笼和中国结的景观布置任务。落实物资采购信息化工作，签订采购合同 96 份，金额达 6197 万元。完成路灯设计工作 311 项，总计设计里程 225km。

【安全生产】印发中心安全责任清单，细化安全工作奖惩实施细则，切实做到“尽职免责、失职追责”。刚性执行生产计划管理，领导班子、安全管控平台、中心巡检组、第三方巡检机构全方位、多举措确保现场安全管控落实到位。全年执行 App 巡检 1064 次，领导班子现场检查 236 次，第三方巡检发现问题 23 项，避免现场不安全现象 27 起。按照公司统一部署，针对华灯可能发生的突发情况，编制完成了应急预案和突发事件处置方案。全年共启动预警和突发事件应急 42 次，累计投入应急人员 598 人次，故障第一时间得到处理。完善差异化管控和治理措施，加强突发情况下各部门间的联动协作，全年共计排查隐患 46 项，已全部治理完毕。开展安规、工作票、布控球、应急多媒体等多专业培训，提升培训效果。排演小品《为了北京的天更蓝》，创新形式宣传企业安全文化建设。

【政治保障】完成第二届“一带一路”国际合作高峰论坛、世园会、亚洲文明对话大会和新中国成立 70 周年 4 项特级保障任务。其中，新中国成立 70 周年政治保障照明中心负责三次演练、930 献花、国庆活动期间的城市照明保障任务，兼顾装备花车净空通行、管线重载防护等工作，保障历时达 259 天。年内，累计完成重大政治活动及节假日保障任务 35 项，保障天数达 309 天；全年平均亮灯率达 99.08%，设备完好率达 96.03%。

■ 10 月 1 日，照明中心保障人员在新中国成立 70 周年联欢活动保障中巡查设备。（张超　摄）

【工程管理】年内照明中心完成北京市首个“多杆合一”试点工作，在雍和宫大街新建智慧路灯 33 基，整合原有交通信号灯、交通标志、治安监控等专业杆体 200 余个，显著提升街道空间的秩序感和景观品质。依托试点工作成功经验，组织开展《北京市道路综合杆技术导则》编制工作。协同海淀区城管委，完成中关村西区“打造新型科技示范园区”多杆合一试点应用立项申报工作。

按照市委市政府提出的架空线入地逐步向胡同延伸的要求，照明中心配合市区两级政府开展 2019 年度背街小巷路灯架空线入地工作，组织推进 140 条路 39km 的任务实施，年底前按照政府进度要求完成施工 76 条路 16km。配合市入地办完成核心区箱体“三化”治理工程前期工作，梳理箱变信息 72 台。协助政府解决 51 处“有路无灯”历史遗留问题，增强百姓获得感、幸福感、安全感。

■ 9月3日，照明中心负责实施的雍和宫大街“多杆合一”工程完工，综合路灯杆首次在本市投入使用。（张超 摄）

【设备管理】完成华灯上级电源、供电线路、灯杆、灯具、光源等设施资产信息的核对，真正做到“一杆一档”。探索华灯故障后的快速处置方式，成功研发并安装243台华灯负荷快切装置，同步开展线缆快速切改演练，有效提升华灯设施供电可靠性。开展华灯光源和广场高杆灯光源改造提升工程，提升均匀度，减少光斑效应，着力改善核心区照明质量。实行华灯设施差异化管控，建立天安门核心区7×24小时应急值班值守制度，每日巡检执行最高运维标准，确保华灯开关灯时段现场人员到岗确认，初步实现了“服务零距离、响应零时差、设备零隐患、工作零差错”的“四零”目标。

■ 6月19日，为喜迎祖国70华诞，照明中心华灯班全体成员在天安门广场启动华灯清扫检修工作。（魏晓彬 摄）

全年总计巡视道路46083条次、线缆73351km、电源22485台次、灯杆197.59万基次、工井188.09万个次。累计夜间查灯319组次，检查设施完好率84组次。持续加大权属设施外力破坏维权力度，全年开展外力事故追责39件，追责约谈47次。针对非法占用路灯设备的突出问题进行专项整治，同时不间断开展杆根锈蚀排查治理工作，建立大风预警拆搭机制，确保早发现、早拆除，累计拆除违规搭挂物和线缆共计641处，全力杜绝因灯杆不堪重负造成的倾倒事故。

【优质服务】坚持“民有所呼、我有所应”，确保接诉即办。中心全年直接受理12345热线工单1577件，响应率、解决率和群众满意率始终位于北京市政府行业排名前列。办理城市网格管理平台工单2791件，占全市网格工单量约为13.6%，接单数量少，处理效率高。华灯班共产党员服务队深入牛街春风社区，义务为社区安装楼门灯16盏，照亮回族同胞出行路；启动“美化居民生活环境”专项行动，开展清理废旧自行车、组装分类垃圾桶、粉刷楼道等一系列志愿服务活动。架空线入地共产党员突击队义务为31条无灯路段安装路灯123盏，以实际行动照亮百姓出行路。推进信息系统实用化建设，助力优质服务标准升级。全年发现并现场确认四级以上集中灭灯故障386起。人性化开关灯工作持续深入，全年提前开灯257次，延迟关灯331次，累计延长路灯运行时间8490min（141.5h）。

【党的建设与精神文明建设】扎实开展主题教育，开展集中学习研讨46次，专题党课23次，深入一线调研70次，征求意见建议98条，彻底整改各类问题86项。制定中心党建责任清单和党建工作量化计划管理任务清单。规范开展“三会一课”232次，45人次参加各类党建培训。2名统战人员递交入党申请书。中心党建经验在国务院国资委《国资工作交流》刊发。品牌建

■ 7月5日，天安门管理委员会党支部与华灯班党支部联合开展“不忘初心、牢记使命”主题党日活动。（魏晓彬 摄）

设结出硕果。完成国网公司企业文化建设重点项目“坚持党建引领　打造华灯班党支部先锋堡垒”。华灯班迎接系统内外交流177人次。全年在中央媒体发稿41篇，市属媒体发稿119篇，CCTV播出时长39min，华灯班事迹先后10次登上“学习强国”。开展职工特色文化活动2次，购置职工健身房器械5台，送健康、送清凉、送温暖系列关爱活动355人次。成立北京市城市照明管理中心志愿服务队，并接受北京市红十字会授旗。深化团员青年建功，开展“青春心向党　建功新时代”主题团日活动。团委荣获北京公司五四红旗团委，裴希瑶荣获国家电网公司优秀共青团员。

（贾忱然）

产 业 管 理

【综述】集体企业坚决贯彻公司党委决策部署，主动融入公司和电网发展大局，围绕规范管理、安全发展的总要求，坚持市场化运营、实体化建设和同质化管理的总方向，着力强化自身发展和能力建设，全面支撑公司和电网高质量发展。坚持巩固传统建安领域，紧抓重大项目机遇，对接电能替代、综合能源服务战略，积极拓展新兴市场，完成各项目标任务。公司正常经营集体企业32户，资产总额236.7亿元，所有者权益72.6亿元，资产负债率69.3%，全口径从业人员15195人，全年新签合同额163亿元，实现营业收入134亿元，利润4.38亿元。

全面落实同质化管理要求，构建“行政+法人”“集约+自主”的管控模式。完成瘦身健体改革任务，清理处置企业22户，扎实开展“回头看”，查改遗留问题23项。组织开展集体企业安全年活动，累计发现并整改问题1042项，修订制度553项。出台规范“两商”管理五项制度，实施“两商”采购专项调查，发现问题241项。落实施工企业能力建设“六条”措施，华商远大获得国网公司示范施工企业称号。建立与社会企业共享合作机制，巩固施工设计联合运作成效，强化内外部资源协同，促进共管、共赢。紧盯重点工程和重大项目，与属地政府签订框架战略协议，积极参与配套电网工程建设。主动拓展智慧能源服务、电动汽车等业务，智慧能源云平台累计接入配电室277座，接入容量57万kVA；华商三优牢牢把握电能替代契机，新签合同12亿元，同比增长140%。建立政治保电联动机制，全力服务新中国成立70周年等各项保电任务。支撑“三零”“三省”业务，在方案设计、工程建设、物资周转、运维管理等全流程提供高效服务。优化资产结构，投建不停电作业中心，购置大容量应急发电车、电缆介损仪等大型装备设施，全年投资31项、金额2.9亿元。优化用工管控机制，启动首批160人补员工作，持续加大人才培养力度，自有人员资质支撑率提升21%。

（李　伟）

【深化重组整合】结合支撑保障需求和形势变化，优化调整4户企业处置方式，存续京供民、潞电电气2户企业，确保业务有序衔接，实现银杰公司由公司收购和新悦广发歇业，瘦身健体累计处置企业22户、股权4项。研究制定公司集体企业深化改革实施方案。按照有效分离的改革要求，以重塑监管体系、强化自主运作、夯实规范管理为目标，围绕管理、运营、监督三条主线，打造党的领导、法人治理与共同监督相统一的体制机制，明确监督管理体系和各方职责界面，稳妥有序组织各单位开展深化改革方案落地实操工作。

（杨　湛）

【安全生产管理】贯彻《国家电网有限公司集体企业安全生产管理工作规则》要求，参照国家法律法规、行业标准规范和公司规章制度，结合产业单位实际业务，以安全责任制为中心，从安全投入、安全检查、安全奖惩等方面优化完善集体企业安全制度体系，汇总梳理各产业单位自编自订安全制度553项，整理并指导编制施工类企业26项，非施工类企业14项必备安全制度。推进安全年活动开展，编制国网北京市电力公司集体企业安全年活动督导工作手册，组建由产业单位优秀安全管理人员及外部专家组成的4支督查队伍，开展为期1个月的安全督导检查，发现并整改问题508项，提炼典型经验及工作亮点26项，编制国网北京市电力公司集体企业安全年活动督导安全管理评价报告。加强安全人员培训，举办产业单位2019年安全管理人员培训班，邀请国网产业部、国网山东公司及中国电力企业联合会专家进行授课，共35家单位共119名安全人员报名参会。结合安全年活动、一线工作月及各类安全专项工作，强化对产业单位安全工作督导，加强安全工作痕迹化管理，汇总并定期发布产业单位安全工作月报。严格执行“约谈”制度。对公司一级巡检组下发的黄色及以上违章单位进行约谈，对月度安全管理评价较差单位进行约谈，严格问责，营造良好安全氛围。

（焦经纬）

■ 7月2日～3日，大兴产业单位、集体企业安全年活动现场督导。

（焦经纬　摄）

【企业风险防范】完成中央巡视、国网公司人力资源管理专项审计等各项迎审配合工作。通过集中整改“回头看”“举一反三”系列举措，全面排查治理集体企业内外部审计检查暴露的典型风险问题，预先防控风险，提升规范水平。针对集体企业重点领域管控和重大管理举措落地，面向北京公司所属集体企业开展实施“两商”采购专项审计项目，重点对2019年集体企业《物资采购管理指导意见》《工程分包采购管理指导意见》等五项制度出台后的执行落地情况，包括集体企业“两商”采购管理体系的完备性、采购管控机制的健全性，决策审批及采购程序的合法合规性等方面开展审计调查。推进“不忘初心、牢记使命”主题教育发现问题整改落地，“边学边查边改”问题清单整改落实情况台账113项任务、专项整治整改落实情况台账8项任务，共171项整改措施全部按期完成。开展巡察配合和整改落实，落实三级验收背书销号机制，修订了3项制度、6项工作流程。部署党风廉政建设和反腐败四方面18项重点工作任务。持续深化“七廉”活动，领导班子带头集体学廉10次，专题讲廉8次，研廉15次，通过“每逢佳节倍思廉”“业务风险我来讲”等多种形式开展廉洁风险防控。

（张　曦）

【企业运营管理】全年新签合同162.64亿元，同比增长13.2%，实现产值134.44亿元，指标完成率分别为104.3%。全面推动“智慧能源管家”业务，客户总数达5316户，累计新签代维合同4.93亿元，同比增长了32.9%，指标完成率为98.6%，云平台累计上线204户，300个配电室，配变总容量达到67.62万kVA。全面实施电商化采购，结合产业单位“两商”管理，完成三级采购专区上线部署，实现工程物资电商化采购，全年实现采购订单8亿元，实现电商开票6.9亿元。建立完善集体企业物资及分包采购管理体系，全面规范集体企业“两商”采购管理行为及决策审批流程，强化招投标风险管控，实现降本增效。建立月度简报、季度报告和半年度经营分析会相结合的经营活动分析模式，为领导决策提供有力支撑。开展同业对标管理，将重点管控事项纳入对标体系，促进了各项重点管控指标和重大工作事项的顺利完成。全部集体企业均完成组织架构调整，全面实现执行董事兼总经理和一人监事的管理模式。全面完成公司集体企业售电业务退出工作。围绕“泛在电力物联网”战略工作部署及公司全面推进产业单位ERP系统建设应用工作要求，加速产业单位ERP系统落地应用。顺利完成三期工程项目（总包）管理、物资管理的业财一体化系统建设工作，实现20家施工类企业工程项目（承包）业务收入、19家物资管理与财务一体化功能上线，实现业务数据与财务数据的自动推送和相互追溯。

（戴　帆）

【人力资源管理】继续加强产业单位用工管控，截至年底，产业单位全口径用工15195人。推动核心岗位人员有效补充，提请关于优化集体企业用工管理的请示签报，提出突出重点、分批实施、逐步到位的补员方式，分类明确人员引进标准，截至年底产业单位共计补员114人。结合“放管服”工作，推进产业单位机构岗位管理优化，厘清职责界面，明确管理标准，编制印发国网北京市电力公司集体企业内设机构及岗位管理办法。落实国网公司机构管理要求，调整产业单位安监、党建及纪检机构设置。加强绩效激励作用，编制印发集体企业2019年业绩考核及部门专业评价细则，差异化设置考核评价，积极发挥绩效导向作用。优化工资总额预算“双控”管理，核定并下达各产业单位工资总额预算。发挥人才支撑保障作用，编制印发集体企业年度重点培训及调考计划，制定涵盖经营管理人员、专业技术人员的24项培训计划和3项竞赛调考，培训人员2492余人次。加大持证人员培养力度，开展职称申报指导服务，227人取得中级及以上专业技术资格。加强短期用工管理和信息系统日常维护，进一步提高产业单位人力资源基础管理水平。

（刘　明）

【财务资产管理】公司产业单位全口径完成营业收入134.44亿元，利润总额4.38亿元，资产负债率69.34%，全面完成国网公司下达的各项指标。贯彻执行“两个统一体系”。自1月1日起，公司产业单位统一财务制度体系和统一会计核算体系正式执行，确保了财务管理和会计核算工作的“度量衡”统一；执行“三秘钥、三印鉴”资金支付程序，对500万元以上重大资金在线稽核严格把控，未出现资金案件；执行财务稽核工作规范及要点，通过开展税收自查自纠、期间费用互查、资金和往来专业月度检查，有效促进了“两个统一体系”的贯彻落地和财务管理规范化。持续深化开展“两金”压降工作。全年累计清收应收款项11.2亿元、存货38.5亿元、预收账款74.6亿元，完成民营企业清欠工作；深入研究减税降费政策，开展高新技术企业退税返还工作，推进增值税税负政策研究，确保了税收红利应享尽享，全年累计缴纳税金5.3亿元，较上年减少2.2亿元。持续深化资金集中统一管理。对试点单位开展月度现金流预算管控，全年实现利息收入2.29亿元，较上年增加0.12亿元，利息占利润总额的贡献率为 52.19%，上年 48.01%；落实公司党委决策，全年对主业信托借款 15 亿元，对 3 家产业单位增资合计 1.3 亿元，对 2 家产业单位借款 1.4 亿元，促进业务转型和扩大再生产。搭建财务培训、调考、交流平台。全年累计组织开展 3 次专题培训，涉及资金、税务、稽核、往来、预决算管理；主业财务专业竞赛调考中，产业公司 20 名同志荣获调考一、二、三等奖；建立财务负责人月度例会机制，全年共计召开会议 5 次，进行信息传递与经验分享。

（谢江琳）

【后勤资源管理】为满足集体企业业务需求，按照国网公司批复组织报废车辆 573 辆、更新车辆 518 辆，报废更新规模创历史新高，首次采用“一站式服务+全程监管”模式，切实为基层单位降低工作压力，同时确保车辆配置合规、GPS 安装 100%覆盖。全面梳理集体企业房屋土地情况，推动 21 套房产确权工作，切实维护企业合法利益，明确租赁程序标准，进一步规范了关联交易行为，有效规避各类风险。

（张玉生）

【党群组织建设】深入开展“不忘初心、牢记使命”主题教育，引导全体党员树牢“四个意识”，坚定“四个自信”，做到“两个维护”，持续发挥党建引领作用。扎实推进“不忘初心、牢记使命”主题教育。实行“成员领学+专题研学”的读书班模式，开展集中学习研讨 44 次，举办读书班 6 天，领导班子成员讲党课 7 次，召开主题教育领导小组办公室例会 6 次，完成 11 家单位现场调研，制定整改措施 89 项。严格执行党委议事规则，将党委研究讨论作为重大决策前置程序，召开党委会议 56 次、研究议题 234 项，针对规范发展、深化改革等重大事项，研究制定有力措施。全年走访党建工作联系点 32 次，召开年度党建工作会议，制定党委 1 号文件，编制党委责任清单，履行管党治党政治责任。组织开展集体企业劳动竞赛，全面落实同质化管理举措。创新普惠职工的服务项目，关心关爱职工身心健康，多渠道多场次组织亲子教育、健康讲堂，

■ 9 月 19 日，华商伟业公司全体党员在香山双清别墅举办“不忘初心、牢记使命”主题党日活动。（孙钢荣　摄）

加大员工慰问帮扶力度，开展国庆保电等专项慰问 7 次。结合东西南北中重点工程、建国 70 周年供电保障等重大任务，推出“党旗飘扬、决胜有我”“党员先锋特辑”等主题策划，推出企业专栏，在公司主页刊发本部新闻 28 篇，基层动态刊发新闻 52 篇，集体企业门户网站刊发要闻动态 351 篇，公众号推送 610 篇，二十余篇报道点击率过千。协助基层向地区报、“国网故事汇”、英大传媒投放稿件视频 10 篇，通过加强对外正面宣传报道，集体企业良好形象在系统内明显提升。

（金　玲）

■ 6 月 28 日，华商伟业公司全体党员在门头沟区斋堂中小学革命传统教育基地过主题党日活动。（孙钢荣　摄）

公司荣誉

2019 年国网北京市电力公司荣获国家、国网、市级先进荣誉称号

全国文明单位
首都文明单位标兵
北京市交通安全先进单位
北京市交通安全优秀系统
首都环境建设样板单位
北京市高校毕业就业优秀合作单位
第六届中国电力行业企业责任信息披露卓越企业
冬奥会延庆赛区工程建设“百日会战”先进集体
国家电网有限公司庆祝新中国成立70周年活动保电突出贡献单位
国家电网有限公司财务工作先进单位
国家电网有限公司物资管理先进单位
国家电网有限公司经济法律工作先进单位
国家电网有限公司精神文明建设创新一等奖
国家电网有限公司科学技术进步一等奖
国家电网有限公司企业文化建设优秀成果二等奖
国家电网有限公司同期线损业务应用技能竞赛团体二等奖

2019 年国家电网有限公司先进集体（2 个）

城区供电公司　　朝阳供电公司

2019 年国家电网有限公司工人先锋号（2 个）

通州供电公司地区调控室
大兴供电公司客户经理室

2019 年国家电网有限公司特等劳动模范（1 名）

昌平供电公司　　王月鹏

2019 年国家电网有限公司劳动模范（3 名）

公司本部　　王小峰
城区供电公司　　孙艳飞
电缆分公司　　杨延滨

2019 年国网北京市电力公司先进单位、劳动模范和电网工匠、先进集体、工人先锋号、先进工作者

公司先进单位（6 个）

通州供电公司　　丰台供电公司
房山供电公司　　大兴供电公司
信息通信分公司　　客户服务中心

公司劳动模范（10 名）

公司本部　　王小峰
城区供电公司　　孙艳飞
通州供电公司　　张文军
朝阳供电公司　　张志强
海淀供电公司　　朱劼锋
亦庄供电公司　　王　立
门头沟供电公司　　王　滨
怀柔供电公司　　汪　洋
延庆供电公司　　史文娟
电缆分公司　　杨延滨

公司电网工匠（10 名）

公司本部　　刘　辉
丰台供电公司　　冯　浩
石景山供电公司　　马佳骝
昌平供电公司　　高明亮
大兴供电公司　　刘　毅
平谷供电公司　　王德崇
顺义供电公司　　杨文剑
工程公司　　张　磊
检修分公司　　方文军
信息通信分公司　　谭　静

公司先进集体（60 个）

公司本部
　办公室（党委办公室）文档处
　党委组织部（人事董事部）干部二处
　人力资源部（社保中心）员工管理处
　财务资产部预算管理处
　设备管理部（政治供电办公室）政治供电处
　营销部（农电工作部）综合技术处
城区供电公司
　建设部（物资中心、项目管理中心）
　运维检修部（检修分公司）
通州供电公司
　营销部（客户服务中心）
　党委党建部（党委宣传部、工会、团委）
朝阳供电公司
　建设部（物资中心、项目管理中心）

营销部（客户服务中心）
海淀供电公司
发展策划部　营销部（客户服务中心）
丰台供电公司
办公室（党委办公室）　发展策划部
石景山供电公司
建设部（物资中心、项目管理中心）
营销部（客户服务中心）
亦庄供电公司
电力调度控制中心（供电服务指挥中心）
营销部（客户服务中心）
昌平供电公司
党委党建部（党委宣传部、工会、团委）
营销部（客户服务中心）
门头沟供电公司
办公室（党委办公室）
电力调度控制中心、供电服务指挥中心（配网调控中心）
房山供电公司
营销部（客户服务中心）
建设部（物资中心、项目管理中心）
大兴供电公司
办公室（党委办公室）
建设部（物资中心、项目管理中心）
平谷供电公司
党委组织部（人力资源部）
建设部（物资中心、项目管理中心）
怀柔供电公司
建设部（物资中心、项目管理中心）
发展策划部
密云供电公司
运维检修部（检修分公司）营销部（客户服务中心）
顺义供电公司
党委党建部（党委宣传部、工会、团委）
运维检修部（检修分公司）
延庆供电公司
建设部（物资中心、项目管理中心）
运维检修部（检修分公司）
经济技术研究院
党委党建部（党委宣传部、纪委办公室、工会、团委）
规划评审中心
电力科学研究院
设备状态评价中心（物资质量检测中心）
电源技术中心（照明技术研究中心）
工程公司
施工管理部　输电施工分公司（管理型）
检修分公司
运维检修部　柔直调相机运检中心
二次检修中心
电缆分公司
电缆智能运检管控中心（防火管控中心）
信息通信分公司
技术发展部　信息通信工程中心
培训中心
培训管理部
物资分公司
综合管理部
综合服务中心
冬奥会（世园会）电力保障工作领导小组办公室
规划建设处
客户服务中心
电费管理部
电动汽车服务有限公司
运营管理部
电力建设工程咨询分公司
项目管理一部
供用电建设承发包有限公司
财务资产部
物业管理公司
办公室
城市照明管理中心
党委党建部（党委宣传部、工会、团委）
运行管理中心

公司工人先锋号（59个）

城区供电公司
营销部（客户服务中心）用电采集室
东城供电服务中心运维服务室
通州供电公司
地区调控室
客户经理一室
漷县供电所
朝阳供电公司
安全监察部（保卫部）安全督查队
营销部（客户服务中心）客户服务一室
十里居营业所
海淀供电公司
电力调度控制中心地区监控室
运维检修部（检修分公司）线路电缆运维二室
综合服务中心综合班

丰台供电公司

安全督查队　　配电运营指挥室

石景山供电公司

运维检修部（检修分公司）配网继自通信检修综合室

亦庄供电公司

建设部（物资中心、项目管理中心）项目组

昌平供电公司

电费一室　　北七家供电所

变配电二次检修室

门头沟供电公司

变电运维室　　电费室

房山供电公司

运维检修部（检修分公司）输电运维室

营销部（客户服务中心）电费室

韩村河供电所

大兴供电公司

电力调度控制中心

供电服务指挥中心（配网调控中心）

自动化信息通信运维室

营销部（客户服务中心）客户经理室

运维检修部（检修分公司）变电运维二室

平谷供电公司

营销部（客户服务中心）电费室

运维检修部（检修分公司）变配电二次检修室

怀柔供电公司

变电站运维室　　雁栖供电所

密云供电公司

变电运维室　　高岭供电所

顺义供电公司

牛栏山供电所

运维检修部（检修分公司）变电运维室

建设部（物资中心、项目管理中心）项目组

延庆供电公司

地区调控室　　变电运维室

经济技术研究院

办公室（党委办公室）综合服务班

设计中心（中心设计院）勘测室

电力科学研究院

设备状态评价中心（物资质量检测中心）状态检测室

电网技术中心（二次设备评价中心、信息通信技术中心）系统技术室

电源技术中心（照明技术研究中心）照明检测技术研究室

工程公司

变电施工分公司项目管理中心项目七部

土建施工分公司项目管理中心第四项目部

调试分公司施工作业队继电保护室

检修分公司

运检指挥中心信息监视组

输电运检中心输电运维三班

变电运维东南中心芦城运维班

设备状态监测中心监测四班

变电运维西南中心六里桥运维班

变电检修中心变电检修二班

电缆分公司

电缆运维北区中心电缆运维一班

信息通信分公司

信息通信调度监控中心调控一室

物资分公司

仓储1班（燕郊中心仓库）

综合服务中心

综合管理部档案馆

客户服务中心

重要客户服务部集团户服务室

电动汽车服务有限公司

监控班

城市照明管理中心

华灯班

城市照明监控指挥中心客户服务班

公司先进工作者（98名）

公司本部

姚保庆　杜长军　王小峰　刘　辉

城区供电公司

刘博文　孙艳飞　司文文　王佩全　王　朴

通州供电公司

赵长青　郑伟龙　张文军　钱叶牛　高　杰

朝阳供电公司

张志强　朱锦标　宋振辉　仇　爽　陈飞宇

海淀供电公司

朱劼锋　李永勋　李林松　韩嘉亮

丰台供电公司

赵　锴　王加乐　冯　浩　马小亮　王恩华

石景山供电公司

马佳骝　张　琳

亦庄供电公司

王　立

昌平供电公司

唐　旭　高明亮　高　琨　李世婧

门头沟供电公司

王　滨　薄晓东

房山供电公司

王大为　王登政　刘　广　王　胜

大兴供电公司

赵　磊　李　乐　付冠男　刘　毅

平谷供电公司

张远平　李苏娜

怀柔供电公司

汪　洋　吕　陆

密云供电公司

彭新立　杨立新

顺义供电公司

彭　宇　刘学佳　姚远征

延庆供电公司

史文娟　沈子寅

经济技术研究院

王恩德　王　智

电力科学研究院

任志刚　陶诗洋　李　佳

工程公司

张　华　张　磊　王庆灏

检修分公司

刘　从　刘立群　鲁　杰　范　翔　姬鹏宇　郭维奇　宋朝晖　方文军　戴瑞成　尉冰娟　许春明

电缆分公司

杨延滨

信息通信分公司

赵广怀　周　彤　杨晨艳

培训中心

宋　可

物资分公司

石　亮

综合服务中心

刘彦男　李冬梅　逄　建

客户服务中心

兰宝民　钟宏伟

电动汽车服务公司

张　鹏

建设工程咨询分公司

邹　禹

综合能源服务有限公司

赵　翔

供用电建设承发包有限公司

李　鹏

物业管理公司

王卫东

照明管理中心

阎　欣

集体企业

杨　湛　梁飞宇　欧方浩　戴志强　李召扬　薛志强

2019 年国网劳模先进事迹

国网劳模——王月鹏（特等劳模）

王月鹏，男，汉族，中共党员，1979 年 11 月 15 日出生，1998 年 6 月参加工作，2005 年 7 月加入中国共产党，本科毕业，高级工程师、高级技师，2003 年 3 月起担任国网昌平供电公司运检部配电带电作业班班长。

王月鹏专注于带电专业近二十年，自 2013 年从事带电作业以来，他时刻铭记自己的责任和使命，牢记服务首都电力客户的宗旨，带领国网北京昌平供电公司配电带电作业班，累计安全开展带电作业 17000 余次，多供电量 1 亿多 kWh，减少停电时间 4 万多 h。

■ 王月鹏　国网北京昌平供电公司配电带电作业班班长

王月鹏善学习、肯钻研、能吃苦，对技术追求精益求精，对动作细节追求完美。为解决带电作业时高压引流线摆动大，作业过程危险系数高、劳动强度大、作业时间长等问题，带头成功研发了“配电线路带电作业绝缘引流线支架”“地电位用绝缘横担”等7项发明及实用新型国家级专利。研发的“抱立杆型边相导线固定装置”，填补了带电作业中带电更换抱立杆型边相针式绝缘子的装置空白。

王月鹏凭借带电作业方面的精湛技艺和扎实的理论水平，多次参与带电作业操作规程、作业指导书、培训题库等编写工作，作为第二作者出版了《10kV配电线路带电作业实操技术》，参与修编的《北京市电力公司10kV架空配电线路带电作业操作规程》一直沿用至今。

王月鹏先后荣获了全国五一劳动奖章、全国电力行业技术能手、“劳动筑梦”全国职工演讲比赛银奖、中央企业先进职工、北京市优秀共产党员、首都精神文明建设奖、首都劳动奖章、北京大工匠、国网公司劳动模范、国网工匠、国网公司优秀专家人才等荣誉。

王小峰主要事迹

■ 王小峰　国网北京市电力公司建设部建设管理处处长

王小峰，男，汉族，中共党员，1980年11月7日出生，2000年7月参加工作，2006年11月加入中国共产党，本科毕业，技师、高级工程师，2015年11月起担任国网北京市电力公司建设部建设管理处处长。

王小峰带领建设管理处工作人员，在北京公司党委坚强领导、建设部统一指挥、各部门各单位全力配合下，全力推进重点工程建设，较好地完成各项工作任务。新机场9项工程全部投产，为机场通航提供坚强电力保障；冬奥会11项工程全部开工、投产10项，全面满足测试赛供电需求；副中心投产4项，完善地区主网供电结构；新首钢投产3项，为首钢电网并入公网创造条件；京张高铁2座牵引站外电源工程按期投产，满足高铁开通需求。

王小峰坚持管理创新创效，持续深化提速增效10项管理机制、40项重点措施，通过各管理环节提速提效，为现场施工预留合理工期，全力提升工程全过程管理效率。建立行政许可手续办理专业团队，组织编制印发《输变电工程前期手续办理指南》，将行政许可手续嵌入公司里程碑关键节点计划管控，推动工程依法合规建设；组织修订《35kV及以上输变电工程前期建场管理办法》，推动公司基建工程前期建场更加规范。

王小峰先后获得国网北京市电力公司“煤改电”工程突出贡献个人、北京城市副中心电网建设功勋个人、电网建设攻坚战功勋个人等荣誉。

国网劳模——杨延滨

■ 杨延滨　电缆公司安全总监兼运检部主任

杨延滨，男，汉族，中共党员，1981年3月出生，2005年8月参加工作，2004年2月加入中国共产党，硕士研究生毕业，高级工程师、技师，2019年3月起担任电缆公司安全总监兼运维检修部主任。

杨延滨同志作为电缆公司的安全总监兼运检部主任，政治素质好，政治立场坚定，有大局观，敬业精神和组织观念强，专业和业务能力精湛，是电缆公司生产专业带头人，为首都电缆专业的建设和发展作出了突出贡献。

夯实基础，促进首都电缆网精益化管理显著提升。坚持党建引领，以年度重点生产任务为主线，主动对接、将党建内嵌融入做真、做实；优化设备管辖分区，由原4个运维班组扩展为11个运维班组，并采取属地化办公，落实“设备主人制”要求，创新性的建立沟长、线长制，大大提高了运维工作质量和效率；持续推动PMS数据治理，推动政治供电、缺陷以及大工地管控等模块在精益化系统的上线实用，3+*N*管理模式初具雏形。

身先士卒，圆满完成重大保电任务：攻坚克难，带领团队，圆满完成2019年全国两会、一带一路、世园会、亚洲文明论坛以及建国70周年大庆等各项重大保障任务；充分利用各项重大活动的时间窗口，全力推动设备消隐，组织完成36km疑似家族性隐患电缆的更换、118km防火槽盒和91.6km防火隔板的加装，工作量为常年工作量的16.6倍、21.7倍和1.9倍，主网电缆故障率控制至0.08次/百千米；持续推动提升感知装备覆盖率，220kV电缆的光纤测温和接地环流覆盖率均提高至85.6%，110kV电缆的光纤测温和接地环流覆盖率提高至26.6%和21.9%。

突破创新，加速泛在电力物联网在电缆专业的应用：专题推动老旧隧道隐患整治工作，得到北京市政管委、北京市应急局以及北京市电力公司领导的高度重视，在已经完成2条老旧隧道治理经验的基础上推动西大望至建国门桥老旧砖混隧道综合整治工作，以治标为治本争取时间；组织完成世园会、长安街泛在电力物联网示范隧道段建设，部署7大类、21种感知设备，协助制定国网标准，打造首都电缆专业在国网泛在物联网建设的标杆。

国网劳模——孙艳飞

■ 孙艳飞　配电专业管理高级岗兼主任工程师

孙艳飞，女，汉族，中共党员，1983年7月17日出生，2008年9月参加工作，2004年3月加入中国共产党，硕士研究生毕业，高级工程师、高级技师，2017年11月起担任配电专业管理高级岗兼主任工程师。

孙艳飞同志自从管理配电运维专业以来就挑起了城区站室专业的大梁。在这4年的时间里，她兢兢业业、恪尽职守，始终扎根在生产基层。她不忘初心、牢记使命，全身心投入到首都供电保障一线。

孙艳飞在工作中不断提升自身技术水平、管理能力，在机构改革集约的大形势下，勇挑重任，迎难而上，不仅负责配电站室运行职能管理工作，还兼任配电站室检修工作及三个班组的人员管理工作，真正做到了管理的集约化，实现了工作流程的扁平化。工作任务量大，加班加点对于她来说已经成了家常便饭；抢修工作不挑时间，她24小时待命；对自己负责的工程项目，亲自盯现场，确保现场安全。工作上她踏实肯干、任劳任怨，严格遵守各项规章制度，保证了安全生产，得到了同事们的认可。在“新中国成立70周年大庆”保电任务中，担任核心区配电保障团队副队长，负责保障团队站室的安全稳定运行，通过一个月的持续奋战，确保供电保障万万无一失。作为管理人员，她带领班组圆满完成“全国两会”“一带一路”“亚洲文明对话”“新中国成立70周年大庆”4项大型政治供电任务；凭借其较强的管理能力，所管辖班组在各项安全生产工作中表现突出。

孙艳飞身先士卒、甘于奉献。在工作中始终以党员先进性的标准严格要求自己。每年的保障期间，她的身影无处不在。她和员工一起深入一线，置身现场解决技术难题和设备故障。有时遇到危急故障，她更是夜以继日，坚守在现场，直到故障处理完毕才返回单位，继续处理其他工作。不管工作多辛苦、多累，她毫无怨言，始终把保障首都供电当作自己的第一要务。

孙艳飞是员工的好榜样。自从参加工作以来，她始终把“努力超越、追求卓越”当作自己的座右铭，在日常工作中始终严格要求自己，在思想上、业务上不断完善自己，更新自己。所管辖班组的青年员工均以孙艳飞同志为学习榜样，在孙艳飞的带动下，所有青年员工都斗志昂扬，为首都电力事业谱写新篇章。

大 事 记

1月10日，公司牵头承担的“交直流混合配电网关键技术”国家863计划课题顺利通过国家科技部组织的技术验收。

1月10日，首都核心区主次干路电力架空线入地工程全面完工。

1月12日，北京新机场东、西110kV变电站，GIS智能巡检机器人、悬挂轨道式机器人智能巡检系统、智能安防等多种类、全时段智能防控巡检系统已经启用，“巡检、告警、检修、归档”的高效全面智能新运检模式启动。

1月22日，国网北京电缆分公司成立。

1月25日，公司党委2019年1号文件《关于坚持党建引领、强化担当作为全力推动公司安全稳定发展的意见》正式发布。

1月25日，公司2019年1号文件《关于深入实施“首都安全稳定年”建设的意见》正式发布。

1月23～25日，公司召开第三届职工代表大会第四次会议暨2019年工作会议。

1月29日，2022年冬奥会配套电网工程张南—昌平Ⅲ回500kV送出工程正式投运。

2月18日，公司党委书记、董事长李同智在《国家电网报》发表署名文章《聚焦“五强化”在新时代发展征程中担当作为》。

3月1日，公司获得6项北京市科学技术奖，其中“大规模能源计量器具的智能协同检测关键技术与应用”和“10kV有载调容变压器关键技术研究及推广应用”两项成果荣获一等奖，“主动配电网规划与运行关键技术及应用” 和“大规模高压电缆网运行可靠性提升关键技术研究与应用”等四项成果获得三等奖。

3月19日，2019北京世界园艺博览会配套电网工程全面完工。

4月9日，景山新首钢园区内的侨商开闭站顺利投运，标志着由首钢集团自身运营管理的首钢电网第一批负荷并入国家电网主网。

4月16日，公司牵头的国家863计划先进能源技术领域“配电网交直流互联与控制关键技术”项目顺利通过国家科技部验收。

4月17日，公司组建首支电力应急消防队将服务重大政治保电活动。

4月23日，北京大兴国际机场供电服务中心、城市副中心高端智能配网工程班等集体获评“全国工人先锋号”。城区供电公司荣获首都劳动奖状、延庆供电公司何彦彬荣获首都劳动奖章、昌平供电公司王月鹏荣获首都精神文明建设奖。

4月28日，国家电网有限公司对2018年度国网公司青年先进集体和个人进行了表彰，公司1名青年荣获“杰出青年岗位能手”，2名青年荣获“青年岗位能手”，1个基层团委荣获“五四红旗团委”，2个基层团支部荣获“五四红旗团支部”，2名团员荣获“优秀共青团员”，1名团干部荣获“优秀共青团干部”。

4月29日，由公司负责规划建设的树村220kV输变电工程立项核准获得北京市发展和改革委员会批复，成为本市首个通过“多规合一”平台获批的电网建设项目。

5月6日，怀柔北房储能电站启动土建施工，北京电网首座储能电站示范项目建设正式开始。

6月27日，新航城500kV输变电工程投入使用。7月5日，怀柔北房储能电站正式投入运行，这是北京电网首次探索运行更灵活的储能系统。

7月1日，国家体育馆、国家游泳中心等首批北京冬奥会场馆率先用上全绿色电。

7月5日，北京首个电网侧储能电站示范项目——怀柔北房储能电站正式投入运行。

8月6日，国家电网营销大数据创新培育基地在电科院电能替代技术联合实验室正式挂牌。

8月30日，由公司组织建设的国家高山滑雪中心配网工程首座配电室成功投运。

10月1日，公司完成新中国成立70周年供电保障任务。

10月9日，公司完成162天的2019北京世界园艺博览会供电保障任务。

11月7日，北京2022年冬奥工程建设指挥部授予公司“冬奥会延庆赛区工程建设先进集体”荣誉称号。

11月26日，经国家电网有限公司党组研究并征得中共北京市委同意，决定潘敬东同志任国网北京市电力公司董事长、党委书记。

12月2日，公司荣获第二届上合组织国家职工技能大赛优秀组织奖。

12月8日，张北柔直北京换流站至昌平500kV配套送出工程投运。

12月27日，冬奥石景山赛区配套电网建设圆满收官。

12月27日，马坡220kV变电站工程荣获国网公司输变电优质工程金奖，北京东特高压至顺义500kV线路工程、三星庄110kV变电站工程2项工程荣获国网公司输变电优质工程银奖。

重要文件

上级单位重要文件索引（摘要）

序号	收文时间	来文单位	文号	文件标题
		国家电网公司		
1	2019年1月17日	国家电网有限公司	国家电网党〔2019〕1号	中共国家电网有限公司党组关于激励党员干部勇于担当作为开创公司高质量发展新局面的意见
2	2019年1月18日	国家电网有限公司	国家电网办〔2019〕1号	国家电网有限公司关于新时代改革“再出发”加快建设世界一流能源互联网企业的意见
3	2019年1月30日	国家电网有限公司	国家电网办〔2019〕8号	国家电网有限公司关于落实质量强网战略打造现代（智慧）供应链的意见
4	2019年2月22日	国家电网有限公司	国家电网党〔2019〕26号	中共国家电网有限公司党组关于印发激励党员干部勇于担当作为开创公司高质量发展新局面重点工作任务的通知
5	2019年2月28日	国家电网有限公司	国家电网党〔2019〕27号	中共国家电网有限公司党组关于守正创新凝聚建设世界一流能源互联网企业磅礴力量的意见
6	2019年3月1日	国家电网有限公司	国家电网办〔2019〕226号	国家电网有限公司关于推进河北雄安新区电网规划和建设支持新区全面深化改革和扩大开放的实施意见
7	2019年3月5日	国家电网有限公司	国家电网党〔2019〕31号	中共国家电网有限公司党组关于开展向胡仁禄同志学习活动的通知
8	2019年3月22日	国家电网有限公司	国家电网党〔2019〕46号	中共国家电网有限公司党组关于深入开展向“大国工匠”王进同志学习活动的通知
9	2019年3月22日	国家电网有限公司	国家电网党〔2019〕44号	中共国家电网有限公司党组关于印发国家电网有限公司推动全面从严治党加强党风廉政建设和反腐败工作责任清单的通知
10	2019年3月29日	国家电网有限公司	国家电网党〔2019〕60号	中共国家电网有限公司党组关于开展向王娅学习活动的通知
11	2019年3月29日	国家电网有限公司	国家电网党〔2019〕59号	中共国家电网有限公司党组关于印发贯彻落实中央解决形式主义突出问题为基层减负措施方案的通知
12	2019年4月24日	国家电网有限公司	国家电网党〔2019〕70号	中共国家电网有限公司党组关于认真学习贯彻习近平总书记为第五批全国干部学习培训教材所作《序言》精神的通知
13	2019年5月24日	国家电网有限公司	国家电网党〔2019〕87号	中共国家电网有限公司党组关于深入开展向全国“最美职工”黄金娟同志学习活动的通知
14	2019年5月29日	国家电网有限公司	国家电网办〔2019〕450号	国家电网有限公司关于印发助力京津冀协同发展重点工作措施的通知
15	2019年5月29日	国家电网有限公司	国家电网党〔2019〕88号	中共国家电网有限公司党组关于废止、宣布失效和修改部分党内规范性文件的决定
16	2019年6月5日	国家电网有限公司	国家电网党〔2019〕95号	中共国家电网有限公司党组关于开展“不忘初心、牢记使命”主题教育的实施意见
17	2019年6月18日	国家电网有限公司	国家电网党〔2019〕102号	中共国家电网有限公司党组关于进一步规范大型重点供电企业正职领导人员管理有关事项的通知
18	2019年6月26日	国家电网有限公司	国家电网党〔2019〕107号	中共国家电网有限公司党组关于强化党内政治文化引领建设优秀企业文化的实施意见

续表

序号	收文时间	来文单位	文号	文件标题
19	2019年7月17日	国家电网有限公司	国家电网党〔2019〕113号	中共国家电网有限公司党组关于深入开展向张富清同志学习的通知
20	2019年7月31日	国家电网有限公司	国家电网党〔2019〕117号	中共国家电网有限公司党组关于印发贯彻落实《中共中央关于加强党的政治建设的意见》具体措施的通知
21	2019年8月29日	国家电网有限公司	国家电网党〔2019〕126号	中共国家电网有限公司党组关于印发贯彻习近平总书记重要批示精神深入落实中央八项规定精神工作措施的通知
22	2019年9月4日	国家电网有限公司	国家电网党〔2019〕127号	中共国家电网有限公司党组关于印发“关联交易、靠企吃企”问题专项治理工作方案的通知
23	2019年10月12日	国家电网有限公司	国家电网党〔2019〕139号	中共国家电网有限公司党组关于全面开展“抓整改、除积弊、转作风、为人民”专项行动的通知
24	2019年10月27日	国家电网有限公司	国家电网党〔2019〕145号	中共国家电网有限公司党组关于印发《中共国家电网有限公司党组工作规则》和《国家电网有限公司总部“三重一大”决策管理办法》的通知
25	2019年10月29日	国家电网有限公司	国家电网党〔2019〕144号	中共国家电网有限公司党组关于印发《中共国家电网有限公司党组巡视工作规定》等制度的通知
26	2019年11月1日	国家电网有限公司	国家电网党〔2019〕142号	中共国家电网有限公司党组关于全面建设法治文化的意见
27	2019年11月19日	国家电网有限公司	国家电网党〔2019〕160号	中共国家电网有限公司党组关于加强大型重点供电企业领导班子建设的意见
28	2019年11月22日	国家电网有限公司	国家电网办〔2019〕826号	国家电网有限公司关于进一步严格控制电网投资的通知
29	2019年12月30日	国家电网有限公司	国家电网办〔2019〕918号	国家电网有限公司关于深入贯彻落实中央防范和惩治统计造假、弄虚作假要求的意见
中共北京市委、北京市人民政府				
30	2019年1月3日	中共北京市委办公厅	京办发〔2018〕34号	中共北京市委办公厅 北京市人民政府办公厅关于印发《进一步深化国资国企改革推动高质量发展三年行动计划(2018年—2020年)》的通知
31	2019年1月3日	中共北京市委办公厅	京发〔2018〕38号	中共北京市委印发《关于深化落实全面从严治党主体责任的意见》的通知
32	2019年1月3日	中共北京市委办公厅	—	蔡奇同志在公司关于提前完成北京大兴国际机场配套电力工程的报告上的批示
33	2019年1月9日	中共北京市委办公厅	京办发〔2018〕30号	中共北京市委办公厅 北京市人民政府办公厅关于印发《加快新首钢高端产业综合服务区发展建设打造新时代首都城市复兴新地标行动计划（2019年—2021年）》的通知
34	2019年1月15日	中共北京市委办公厅	京发〔2019〕2号	中共北京市委 北京市人民政府关于扎实推进北京城市副中心规划建设的指导意见
35	2019年1月28日	中共北京市委办公厅	京办发〔2019〕1号	中共北京市委办公厅 北京市人民政府办公厅关于印发《北京城市副中心控制性详细规划实施工作方案(2019年—2022年)》的通知
36	2019年5月24日	中共北京市委办公厅	京办发〔2019〕13号	中共北京市委办公厅印发《关于解决形式主义突出问题为基层减负的若干措施》的通知
37	2019年5月28日	中共北京市委办公厅	京发〔2019〕8号	中共北京市委印发《中共北京市委贯彻〈中共中央关于加强党的政治建设的意见〉的措施》的通知
38	2019年6月11日	中共北京市委办公厅	京发〔2019〕10号	中共北京市委印发《关于在全市开展“不忘初心、牢记使命”主题教育的实施方案》的通知

公司重要文件

序号	发文时间	发往单位	文号	文件标题
上行文				
1	2019年1月3日	中共北京市委、北京市人民政府	京电办〔2019〕2号	国网北京市电力公司关于提前完成北京大兴国际机场配套电力工程的报告
2	2019年4月29日	中共北京市委、北京市人民政府	京电办〔2019〕10号	国网北京市电力公司关于圆满完成“一带一路”高峰论坛和世园会开幕式、开园式供电保障任务的报告
3	2019年7月5日	中共北京市委、北京市人民政府	京电办〔2019〕14号	国网北京市电力公司关于为北京大兴国际机场配套建成国际最先进机场电网的报告
4	2019年10月1日	中共北京市委、北京市人民政府	京电办〔2019〕20号	国网北京市电力公司关于圆满完成新中国成立70周年庆祝活动政治保电任务的报告
5	2019年10月25日	中共北京市委、北京市人民政府	京电办〔2019〕21号	国网北京市电力公司关于我国“获得电力”排名升至世界第12名电力营商环境持续优化的报告
6	2019年12月3日	国家电网有限公司	京电办〔2019〕26号	国网北京市电力公司关于贯彻落实国家电网与北京市会谈精神梳理需要北京市支持事项的报告
7	2019年12月31日	中共国家电网有限公司党组	京电党〔2019〕70号	中共国网北京市电力公司委员会关于贯彻落实中央八项规定精神情况的报告
下行文				
8	2019年1月21日	公司各部门，公司各单位	京电办〔2019〕1号	国网北京市电力公司关于深入实施“首都安全稳定年”建设的意见
9	2019年1月22日	公司各党委（总支）	京电党〔2019〕1号	国网北京市电力公司党委关于坚持党建引领 强化担当作为 全力推动公司安全稳定发展的意见
10	2019年4月26日	公司各部门，公司各单位	京电办〔2019〕9号	国网北京市电力公司关于全面贯彻落实“放管服”改革工作的通知
11	2019年4月26日	公司各部门，公司各单位	京电党〔2019〕26号	中共国网北京市电力公司党委关于印发解决形式主义突出问题为基层减负措施方案的通知
12	2019年6月18日	公司各党委（总支）	京电党〔2019〕33号	中共国网北京市电力公司委员会关于印发“不忘初心、牢记使命”主题教育实施方案的通知
13	2019年8月12日	机关党委所属各党支部，公司各党委（总支）	京电党〔2019〕40号	中共国网北京市电力公司党委关于印发公司领导班子成员落实全面从严治党要求加强党风廉政建设和反腐败工作履责要点的通知
14	2019年12月4日	公司各党委（总支）	京电党〔2019〕57号	中共国网北京市电力公司委员会关于进一步规范国家电网首都电力共产党员服务队建设的意见
15	2019年12月20日	公司各党委（总支）	京电党〔2019〕67号	国网北京市电力公司党委关于印发《国网北京市电力公司党委全面开展“抓整改、除积弊、转作风、为人民”专项行动工作方案》的通知

统 计 资 料

北京市全社会用电量及分类指标

指标名称	本年数据（亿 kWh）	同比增长（%）	占比（%）
全社会用电量	1166.40	2.10	100
一、全行业用电量	914.80	3.25	78.43
第一产业	9.89	−7.05	0.85
第二产业	325.43	−1.86	27.90
第三产业	579.48	6.57	49.68
二、居民生活用电量	251.60	−1.86	21.57
全行业用电量	914.80	3.25	78.43
一、农林牧渔业	17.68	−6.16	1.52
二、工业	299.06	−2.69	25.64
三、建筑业	26.39	4.31	2.26
四、交通运输、仓储和邮政业	57.98	6.64	4.97
五、信息传输、软件和信息技术服务业	56.36	20.48	4.83
六、批发和零售业	72.11	7.34	6.18
七、住宿和餐饮业	32.58	−0.21	2.79
八、金融业	12.67	−2.84	1.09
九、房地产业	131.59	5.22	11.28
十、租赁和商务服务业	27.53	13.57	2.36
十一、公共服务及管理组织	180.85	5.61	15.50

北京地区变电站分布

所属地区	变电站座数（座）					主变容量（万 kVA）				
	合计	500kV	220kV	110kV	35kV	合计	500kV	220kV	110kV	35kV
公司合计	569	6	97	397	69	11206.27	1350	4774	4899.8	182.47
东西城区	37	0	5	32	0	875.2	0	330	545.2	0
通州地区	47	1	8	31	7	1000.46	240	396	345.2	19.26
朝阳地区	76	2	19	53	2	2303.45	480	1006	809.45	8
海淀地区	53	1	12	40	0	1595.3	240	696	659.3	0
丰台地区	47	0	9	38	0	943	0	478	465	0
石景山地区	11	0	3	8	0	216	0	108	108	0
亦庄地区	15	0	4	11	0	381.6	0	216	165.6	0
昌平地区	50	1	11	33	5	1269.71	480	428	344.45	17.26
门头沟地区	15	1	1	8	5	366.3	240	36	76.3	14
房山地区	40	1	4	25	10	787.12	305.1	180	278	24.02
大兴地区	50	3	8	36	3	1645.2	960	306	373.2	6
平谷地区	17	0	2	12	3	190.1	0	90	92.1	8
怀柔地区	21	0	2	16	3	243.42	0	90	148.9	4.52
密云地区	27	0	1	13	13	185.31	0	36	108.05	41.26
顺义地区	46	1	6	30	9	989.43	390	288	288.8	22.63
延庆地区	23	1	2	11	9	349.77	150	90	92.25	17.52
检修公司	287	6	97	182	2	8884.55	1350	4774	2752.55	8

注　检修公司的统计范围是以检修公司为运维主体的设备。

各供电公司售电量情况

单位	售电量（万 kWh）	同比（%）
城区公司	102.67	－1.48
通州公司	68.81	2.81
朝阳公司	187.75	0.41
海淀公司	150.49	3.21
丰台公司	89.78	2.65
石景山公司	20.15	0.36
亦庄公司	67.83	7.28
昌平公司	78.06	3.30

续表

单位	售电量（万 kWh）	同比（%）
门头沟公司	12.30	3.73
房山公司	72.02	2.23
大兴公司	60.53	3.27
平谷公司	17.04	－1.90
怀柔公司	20.57	1.70
密云公司	21.64	6.64
顺义公司	78.60	3.73
延庆公司	13.33	9.48

国网北京市电力公司供电营业厅基础情况统计表

序号	单位	2019 年营业厅信息统计表									
		等级信息					优化信息				
		A	B	C	D	合计	关停	调级	迁址	新开	合计
1	城区公司	1	2	3		6		2			2
2	通州公司	1		11		12					0
3	朝阳公司	1		8		9	2		1	3	6
4	海淀公司	1		5		6					0
5	丰台公司	1		2		3	2				2
6	石景山公司	1				1					0
7	亦庄公司			1		1					0
8	昌平公司	1		14		15					0
9	门头沟公司	1		1	5	7					0
10	房山公司	1	1	13		15				1	1
11	大兴公司	1		15		16					0
12	平谷公司	1		10		11					0
13	怀柔公司	1	1	4	2	8					0
14	密云公司	1		5	3	9					0
15	顺义公司	1		16	1	18	3				3
16	延庆公司	1		7	5	13	1				1
总计		15	4	115	16	150	8	2	1	4	15

集体企业名录（含代管企业）

序号	管理单位	产业单位
1	北京市华商电力开发公司	北京市华商电力开发公司
2	北京华商伟业资产管理有限公司	北京华商伟业资产管理有限公司
3	北京华商远大电力建设有限公司	北京华商远大电力建设有限公司
4	北京华商三优新能源科技有限公司	北京华商三优新能源科技有限公司
5		北京潞电电气设备有限公司
6	北京京电电力工程设计有限公司	北京京电电力工程设计有限公司
7	北京吉北电力工程咨询有限公司	北京吉北电力工程咨询有限公司
8	北京中电联汽车服务有限责任公司	北京中电联汽车服务有限责任公司
9	北京华商电灯有限公司	北京华商电灯有限公司
10	北京谷新投资管理有限公司	北京谷新投资管理有限公司
11	国网北京城区供电公司	北京城区供电开发有限公司
12	国网北京通州供电公司	北京潞电电力建设有限公司
13	国网北京朝阳供电公司	北京朝阳电力实业开发有限公司
14	国网北京海淀供电公司	北京海淀供电实业开发有限公司
15	国网北京丰台供电公司	北京丰供送变电工程有限责任公司
16	国网北京亦庄供电公司	北京亦利和电力工程安装有限责任公司
17	国网北京石景山供电公司	北京市银光电力工程有限公司
18	国网北京昌平供电公司	北京市京电博源供用电工程安装有限公司、北京市博源京电供电技术有限公司（歇业企业）
19	国网北京门头沟供电公司	北京门供电力工程有限公司
20	国网北京大兴供电公司	北京首兴安成电力工程有限公司
21	国网北京房山供电公司	北京房供电力工程有限责任公司
22	国网北京平谷供电公司	北京绿谷光明电力工程有限公司
23	国网北京怀柔供电公司	北京市京怀电力工程安装有限公司
24	国网北京密云供电公司	北京云电电气有限责任公司
25	国网北京顺义供电公司	北京顺力成电力设备安装维修有限公司、北京市顺义光旺电力物资供应有限公司（歇业企业）、北京市京东电力设备安装有限公司（歇业企业）
26	国网北京延庆供电公司	北京诚惠电力工程有限公司
27	国网北京经研院	北京金电联供用电咨询有限公司
28	国网北京电科院	北京丰供送变电工程有限责任公司鼎诚恒安分公司
29	北京电力工程有限公司	北京卓越电力建设有限公司先行分公司、北京新悦广发电力工程有限公司（歇业企业）
30	国网北京电缆公司	北京卓越电力建设有限公司、北京京电电网维护集团有限公司管道分公司
31	国网北京检修公司	北京京电电网维护集团有限公司
32	国网北京信通公司	北京博瑞翔伦科技发展有限公司
33	国网北京培训中心	北京亦利和电力工程安装有限责任公司北京银杰分公司
34	国网北京物资公司	北京金电联供用电咨询有限公司供应链管理分公司
35	国网北京客服中心	北京京电电力工程设计有限公司惟明力通分公司
36	国网北京能源公司	北京华商远大电力建设有限公司能源科技分公司
37	国网北京供用电建设承发包有限公司	北京京供民科技开发有限公司
38	北京市城市照明管理中心	北京路明路灯电气安装有限公司